ŒUVRES COMPLÈTES

DE M. LE VICOMTE

DE CHATEAUBRIAND.

TOME VII.

DE L'IMPRIMERIE DE CRAPELET,
RUE DE VAUGIRARD, N° 9.

ŒUVRES COMPLÈTES

DE M. LE VICOMTE

DE CHATEAUBRIAND,

MEMBRE DE L'ACADÉMIE FRANÇOISE.

TOME SEPTIÈME.

ÉTUDES HISTORIQUES.

TOME IV.

PARIS.

POURRAT FRÈRES, ÉDITEURS.

M. DCCC. XXXVI.

HISTOIRE
DE FRANCE.

SOMMAIRE.

Jean, duc de Normandie, fils aîné du roi, marche en Guienne, et après avoir pris Angoulême, vient mettre le siége devant Aiguillon avec plus de cent mille hommes. — Résistance des assiégés commandés par le comte Derby.

FRAGMENTS.

INVASION DE LA FRANCE PAR ÉDOUARD.

Ce siége fut fatal; il détermina Édouard à passer en France, et priva Philippe de cent mille hommes qui auroient pu se trouver à la bataille de Crécy. Tout se préparoit alors dans les conseils de Dieu. « Mais, dit le grave historien qui « a le mieux connu nos antiquités, les adversités « advenues à la France et les grandes victoires du « roi Édouard ne doivent persuader la justice de « sa querelle, mais être estimées châtiment des « vices des François. La restitution des pertes et « conservation de l'état jusqu'à présent manifes- « tent que ce n'a été ruine. »

Le duc de Normandie avoit fait serment de ne point abandonner le siége d'Aiguillon que la ville ne fût prise, à moins que son père ne le rappelât. Il fit partir le connétable d'Eu et Tancarville, pour rendre compte à Philippe de la résistance qu'il éprouvoit. Philippe retint auprès de lui ces deux seigneurs, et fit dire à son fils de continuer le siége jusqu'à ce qu'il obligeât la ville à se rendre par la famine, puisqu'il ne la pouvoit emporter de force.

Cependant le roi d'Angleterre, instruit de ce qui se passoit en Guienne, se préparoit à secourir en personne le comte Derby. Il assembla, dans le port de Southampton, mille vaisseaux, quatre mille hommes d'armes, dix mille archers, seize mille hommes d'infanterie légère, dont dix mille étoient

Gallois et six mille Irlandois. Il laissa le gouvernement de l'Angleterre aux archevêques de Cantorbéry et d'York, aux évêques de Lincoln et de Durham, et aux seigneurs de Percy et de Neville ; il donna la garde particulière de la reine au comte de Kent, son cousin. Le vent étant devenu favorable, Édouard, vers la fin du mois de juin de l'an 1346, fit voile, avec toute son escadre, pour les côtes de Gascogne.

Il avoit auprès de lui, sur son vaisseau, Geofroy d'Harcourt et le jeune prince de Galles, qui entroit dans sa quinzième année. Les autres seigneurs embarqués étoient les comtes d'Hereford, de Northampton, d'Arundel, de Cornouailles, de Warwick, de Huntingdon, de Suffolk et d'Oxford. Parmi les barons et chevaliers, on comptoit Jean Louis et Roger de Beauchamp, Renauld et Cobham, les sires de Mortimer, de Mowbray, de Roos, de Lucy, de Felton, de Bradestan, de Moulton, de Man, de Basset, de Berkley et de Willoughby. D'autres combattants, qui devinrent dans la suite célèbres, Jean Chandos, Fitz-Warren, Pierre et James d'Audelay, Roger de Wettevalle, Barthélemy de Burgherst, Richard de Pembridge, étoient aussi à bord de *la Navie*, au simple rang de bacheliers. Il faut encore compter quelques étrangers, Oulphart de Ghistelle du pays de Hainaut, et cinq ou six chevaliers d'Allemagne.

Pendant deux jours, les vaisseaux firent bonne route vers le port qu'ils cherchoient : s'ils eussent entré dans la Gironde, la France étoit sauvée, et la

France devoit être perdue. Celui qui commande à la mer fit cesser le vent, par qui la flotte sembloit être favorisée; il en envoya un autre qui la refoula violemment sur la Cornouailles; on jeta l'ancre. Édouard attendit, implora le retour de la première brise, ne se doutant pas que la tempête qui soulevoit alors son pavillon, le menoit à la victoire.

Nous avons dit que Geofroy d'Harcourt étoit embarqué sur *la Nef royale;* il n'avoit jamais été d'avis d'attaquer la France du côté de la Guienne, trop éloignée du centre de notre empire, et défendue, comme province frontière, par une multitude de châteaux; quelque chose sembloit avoir fait à ce traître la révélation de la colère du ciel : rien de plus intelligent que la vengeance et la haine. Quand Harcourt vit la flotte repoussée aux côtes d'Angleterre, il profita de cet accident pour ébranler la résolution d'Édouard. « Sire, lui dit-il, je vous ai « toujours conseillé et je vous conseille encore de « prendre terre en Normandie. Personne ne s'op- « posera à votre descente. Depuis long-temps les « peuples de ce canton sont sans armes, et ils n'ont « jamais vu la guerre. Toute la noblesse de la pro- « vince est au siége devant Aiguillon. Vous trouverez « un pays ouvert, rempli de grosses villes non fer- « mées où vos soldats s'enrichiront pour vingt ans. « Je vous supplie de m'écouter, et je réponds du « succès sur ma tête. »

L'oreille du roi s'inclina à ce conseil. Édouard ordonne de lever l'ancre; lui-même veut servir de pilote; il passe avec son vaisseau à la tête de la flotte, et fait tourner la proue vers les côtes de la Normandie. Des calamités de cent années furent le fruit de l'inspiration d'un moment et du changement des vents dans le ciel.

Les François, qui tant de fois portèrent le ravage dans les contrées étrangères, alloient à leur tour sentir l'abomination de la conquête. Depuis l'invasion des Normands, ils n'avoient point vu les ennemis dans le cœur de leur pays; et voilà qu'après quatre siècles un Normand leur ramenoit la désolation. Les mille vaisseaux anglois parurent devant La Hogue-Saint-Wast en Cotentin. Couvert de ses armes, entouré de ses chevaliers, Édouard, monté sur son grand vaisseau, qui précédoit tous les autres, déployoit au vent les couleurs de l'Angleterre; elles étoient blanches alors, et nous portions le rouge. Il aborde sans obstacle, comme Geofroy d'Harcourt le lui avoit prédit, au port de La Hogue, le 12 juillet 1346. Près du cap de ce nom, les François, sous le règne de Louis XIV, versèrent leur sang pour remettre un monarque anglois sur le trône de ses pères.

La terre de Saint-Sauveur, qui appartenoit à Geofroy d'Harcourt, s'étendoit jusqu'à La Hogue. Du bord des vaisseaux anglois, Harcourt découvroit le lieu même de sa naissance, et les rivages remplis des souvenirs de sa jeunesse. En montrant à Édouard le pays qu'il alloit ravager, il pouvoit lui dire : « Voilà la tour de l'église où j'ai été baptisé; « voilà le donjon du château où j'ai été nourri : là

« vos soldats pourront déshonorer le lit de ma mère ;
« ici, déterrer les os de mes aïeux. »

Quand Geofroy mit le pied sur la grève, comment put-il voir sans être ému les paysans fuir devant lui dans ces mêmes champs où il avoit passé son enfance, par ces mêmes chemins qui le conduisoient au toit paternel ? Un historien représente Rome disant à Manlius Capitolinus : « Manlius, je
« t'ai regardé comme le plus cher de mes fils quand
« tu renversas les ennemis du haut du Capitole ;
« mais puisque tu déchires mon sein, va, malheu-
« reux, et sois précipité comme ces Gaulois que tu as
« vaincus. »

La France, percée de coups, les yeux en pleurs, enveloppée dans son manteau déchiré, auroit pu crier à Geofroy d'Harcourt : « Faux et traître che-
« valier, je t'attends à Crécy sur le corps sanglant
« de ton frère fidèle à sa patrie ! En vain tu te
« repentiras, ton repentir ne durera pas plus que
« ton innocence. Traître de nouveau, tu mourras
« foi-mentie, doublement flétri par ton crime et par
« le pardon de ton roi. »

La flotte ayant jeté l'ancre, le débarquement se fit sur un rivage désert, image de ce qu'alloit devenir le sol de notre patrie sous les pas des Anglois. Édouard tomba, dit-on, en mettant le pied sur la grève, comme César en Afrique, comme Guillaume-le-Bâtard en Angleterre. Le sang lui sortit du nez. Les chevaliers, effrayés du présage, dirent au roi :
« Chier sire, retrayez-vous en votre nef, et ne venez
« mès huy à terre, car voici un petit signe pour

« vous. » Édouard répondit joyeusement : « C'est un
« très-bon signe; cette terre me désire. » Il y a des
paroles et des aventures qui sont de tous les conquérants; le même instinct et les mêmes mœurs
distinguent les animaux de proie.

A l'endroit du débarquement, le roi d'Angleterre
arma chevalier son jeune fils le prince de Galles :
cette terre de France a la propriété de faire des héros, même parmi ses ennemis. Édouard nomma
connétable le comte d'Arundel, et maréchaux Geofroy d'Harcourt et le comte de Warwick.

Le Cotentin forme une presqu'île : Édouard rangea ses soldats selon la nature du terrain qu'il avoit
à parcourir : divisés en trois corps, deux de ces
corps, c'est-à-dire les deux ailes de l'armée commandées par les deux maréchaux, marchoient l'un
à droite, l'autre à gauche, au bord de la mer, en
balayant les deux rivages de la presqu'île, tandis
que le corps de bataille où se trouvoient Édouard,
le prince de Galles et le connétable, s'avançoit au
centre par le milieu des terres. Chaque soir les deux
ailes se reployoient et venoient camper sur les flancs
de la *chevauchée* du roi. Le comte d'Huntingdon, demeuré sur la flotte avec six vingts hommes d'armes
et quatre cents archers, avoit ordre de suivre rez
les côtes le mouvement des troupes. Par cette belle
disposition militaire, l'armée d'Édouard, se mouvant sur une seule et longue ligne, et embrasant
tout devant elle, se dérouloit lentement sur la
France comme une mer de feu.

Rien n'échappa, par mer et par terre, aux ravages

de ce monarque, qui se disoit roi des François, et qui venoit pour régner sur des François; par mer, tous les vaisseaux, depuis le plus grand navire jusqu'à la plus petite barque, furent pris et réunis à la flotte angloise; par terre, toutes les villes et les villages furent saccagés et brûlés. Barfleur succomba la première; et, quoiqu'elle se fût rendue sans coup férir, elle n'en fut pas moins pillée; elle perdit *or, argent et chers joyaux. Il se trouva si grande foison de richesses, que compagnons n'avoient cure de draps fourrés de vair.* Les habitants, enlevés de la ville, furent entassés sur la flotte angloise. Cherbourg fut incendié; le château se défendit; Montebourg, Valognes, Carentan, furent renversés de fond en comble.

Le corps de bataille ne faisoit pas moins de mal au milieu du pays. *Geofroy d'Harcourt alloit en avant de la bataille du roi avec cinq cents armures de fer et deux mille archers;* et comme il connoissoit bien sa patrie, c'étoit lui qui traçoit le chemin. Il trouva *le pays gras et plantureux de toutes choses, les granges pleines de bleds et d'avoines, les maisons pleines de toutes richesses, riches bourgeois, chars, charrettes, chevaux, pourceaux, moutons, bœufs, qu'on nourrissoit dans ce pays-là, et les plus beaux biens du monde. Ceux du pays fuyoient devant les Anglois de tant loin qu'ils en oyoient parler, et laissoient leurs maisons et leurs granges toutes pleines. Ainsi par les Anglois étoit ars* (brûlé)*, robé, gâté et pillé le bon pays de Normandie.* Saint-Lô, où il y avoit alors des manufactures de drap considérables, périt, et les trois corps de l'armée angloise s'étant réunis, s'avancèrent dans la plaine de Caen. C'est par le récit des malheurs de la France que nous apprenons le curieux détail de sa culture et de son industrie intérieure à cette époque.

On n'avoit point ignoré à Paris l'armement des Anglois, mais on n'avoit pu deviner sur quel point tomberoit l'orage; on n'eut pas plus tôt appris qu'il éclatoit au cœur du royaume, que Philippe se hâta d'envoyer à Caen le comte d'Eu, connétable de France, et le comte de Tancarville, nouvellement arrivés du siége d'Aiguillon. Ils se jetèrent dans la ville accompagnés de quelques hommes d'armes; ils y trouvèrent Guillaume Bertrand, évêque de Bayeux, qui s'y étoit renfermé avec la noblesse restée au pays. Caen étoit une ville marchande et peuplée, *pleine de riches bourgeois, de nobles dames et de belles églises;* mais ses murailles étoient ouvertes en plusieurs endroits, et son château, assez fort, ne défendoit la ville que d'un côté. Trois cents Génois, commandés par le seigneur de Wargny, en formoient toute la garnison. C'étoit déjà un grand progrès en administration que de pouvoir entretenir, comme Philippe le faisoit alors, cent mille hommes en Gascogne; mais le système des troupes soldées n'étant pas encore établi, le demeurant du royaume se trouvoit sans défense régulière. Le moyen-âge, qui n'eut point d'armée permanente, étoit dans l'état le plus favorable à la liberté, et, par le défaut de lumières, ce fut un temps de servitude : quand les lumières s'étendirent, les soldats arrivèrent.

La flotte angloise étoit parvenue à l'embouchure de l'Orne, petite rivière qui passe à Caen. Édouard, logé à deux lieues de la ville, s'attendoit à trouver quelque résistance. Le comte de Tancarville vouloit, avec raison, qu'on se contentât de défendre le pont sur l'Orne, le château, le corps de la ville, et qu'on abandonnât les faubourgs; les bourgeois dirent qu'ils se sentoient assez forts pour combattre le roi d'Angleterre en rase campagne. Le connétable appuya cette bravade; et, par tout ce qui suivit, il se fit accuser d'incapacité, de lâcheté ou de trahison. Il avoit jadis reçu des grâces et des présents d'Édouard; pendant sa captivité en Angleterre, les caresses de ce prince achevèrent de le rendre suspect. Il faut des succès sur le trône, et Philippe ne connoissoit que des revers : le malheur délie les hommes du serment de fidélité.

Édouard, au soleil levant, prêt à exterminer une cité, entendit la messe; peu de temps après, en violant les tombeaux et en massacrant les peuples, il fit faire un magnifique service aux gentilshommes normands décapités pour la félonie de Geofroy d'Harcourt.

Cependant les bourgeois de Caen, rangés en bataille, ne tinrent pas ce qu'ils avoient promis. Aussitôt qu'ils virent approcher les bannières des Anglois, et qu'ils entendirent siffler les flèches, ils fuirent. Les ennemis entrèrent pêle-mêle avec eux dans la ville; car la rivière étoit si basse, qu'on la passoit partout à gué. Le connétable se retira à *sauveté* avec le comte de Tancarville, sous une porte à l'entrée du pont, devant l'église de Saint-Pierre. Quelques chevaliers et écuyers se réfugièrent dans le château. Le connétable, monté aux créneaux, aperçut, en regardant le long de la grande rue, les archers anglois tuant les habitants et n'en recevant aucun à merci. Parmi ces soldats il reconnut un chevalier borgne, Thomas Holland, avec lequel il avoit autrefois contracté amitié dans les guerres de Prusse et de Grenade. Il l'appela, et se rendit à lui avec le comte de Tancarville et une vingtaine de chevaliers.

Les habitants, voyant qu'on ne leur faisoit aucun quartier, se barricadèrent et commencèrent à se défendre; ils jetoient par les fenêtres et du haut des toits, sur les Anglois, des meubles, des briques et des pierres. Les Anglois enfonçoient les portes, se frayoient un chemin avec le fer et le feu, violoient les femmes au milieu des flammes, et massacroient tout, sans distinction d'âge, de sexe et de condition. Chaque maison étoit l'occasion d'un siége où se répétoient les horreurs accomplies dans une ville prise d'assaut. Plus de cinq cents Anglois avoient péri dans ce tumulte. Édouard, devenu furieux, ordonne qu'on passe tous les François au fil de l'épée, et qu'un vaste incendie couronne l'œuvre. Geofroy d'Harcourt se trouvoit présent lorsque cet ordre fut donné; pour la première fois, il sentit quelque remords: il représenta au monarque étranger qu'il lui restoit encore un grand pays à traverser, et Philippe à combattre ; qu'il lui importoit de ménager ses soldats; que les bourgeois de Caen, poussés au désespoir, vendroient chèrement leur vie; que si, au contraire, on usoit de miséricorde, il se chargeoit, lui, d'Harcourt, de réduire la ville en peu d'heures.

Ce conseil, auquel Édouard obtempéra, en épargnant quelques maux particuliers, fit un mal général à la France. Au commencement d'une invasion, un exemple de dévoûement enflamme les cœurs, les fait palpiter de vertu et de gloire, inspire cet enthousiasme qui rend une nation invincible : les trois cents Spartiates sauvèrent la Grèce aux Thermopyles. Harcourt chevaucha de rue en rue, commandant, de par le roi d'Angleterre, que nul, sous peine de la *hart*, ne fût assez hardi pour mettre le feu aux maisons, violer les femmes, tuer les hommes qui ne feroient pas de résistance. Les bourgeois cessèrent aussitôt le combat, et ouvrirent leurs portes. Alors commença une espèce de pillage régulier qui dura trois jours. Édouard se réserva sur la part du butin les joyaux, la vaisselle d'argent, la soie, les toiles et les draps. Il acheta de Thomas de Holland, pour la somme de vingt mille nobles, le connétable et le comte de Tancarville. Ces deux seigneurs furent embarqués sur le grand vaisseau de la flotte angloise avec soixante chevaliers prisonniers et trois cents bourgeois, dont on espéroit tirer rançon quoiqu'ils eussent déjà tout perdu. Le vaisseau porta à Londres les captifs et les dépouilles les plus précieuses. C'étoit une amorce au reste des Anglois pour accourir au sac de la France.

Caen renfermoit le tombeau de Guillaume-le-Bâtard; le sol où ce tombeau se trouvoit placé avoit été jadis disputé aux os de ce prince par un bourgeois nommé Ascelin, lequel disoit que ce sol, propriété de son père, lui avoit été ravi contre toute justice par Guillaume vivant. Les enfants des compagnons que Guillaume avoit menés à la conquête de l'Angleterre revenoient conquérir et profaner ses cendres.

Deux cardinaux légats, qu'Édouard ne voulut point écouter, furent témoins de la ruine de Caen. On a déjà remarqué, et l'on fera remarquer encore les efforts du saint-siége pour arrêter l'effusion du sang dans ces guerres cruelles. Rien n'étoit plus touchant que de voir des hommes de miséricorde suivant partout des hommes de sang, essayant de faire tomber les armes de leurs mains, suppliant avant le combat, pleurant après la victoire, toujours rebutés, jamais las, colombes de paix errant de champ de bataille en champ de bataille avec les vautours.

Philippe rassembloit à Saint-Denis une armée. Les princes ses vassaux, ses alliés ou ses amis, se hâtoient de se réunir à lui. Le comte de Beaumont, Jean de Hainaut, depuis peu réconcilié à la France, accourut avec un grand nombre de chevaliers; le duc de Lorraine amena trois cents lances; les comtes de Savoie, de Salbruges, de Flandre, de Namur, de Blois, toute la noblesse qui ne se trouvoit pas au siége d'Aiguillon, se rendirent à Saint-Denis. Jean, roi de Bohême, étoit alors dans ses États : son fils Charles venoit d'être élu empereur ; l'ancien empereur excommunié, Louis de Bavière, inquiétoit le nouvel empereur ; le roi de Bohême avoit perdu la vue ; tant de raisons paroissoient le devoir retenir en Allemagne ; mais quand il reçut les courriers de Philippe, ses ministres le voulurent en vain arrêter. Ce vieux monarque, qui est devenu le modèle de la loyauté, dit à ses barons : « Ah, ah ! quoi« que aveugle, je n'ai mie oublié les chemins de « France. Je veux aller défendre mes chiers amis « et les enfants de ma fille, que les Angleches veuil« lent rober. » Jean partit en effet avec son fils Charles, et vint trouver Philippe.

Édouard avoit quitté Caen. Les seuls titres des chapitres de nos chroniques donnent une idée de sa marche, *des maux que les Anglois firent en Normandie, comment telle ville fut pillée, comment tout le pays fut ars, essilé et robé.* Il prit d'abord la route d'Évreux ; mais cette ville étant fermée, il ne l'attaqua pas. Il emporta et incendia Louviers, déjà connue par ses manufactures de drap ; de là il s'avança vers Rouen ; les comtes d'Évreux et d'Harcourt y commandoient : Geofroy d'Harcourt put voir flotter sur les murs de Rouen la bannière de son frère.

Philippe avoit fait rompre tous les ponts de la Seine depuis Paris jusqu'à Rouen ; lui-même, descendu de Paris avec son armée, se trouvoit à Rouen à l'instant où les Anglois se présentèrent de l'autre côté de la Seine. Edouard passa sans insulter la ville dont la rivière le séparoit; il épioit l'occasion d'entrer en Picardie pour se retirer dans le Ponthieu qui lui appartenoit. Il remonta la Seine, continuant ses ravages; Philippe marchoit sur le bord opposé, réglant ses mouvements sur ceux des ennemis : on les suivoit à la trace du sang et à la clarté des embrasements. Ils brûlèrent Pont-de-l'Arche, Vernon, Mantes et le faubourg de Meulan; des fourrageurs pénétrèrent dans le pays chartrain. L'armée angloise parvint ainsi jusqu'à Poissy, dont le pont avoit été détruit; malheureusement il en restoit encore les piles et les attaches, ce qui facilita son rétablissement : Philippe arriva à Paris en même temps qu'Édouard à Poissy. La civilisation des temps modernes a fait cesser ces désastres à plaisir de l'ancienne guerre; mais les Barbares eux-mêmes avoient rarement mené une invasion avec une aussi complète absence d'humanité que cette course sanglante d'Édouard.

Des partis anglois se répandirent dans les environs de Poissy. Le château de Saint-Germain-en-Laye, Nanterre, Ruel, Saint-Cloud, Neuilly, furent réduits en cendres. La nuit, à Paris, on apercevoit dans le ciel la réverbération des flammes, et le jour, du haut des tours de Notre-Dame, on découvroit les villages aux grosses fumées qui s'en élevoient. Depuis la descente des premiers Normands, un tel péril n'avoit point approché des Parisiens; comme les citoyens de Lacédémone avant le temps d'Epaminondas, leurs femmes n'avoient point vu les feux d'un camp ennemi. Aujourd'hui, Paris a reçu l'étranger dans ses murs, et Sparte sort de ses ruines.

Philippe voulut s'aller mettre à la tête de son armée à Saint-Denis. La foule se jeta à ses pieds. « *Haa! sire et noble roi, que voulez-vous faire? Vous* « *voulez laisser la noble cité de Paris. Les ennemis* « *sont à deux lieues près; tantôt seront en cette ville.* « *Quand vous en serez parti, nous n'aurons personne* « *qui nous défende contre eux.* » Le roi répondit : « *Bonnes gens, ne craignez pas les Anglois; ils* « *ne vous approcheront pas de plus près. Je vais à* « *Saint-Denis devers mes gens d'armes, car je veux* « *chevaucher contre les Anglois et les combattre.* »

Ces paroles calmèrent peu les esprits : les frayeurs du peuple sont presque toujours mêlées de sédition et de folie; d'un côté on ne vouloit pas que le roi s'éloignât, parce que Paris étoit sans défense; de l'autre, on se refusoit aux mesures nécessaires pour mettre la ville à l'abri d'un coup de main. Paris n'étoit point encore entouré de remparts, ou ceux qu'avoit élevés Philippe-Auguste n'existoient plus : le roi ordonna de faire des retranchements. Il falloit abattre quelques maisons; les propriétaires s'y opposèrent : remarquez cette force de la liberté civile, dans un temps où la liberté politique n'étoit rien. Le peuple prend le parti des propriétaires; le roi de Bohême accourt avec cinq cents chevaux pour calmer la sédition : on n'y parvient qu'en abandonnant l'ouvrage.

A ces émeutes, aux mutineries des hommes qui, n'ayant rien à perdre, se réjouissent des calamités publiques, se mêloient d'autres troubles et d'autres confusions : tout étoit plein de traîtres payés du prix des rapines d'Édouard; ces traîtres s'augmentoient du troupeau des foibles, de ces gens sans cœur et sans caractère, alliés naturels des méchants, sorte de traîtres que font la peur et l'adversité. Plusieurs commençoient à croire que le roi d'Angleterre avoit des droits au trône de France, puisqu'il étoit victorieux.

L'intérêt étoit puissant, et grand le spectacle : Édouard à Poissy, au berceau de saint Louis; Philippe à Saint-Denis, au tombeau du même roi; tous deux prêts à s'élancer de ces barrières pour se disputer le sceptre du monarque qui avoit emporté sa couronne dans le ciel.

A en juger par les apparences, le bon droit alloit triompher. Tant qu'Édouard n'avoit trouvé aucun obstacle, il s'étoit avancé en abîmant le pays; mais il lui fallut songer à la retraite aussitôt que Philippe parut, de même que le loup, dit Mézeray, après avoir fait un grand carnage dans une bergerie, entendant aboyer les mâtins, ne tâche qu'à se retirer dans le bois. La retraite n'étoit pas facile. Édouard n'auroit osé se jeter sur une ville comme Paris, appuyée d'une armée de cent mille hommes. Retourner en arrière? il eût été aussitôt poursuivi sur un sol mis à nu. Tenir au premier projet de se cantonner dans le Ponthieu? La Seine, dont les ponts étoient rompus, barroit le chemin au prince anglois; et même, quand il l'auroit passée, il se trouveroit renfermé entre les eaux de cette rivière, celles de l'Oise, le cours de la Somme et l'armée françoise à Saint-Denis. C'étoit pourtant le seul plan qui présentât quelque chance de succès.

Il y avoit quatre jours qu'Édouard préparoit en secret les matériaux nécessaires au rétablissement du pont de Poissy; il répandoit le bruit que, ne pouvant traverser la Seine dans l'endroit où il cantonnoit, il tenteroit le passage au-dessus de Paris. Le jour de l'Assomption, il chôma, à l'abbaye des Dames, la fête de la Vierge; il affecta de donner un grand repas; il y présida vêtu d'un habit sans manches, de drap d'écarlate fourré d'hermine, comme auroit pu faire saint Louis tranquille au sein de son royaume et au lieu de sa naissance : ses troupes avoient reçu l'ordre de se mettre en mouvement pour tourner Paris. Trompé par cette disposition et ces faux rapports, Philippe étoit venu camper au pont d'Antony, afin de couper le chemin aux ennemis. Il n'eut pas plus tôt quitté Saint-Denis qu'Édouard, exécutant une contre-marche, revint passer la Seine à Poissy sur le pont qui avoit été rétabli avec une diligence merveilleuse. L'avant-garde des Anglois, sous le commandement de Geofroy d'Harcourt, étoit à peine de l'autre côté de la Seine qu'elle rencontra les milices d'Amiens, conduites par quatre chevaliers de Picardie : Harcourt attaqua ces communes qui se défendirent vaillamment; mais elles furent défaites, et

2.

leurs bagages pris; douze cents *bonnes gens* demeurèrent sur la place après avoir affronté les premiers les destructeurs de leur pays. Telles étoient ces communes qui formoient le fond de la véritable nation françoise, et dont notre ancienne histoire, à sa honte éternelle, ne parla jamais que pour les traiter de *ribaudailles* et de *pédailles*.... Ces nobles si hautains étoient-ils plus braves sous leurs corsets et leurs casques de fer, à l'épreuve de la flèche et de la lance, que ces paysans armés d'un bâton ou d'un fauchard, exposés demi-nus à la charge de ces centaures de bronze? Le moment n'étoit pas loin où la poudre allumée à Crécy alloit égaliser les périls, niveler les rangs sur le champ de bataille, et permettre enfin à la gloire d'inscrire le peuple françois dans ses propres fastes.

Philippe n'apprit qu'au bout de deux jours la levée des tentes angloises : bien qu'il eût en tête un général plus habile que lui, il avoit un grand courage et ne manquoit point de capacité dans la guerre; on ne peut attribuer une partie de ses incroyables fautes et du succès de ses ennemis qu'à ce vertige d'infidélité qui avoit saisi une partie de ses sujets : tant il est vrai que la loi salique n'étoit pas encore évidente à tous les esprits. Il reconnut alors, dit un historien, qu'il étoit environné de traîtres, lesquels le trompoient par de faux rapports, et donnoient avis aux Anglois de toutes ses démarches. Désespéré d'avoir laissé échapper sa proie, il se mit à sa poursuite. Il envoya offrir la bataille à Édouard ou dans la plaine de Vaugirard, s'il y vouloit venir, ou entre Pontoise et Franconville, s'il se vouloit arrêter et l'attendre. Édouard fit répondre qu'il n'avoit point de conseil à prendre d'un ennemi : il continua sa route.

Arrivé aux champs de Beauvais, il les faucha comme le reste, passa sous les murs de Beauvais, dont il brûla et pilla les faubourgs; la ville fut courageusement défendue par l'évêque. L'abbaye de Saint-Lucien, fondée par Khildérik, étoit, après Saint-Germain-des-Prés, le plus ancien édifice religieux de la France; Édouard y prit ses quartiers : comme il s'en éloignoit le lendemain, il vit, en regardant derrière lui, les flammes s'élever des tourelles de ses hôtes; il fit pendre quelques-uns des incendiaires. Il s'étoit ravisé par politique, et avoit commandé de respecter les églises; ordres dérisoires qui ne trompèrent point le ciel, et que n'écouta point le soldat.

Ainsi périssoient la patrie, ses cités, ses hameaux, les temples de sa religion, les monuments de ses rois. Crécy alloit couronner tant de désastres, et terminer la marche triomphale d'Édouard au travers des ruines.

De l'abbaye de Saint-Lucien il vint loger à Milly, de Milly à Grand-Villiers; il défila devant Dargies, brûla le château et fourragea le pays d'alentour. La ville de Poix fut trouvée sans défense; il n'étoit demeuré dans ses deux châteaux que deux *belles damoiselles*, filles du seigneur de Poix : elles auroient été déshonorées sans le sire de Basset et Jean Chandos, qui les menèrent au roi d'Angleterre. Les bourgeois de Poix se rachetèrent du pillage pour une somme considérable ; mais le lendemain il s'éleva des contestations qui furent suivies du massacre général des habitants. Enfin Édouard vint camper à Airaines, et il envoya ses maréchaux chercher un passage sur la Somme.

Là auroient dû finir ses succès et commencer ses expiations : Philippe, accouru à marches forcées, étoit prêt à paroître à la tête de cent mille hommes, animés, comme leur roi, de la plus juste vengeance.

Les Anglois n'avoient guère plus de trente mille combattants ; ils étoient fatigués d'une longue route, et embarrassés de leur butin : traqués entre la mer, l'armée françoise et la rivière de Somme, dont les ponts étoient rompus ou gardés, ils croyoient toucher au moment de leur perte. Les maréchaux anglois avoient en vain tenté de forcer le pont de Remy, celui de Long en Ponthieu, et celui de Péquigny. N'ayant pu découvrir aucun passage sur la Somme, ils vinrent rendre compte à Édouard de leurs inutiles recherches. Philippe dans ce moment entroit à Amiens.

Le roi d'Angleterre, se repentant de ses triomphes, envoya proposer une suspension d'armes ; il offroit de rendre ce qu'il avoit pris ; mais pouvoit-il rendre la vie aux laboureurs, aux bourgeois paisibles, aux familles innocentes immolées à son ambition ? Tant de calamités devoient-elles être regardées comme jeux de rois, qui ne laissent plus de traces quand il plaît à ces rois de les interrompre? Chef et père de la patrie, le monarque, plein de douleur et de ressentiment, refusa tout. Un historien dit que Philippe, en n'acceptant pas les propositions d'Édouard, devint injuste, et se rendit coupable des malheurs de la France : c'est abuser de l'esprit philosophique, et juger de l'événement par le succès. Philippe devoit obtenir pour ses peuples une réparation solennelle; il devoit essayer de donner aux étrangers une leçon durable, en leur apprenant quel seroit leur sort s'il leur prenoit jamais envie de renouveler ces incursions de brigands. Un ennemi d'aussi mauvaise foi qu'Édouard n'auroit pas plus tôt échappé au péril, qu'il eût recommencé ses ravages. Mais la bataille de Crécy fut malheureuse. La fortune ne suit pas toujours la justice; les droits de la seconde ne sont pas moins réels, quoique abandonnée de la première.

Or, le roi d'Angleterre, dit Froissard, *étoit moult pensif à Airaines. Si ouït messe avant le soleil levant, lors fit sonner ses trompettes de délogement.* Il traversa le pays de Vimeu et s'approcha d'Abbeville. Il brûla un gros village aux environs, et vint gîter à l'hôpital d'Oisemont. Philippe, parti d'Amiens, étoit, à une heure de l'après-midi, à Airaines. Il y trouva des *pourveances de chair en hastées, pain et pâtes en four, vin en tonneaux et en barils, et moult de tables mises que les Anglois avoient laissées.* Les deux maréchaux d'Édouard, descendus le long de la Somme jusqu'à Saint-Valery, toujours pour s'enquérir d'un passage, revinrent le soir dire à leur maître qu'ils n'avoient pas été plus heureux qu'auparavant. Si Philippe avoit eu seulement l'avance de quelques heures, ou si le gué de Blanque-Taque eût été mieux gardé, c'en étoit fait des Anglois.

Ce monarque et cette armée, qui avoient causé tant d'épouvante, ressentoient à leur tour la terreur qu'ils avoient inspirée. Perdu de réputation comme général, méprisé comme roi, abhorré comme homme, Édouard alloit finir de la fin d'un aventurier et d'un incendiaire. La défaite en faisoit un chef sans mérite, sans prévoyance, sans courage ; le triomphe en fit un capitaine illustre : le succès semble être le génie, un moment sépare la honte de la gloire.

Il étoit nuit ; personne, dans le camp anglois, ne dormoit : ceux-ci regrettoient le butin qu'ils alloient perdre ; ceux-là pleuroient leurs femmes, leurs enfants, leur patrie. Les soldats qui avoient exploré la rivière en faisoient des récits effrayants ; d'autres croyoient entendre déjà les clameurs de l'armée françoise, laquelle s'étoit promis de ne faire aucun quartier à l'ennemi ; serment que Philippe avoit prononcé dans la colère, et qu'il eût rétracté dans la victoire.

Les chefs n'étoient pas en de moindres alarmes : acculé à la mer, et retiré sous sa tente comme une bête noire dans sa bauge, Édouard rouloit en silence autour de lui des regards sombres qui s'attendrissoient en tombant sur son fils : ce prince adolescent, destiné à devenir le modèle de la chevalerie, étoit, sans le savoir, à la veille de sa renommée, et déjà comme tout brillant de l'aurore de cette gloire qui s'alloit lever pour lui. Son armure noire, donnant une bonne grâce particulière à sa haute taille et à sa jeunesse, relevoit encore la blancheur de son teint; car il étoit grand et pâle, tel qu'on a représenté depuis le capitaine Bayard; mais il fut plus beau.

Édouard, pour prendre une dernière résolution, assemble aux flambeaux son conseil : inspiré par la mauvaise fortune de la France, il fait amener devant lui des prisonniers du pays de Vimeu et de Ponthieu; il s'informe s'ils ne connoîtroient point un gué au-dessous d'Abbeville, promettant à quiconque indiqueroit ce gué la liberté et celle de vingt autres captifs. Parmi ces malheureux se trouvoit un valet appelé Gobin-Agace; l'histoire a retenu son nom ignoble, comme celui d'un de ces hommes de perdition que la Providence emploie lorsqu'elle veut châtier les empires.

Ce valet déclara qu'il existoit un gué où douze soudoyers pouvoient passer de front à plusieurs endroits, deux fois par jour, à mer basse. Le fond de ce gué étoit composé d'un gravier blanc et dur, d'où lui étoit venu le nom de Blanque-Taque, ou de Blanche-Tache, ou de Blanche-Cayeux. Le valet ajouta qu'on le pouvoit traverser avec des chariots, et que les hommes n'y avoient de l'eau que jusqu'au genou. « *Compains !* s'écria Édouard trans- « porté de joie, *si je trouve vrai ce que tu dis,* « *je te quitterai ta prison à toi et à tous tes com-* « *pagnons, et je te baillerai cent écus nobles.* » Et

Gobin-Agace lui répondit : « *Sire, oyle en péril de ma tête.* »

Aussitôt Édouard ordonne à ses capitaines de se tenir prêts. A minuit la trompette sonne ; *sommiers sont troussés, chars chargés ;* on prend les armes. Au point du jour, les Anglois quittent Oisemont et commencent à défiler : Gobin-Agace servoit de guide ; Harcourt étoit à l'avant-garde : deux François marchoient à la tête de la fuite de nos ennemis. Le soleil se levoit lorsqu'on atteignit le gué. Si la joie des Anglois avoit été grande quand ils s'étoient flattés de franchir la Somme, ils retombèrent dans le désespoir en arrivant sur ses bords : la mer étoit haute ; le flux couloit à pleines rives. De l'autre côté du fleuve, on apercevoit douze mille François rangés en bataille, et commandés par ce brave Godemar du Fay qui avoit si vaillamment défendu Tournay. Philippe, prévoyant que l'ennemi découvriroit le gué de Blanche-Tache, avoit détaché de son armée mille hommes d'armes et six mille archers génois. Ce corps, auquel se réunirent les communes d'Abbeville, passa la Somme à Saint-Seigneur et descendit à Blanche-Tache.

Quatre longues heures s'écoulèrent avant que le gué devînt praticable. Le monarque anglois donne alors le signal, commande aux deux maréchaux Warwick et d'Harcourt de traverser la Somme, *bannière au vent, au nom de Dieu et de saint Georges, les plus bachelereux et les mieux montés devant.* Édouard, suivi du prince de Galles, se jette dans l'eau l'épée à la main. Les chevaliers françois, au bord opposé, baissent la lance, viennent à la rencontre, et reçoivent chaudement l'ennemi. Un combat s'engage dans le lit même de la rivière. Le péril des Anglois étoit imminent : ils n'avoient plus que deux heures pour accomplir le passage de leurs troupes, chariots et bagages; le flux revenant les eût engloutis. Sur la rive qu'ils quittoient, on commençoit à apercevoir les coureurs de l'armée de Philippe. La nécessité double les forces et le courage des ennemis; leurs archers chassent à coups de flèches les archers génois qui longeoient la rive droite de la Somme. Harcourt et Warwick atteignent le bord avec quelques escadrons, chargent les François, les culbutent, gagnent un terrain où se forme derrière eux l'armée d'Édouard à mesure qu'elle sort de l'eau. Alors les milices commandés par du Fay prennent la fuite, et lui-même est obligé de se retirer.

A peine l'ennemi étoit-il passé, que l'avant-garde de notre armée entra au campement abandonné des Anglois; elle s'empara des chariots et prit trois ou quatre cents traînards. On auroit pu exercer des représailles sur ces brûleurs de chaumières, on leur accorda la vie. Philippe arrive, voit Édouard de l'autre côté de la Somme et le veut suivre; mais, déjà montante, la marée noyoit le gué; il fallut perdre un jour pour rétrograder et traverser la rivière à Abbeville. Édouard effectua le passage le 24 d'août 1346, jour de Saint-Barthélemy.

Tel est le récit que Froissard, et plusieurs auteurs après lui, font de la rencontre de Blanche-

Tache; mais le continuateur de Nangis et l'auteur anonyme de la chronique de Flandre affirment que Godemar du Fay se retira sans combattre. Mézeray ajoute qu'il étoit parent de Geofroy d'Harcourt, et qu'il se vendit à Édouard; il est certain que Philippe voulut dans la suite le faire pendre comme traître. Mais la colère du roi, excitée par le malheur, et le témoignage de deux historiens qui adoptent tous les bruits populaires, ne suffisent pas pour détruire le récit circonstancié de Froissard, pour déshonorer la mémoire d'un vieux capitaine qui avoit donné tant de preuves de courage et de fidélité. Philippe avoit cent mille combattants; si, au lieu de douze mille hommes, il en eût envoyé trente mille au gué de Blanche-Tache, nombre égal à celui de l'armée d'Édouard, il est probable que les Anglois étoient perdus.

Édouard, ayant passé le gué, rendit grâces à Dieu, fit appeler Gobin-Agace, le délivra avec tous ses compagnons, lui donna les cent nobles promis et un roussin.

L'ennemi alloit entrer dans des plaines ouvertes où les François ne manqueroient pas de l'atteindre; il ne pouvoit vivre que de pillage, et ce pillage retardoit sa marche. Si Édouard pressoit sa retraite avec une armée harassée, devant des troupes fraîches et supérieures en nombre, cette retraite ne tarderoit pas à devenir une fuite; il savoit que les communes de Flandre lui envoyoient un secours de trente mille hommes. Ces diverses considérations le déterminèrent à ne rien précipiter, à choisir seulement de fortes positions pour se mettre à l'abri de Philippe, ou le combattre avec avantage.

Dans cette résolution, qui annonçoit les vues et les talents d'un capitaine, il désigna à son premier campement une hauteur qui domine Crécy, village à jamais fameux, au bord de la petite rivière de Maye. Le comté de Ponthieu avoit été donné en dot à Isabelle, fille de Philippe-le-Bel et mère d'Édouard. Le roi d'Angleterre prit à bon augure de se défendre, s'il étoit attaqué, sur une terre maternelle qui sembloit devoir l'aimer. Les hommes se trouvent plus forts quand ils peuvent s'autoriser de quelque chose qui ressemble à la justice.

Philippe, qui craignoit de voir encore échapper l'ennemi, ne fit prendre aucun repos à ses troupes; elles défilèrent sur le pont d'Abbeville. Logé à l'abbaye de Saint-Pierre de cette ville, le roi donna à souper aux princes, dont la plupart firent alors ce que les martyrs chrétiens appeloient le *repas libre*, le dernier repas avant d'aller mourir. Le 25 août 1346, au lever de l'aurore, l'armée françoise tout entière avoit passé la Somme. A sa tête étoient quatre rois, Philippe-le-Fortuné, roi de France; Jean l'Aveugle, roi de Bohême; Charles, son fils, élu empereur, dit roi des Romains, et le roi détrôné de Majorque. On y voyoit encore le comte d'Alençon, frère du roi, qui fut cause de la perte de la bataille; le comte de Blois, son neveu; Louis, comte de Flandre, et son jeune fils; les comtes de Sancerre, d'Auxerre; Jean de Hainaut, comte de Beaumont; les ducs de Lorraine et de Savoie, toute la noblesse qui n'étoit pas au siége d'Aiguillon, et parmi les écuyers et chevaliers, Harcourt, frère aîné de Geofroy d'Harcourt.

Trompé par un faux rapport en sortant d'Abbeville, Philippe crut que les Anglois avoient abandonné Crécy : il avoit déjà fait deux lieues sur une route opposée, lorsqu'il apprit qu'Édouard gardoit ses premières positions. Il fallut faire halte, changer de chemin, et envoyer reconnoître l'ennemi. Miles Desnoyers, porte-oriflamme, les seigneurs de Beaujeu, d'Aubigny et de Basèle, dit le Moine, furent chargés de cette mission.

L'armée angloise, divisée en trois corps, couvroit la colline de Crécy; au sommet de cette colline étoit un bois qu'Édouard avoit fait environner d'un fossé, et dans lequel on avoit enfermé les bagages et les chevaux; Édouard avoit mis à pied les hommes d'armes, excepté quelque douze cents chevaliers jetés sur les deux ailes de l'infanterie. Le bois formoit un dernier retranchement, lequel n'eût pourtant servi que d'abattoir, et non d'abri, aux soudoyers qui s'y seroient retirés, en cas de défaite. La gauche des Anglois étoit couverte par la forêt de Crécy, la droite par le village de ce nom, des ouvrages de terre et des arbres gisants : leur front demeuroit libre, mais étroit, de sorte que l'armée assaillante y devoit perdre l'avantage du nombre.

Les trois corps échelonnés dessinoient trois croissants parallèles sur la colline; chacun de ces corps étoit subdivisé en trois lignes : la première, d'archers; la seconde, d'infanterie galloise et irlandoise; la troisième, d'hommes d'armes ou de cavalerie à pied.

Le premier corps, servant d'avant-garde presque au bas de la colline, comptoit huit cents hommes d'armes, un tiers d'infanterie et deux mille archers; il étoit commandé par le prince de Galles, ayant auprès de lui Geofroy d'Harcourt, les comtes de Warwick et de Kenfort, Chandos, le sire de Man, et toute la fleur de la chevalerie.

Le deuxième corps, placé au-dessus du premier, étoit fort de huit cents hommes d'armes et de douze cents archers : il avoit pour chefs les comtes de Northampton et d'Arundel.

Le troisième corps couronnoit la colline, sous le commandement immédiat d'Édouard; il se composoit de sept cents hommes d'armes et deux mille archers. C'étoit peut-être au centre de ce corps qu'étoient cachées des machines inconnues.

Ainsi, pour remporter la victoire, Philippe se voyoit forcé de percer, en gravissant une pente, neuf lignes formidables.

Le soir, veille de la bataille, Édouard donna un grand souper à ses comtes et barons : lorsque ceux-ci se furent retirés, il entra dans son oratoire dressé sous une tente, et resta seul à genoux devant l'autel jusqu'à minuit. Sa prière faite, il se jeta sur une peau de brebis, et se releva le 26 à la pointe du jour : il entendit la messe et communia avec le prince de Galles. La plupart de ses gens se confessèrent et se mirent en état de paroître devant Dieu : Philippe en avoit fait autant à l'abbaye de Saint-Pierre, à Abbeville. En ce temps-là, la prière prononcée sous le casque n'étoit point réputée foiblesse, car le chevalier qui élevoit son épée vers le ciel demandoit la victoire et non la vie.

Oraison faite et messe ouïe, les trois corps reprirent leurs places les uns au-dessus des autres, ainsi qu'il a été dit, chaque chevalier sous sa bannière, formant sur la colline un spectacle magnifique. Édouard monté sur un petit palefroi, un bâton blanc à la main, *adextré* de ses maréchaux, alla *tout le pas de rang en rang, admonestant comtes, barons, chevaliers, écuyers, soudoyers, à garder leur honneur et à bien faire la besogne, et disoit ces langages en riant si doucement de si liée* (joyeuse) *chère,* que les plus timides étoient rassurés en le regardant. Quand il eut ainsi visité les trois batailles, il se retira à l'heure *de haute tierce* (environ midi) à celle qu'il commandoit en personne, et d'où il pourroit voir tous les événements du combat. L'armée but et mangea par ordre des maréchaux, après quoi les soldats s'assirent à terre sans quitter leurs rangs, bacinets et arcs devant eux, attendant l'ennemi.

Le porte-oriflamme, Miles Desnoyers, les seigneurs de Beaujeu, d'Aubigny et de Basèle, envoyés par Philippe à la découverte, trouvèrent les ennemis assis de la sorte, comme des moissonneurs prêts à couper un champ de blé sur une colline ; les Anglois aperçurent les chevaliers françois et les laissèrent tout examiner à loisir : cette supériorité de sang-froid et de confiance, annonçoit déjà de quel côté passeroit la fortune. Édouard avoit surtout défendu, sous quelque prétexte que ce fût, de rompre les files. Il comptoit avec raison sur la bouillante ardeur de nos soldats ; on avoit déjà appris à nous vaincre par l'excès de notre courage.

Le tumulte et la confusion de notre armée formoient un triste contraste avec le calme et la régularité de l'armée ennemie ; nous avions mille intrépides capitaines, pas un général. Dès les premiers mouvements on n'avoit point été d'accord sur l'ordre à tenir. Les arbalétriers génois étoient derrière la cavalerie, à la queue de la colonne : le roi de Bohême représenta qu'on faisoit trop peu de cas de ces étrangers ; qu'il connoissoit leur valeur, et qu'eux seuls devoient être opposés aux archers anglois. La majesté de ce vieux roi et son expérience dans la guerre persuadèrent Philippe ; il fit passer les Génois à la tête des troupes : mais l'impétueux comte d'Alençon murmura de cette disposition qui l'empêchoit de se trouver le premier sur l'ennemi.

L'armée françoise, lorsqu'elle avança vers Crécy, se trouvoit divisée de la sorte : quinze mille arbalétriers, presque tous Génois, commandés par Charles Grimaldi et Antoine Doria, formoient l'avantgarde ; Charles, comte d'Alençon et frère du roi, suivoit avec quatre mille hommes d'armes ; le roi venoit ensuite conduisant le corps de bataille, également composé de cavalerie, où se trouvoient les rois étrangers et la haute noblesse. Le duc de Savoie, nouvellement arrivé avec mille chevaux, menoit l'arrière-garde conjointement avec le roi de Bohême. Une infanterie innombrable erroit au hasard dans la campagne, obstruant les chemins et gênant les troupes régulières. Chaque homme à cheval étoit accompagné de trois ou quatre fantassins pour le servir, comme de nos jours dans les corps de Mameloucks : nous devions aux guerres des croisades cette organisation de la cavalerie, l'usage de l'arbalète et de l'habit long.

On vit revenir les quatre chevaliers envoyés à la découverte. Philippe leur cria : « Quelles nou- « velles ? » Ils se regardèrent les uns les autres sans répondre ; aucun n'osoit prendre la parole. Philippe ordonna au moine de Basèle de s'expliquer. Ce chevalier, suisse ou champenois, étoit au service du roi de Bohême, et passoit pour un des capitaines les plus expérimentés de l'armée. *Sire*, dit-il, *nous avons chevauché; si nous avons vu et considéré le convenant des Anglois. Si conseille ma partie, et sauf toujours le meilleur conseil, que vous laissiez toutes vos gens ici arrêter sur les champs et loger pour cette journée. Car ainçois* (avant) *que les derniers puissent venir, et vos batailles soyent ordonnées; il sera tard; si seront vos gens lassés et travaillés et sans arroy, et trouveriez vos ennemis frais et nouveaux. Si pouvez le matin vos batailles ordonner plus mûrement et mieux, et par plus grand loisir adviser vos ennemis, et par quel côté on les pourra combattre; car soyez sûr qu'ils vous attendront.*

Jamais avis plus salutaire n'avoit été donné :

depuis plusieurs jours l'armée faisoit des marches forcées ; elle avoit passé la nuit à défiler dans Abbeville, elle venoit de faire six lieues au trot de la cavalerie ; elle étoit hors d'haleine, accablée de fatigue et de chaleur (on étoit dans les jours les plus chauds de l'été); elle n'avoit pris aucune nourriture; enfin un orage qui grondoit encore avoit trempé hommes et chevaux, mouillé les armes, et rendu les arcs des Génois presque inutiles.

Philippe sentit la sagesse de ce conseil : il ordonna de suspendre la marche de l'armée ; les deux maréchaux de Montmorency et Saint-Venant coururent de toute part criant : *Bannières, arrêtez! au nom de Dieu et de saint Denis;* mœurs, usages et langage qui montrent que *Dieu* étoit dans ce temps le seul souverain maître, et que les maréchaux de France remplissoient des fonctions aujourd'hui laissées aux officiers inférieurs.

Les Génois s'arrêtèrent, déposèrent leurs arbalètes, et commencèrent à préparer leurs étapes; mais le comte d'Alençon, qui les suivoit avec sa cavalerie, ou n'entendit point l'ordre, ou n'y voulut point obéir. La jeunesse qui l'entouroit se regardoit comme insultée, parce que les Génois devoient découvrir l'ennemi avant elle : elle jura qu'elle ne feroit halte que quand les pieds de derrière de ses chevaux tomberoient dans les pas des étrangers qui faisoient la tête de la colonne. Le comte d'Alençon trouve les Génois occupés de leur nourriture, les traite de lâches, et les force de continuer leur chemin. Les derniers corps de l'armée ne veulent point

3.

rester en demeure ; un mouvement général entraîne le roi et les maréchaux, malgré leurs efforts. Les communiers, dont tous les champs étoient couverts entre Abbeville et Crécy, entendant la voix des chefs, et voyant se hâter la cavalerie, croient que l'on en est venu aux mains : ils brandissent leurs diverses armes et crient tous à la fois : *A la mort ! à la mort !* Chaque seigneur se précipite avec ses vassaux pour arriver le premier. Cent vingt mille hommes se heurtent, se poussent, se pressent dans un étroit espace ; une éclipse frappe l'imagination ; un orage augmente le désordre, et l'on arrive, au milieu des torrents de pluie, au bruit du tonnerre, au cri répété *à la mort ! à la mort !* en face de l'ennemi.

Les Anglois se lèvent en silence : les archers placés à la première ligne font seuls un pas en avant ; l'infanterie irlandoise et galloise au second rang tire sa large et courte épée, et les hommes d'armes au troisième rang dressent tous leurs lances *si droites, qu'elles sembloient un petit bois.*

Si Philippe n'avoit pu arrêter son armée lorsqu'elle n'étoit pas encore sur le champ de bataille, cela lui fut bien moins possible devant les Anglois : la vue de l'ennemi produisit sur lui ce qu'elle produit sur tous les François, l'ardeur du combat et la fureur guerrière. *Les voilà,* s'écria-t-il, *ces brigands qui ont occis mes pauvres peuples, gâté, ardé et essilé la France. Allons, messeigneurs, barons, chevaliers, écuyers et bons hommes des communes, vengeons nos injures, oublions haines et rancunes passées s'il y en a entre nous, et courtois sans orgueil; portons-nous en cette bataille comme frères et parents.*

Quoiqu'il fût déjà trois heures de l'après-midi (26 août 1346), le signal est donné aux arbalétriers génois de commencer l'attaque : secrètement offensés des paroles outrageantes du frère du roi, ils demandent un moment de repos; ils représentent qu'ils sont accablés de fatigue et de faim, que la pluie a détendu les cordes de leurs arbalètes, et qu'ils ne sont *mie ordonnés pour faire grand exploit de bataille*. Ces paroles étant rapportées au comte d'Alençon, il s'écrie : *On se doit bien charger de telle ribaudaille qui faille au besoin !* et il marche sur eux. Obligés d'aller au combat, les Génois commencèrent à *juper moult épouvantablement pour les Anglois ébahir*. Trois fois ils recommencèrent à crier, s'arrêtant entre chaque cri, puis courant vers l'ennemi. Au troisième cri, ils lancent leurs flèches, qui tombent sans effet.

Les archers anglois découvrent leurs arcs, qu'ils avoient tenus dans leur étui pendant la pluie, courbent ces arcs jusqu'aux empennons des flèches, et en décochent à la fois un si grand nombre, qu'elles ressembloient, disent les historiens, à de la neige ou à une grande ondée descendant sur les Génois. Ces Italiens se renversent sur les hommes d'armes du comte d'Alençon; Grimaldi et Doria se font tuer en essayant de rallier leurs gens.

Philippe aperçut l'échauffourée, et, toujours poursuivi de l'idée de trahison, il s'écrie : « *Tuez,* « *tuez cette ribaudaille qui nous empêche le chemin !* »

Le comte d'Alençon fait sonner la charge, et passe, avec sa cavalerie, sur le ventre des Génois : percés de flèches angloises, foulés aux pieds par nos hommes d'armes, ils coupent les cordes de leurs arbalètes, et se dispersent dans toutes les directions; les archers ennemis tirent dans le plus épais de cette mêlée, et les cavaliers tombent abattus de loin avec leurs chevaux.

Le comte d'Alençon s'ouvre un passage à travers les archers génois en fuite et les archers anglois avançant, heurte la seconde ligne des troupes commandées par le jeune fils d'Édouard, perce encore cette infanterie, et se trouve en face des chevaliers du prince de Galles, qui le chargent à leur tour. Le comte de Flandre, avec son fils le dauphin Viennois et le duc de Lorraine, se détachant du corps de bataille françois, accourent au partage de la gloire et des périls du comte d'Alençon. Les lances se croisent; les épées remplacent les lances brisées. Tous ces rois, comtes, ducs, barons et chevaliers, au lieu de donner ensemble, combattent les uns après les autres. L'indépendance barbare dominoit encore tous les esprits avec les idées romanesques; on ne cherchoit qu'à se faire une renommée particulière de vaillance, sans s'inquiéter du succès général. Jamais on ne vit plus de courage et moins d'habileté. La sérénité étoit revenue dans le ciel, mais au désavantage des François, car ils avoient le vent et le soleil au visage. A mesure qu'ils trébuchoient, ils étoient égorgés à terre par les Gallois et les Irlandois.

Philippe, apercevant le comte d'Alençon au plus épais de la seconde division des Anglois, est saisi de crainte pour son frère. Il se tourne vers ses gens et leur dit : Allons! et s'ébranle avec le corps de bataille. Aussitôt la seconde division ennemie descend de la colline, afin de soutenir le prince de Galles et d'arrêter le roi de France. La bataille se ranime.

Le prince de Galles, assailli par le comte d'Alençon, est au moment de succomber ; Warwick et Geofroy d'Harcourt, qui avoient la garde du fils d'Édouard, envoient demander du secours à son père. « *Si*, dit Édouard au messager, *mon fils est-il mort ou à terre, ou blessé qu'il ne puisse s'aider ?* Le chevalier répondit : *Nenny, sire, si Dieu platt.* Le roi dit : *Or, retournez devers lui et devers ceux qui vous ont envoyé, et leur dites de par moi qu'ils ne m'envoyent meshuy quérir pour adventure qui leur advienne tant que mon fils soit en vie, et leur dites que je leur mande qu'ils laissent à l'enfant gagner ses éperons. Je veux, si Dieu l'a ordonné, que la journée soit sienne.*

Cette réponse, où la naïveté chevaleresque se mêle à la fermeté d'un vieux Romain, ranima le courage des deux maréchaux anglois. Harcourt devoit être puni de la victoire qu'il remportoit sur sa patrie, ainsi qu'il arrive à ceux qui s'obstinent à ces longues vengeances qui n'appartiennent qu'à Dieu. On avoit dit à Geofroy que la bannière du comte son frère avoit été vue ; il le cherchoit pour le sauver ; mais le comte n'avoit point voulu survivre à la honte du triomphe de Geofroy; il s'étoit fait tuer par les ennemis de la France.

Le roi de Bohême étoit à l'arrière-garde avec le duc de Savoie. On lui rendit compte des événements : *Et où est monseigneur Charles, mon fils?* dit-il. On lui répondit qu'il combattoit vaillamment, en criant: *Je suis roi de Bohême!* qu'il avoit déjà reçu trois blessures.

Le vieux roi, transporté de paternité et de courage, presse le duc de Savoie de marcher au secours de leurs amis; le duc part avec l'arrière-garde. On n'alloit pas assez vite au gré du monarque aveugle, qui disoit à ses chevaliers : « *Com-« pagnons, nous sommes nés en une même terre, sous « un même soleil, élevés et nourris à même destinée; « aussi vous proteste de ne vous laisser aujourd'hui « tant que la vie me durera.* » Quand on fut prêt à joindre l'ennemi, il dit à sa suite : « *Seigneurs, vous « êtes mes amis; je vous requiers que vous me meniez « si avant que je puisse férir un coup d'épée.* » Les chevaliers répondirent que *volontiers ils le feroient. Et adonc, afin qu'ils ne le perdissent dans la presse, ils lièrent son cheval aux freins de leurs chevaux et mirent le roi tout devant, pour mieux accomplir son desir, et ainsi s'en allèrent ensemble sur leurs ennemis.*

Le roi de Bohême, conduit par ses chevaliers, pénétra jusqu'au prince de Galles. Ces deux héros, dont l'un commençoit, et dont l'autre finissoit sa carrière, essayèrent plusieurs passades de lance, pour illustrer à jamais leurs premiers et leurs derniers coups. La foule sépara ces deux champions, si différents d'âge et d'avenir, si ressemblants de noblesse, de générosité et de vaillance. *Le roi de Bohême alla si avant qu'il férit un coup de son épée, voire plus de quatre, et recombattit moult vigoureusement, et aussi firent ceux de sa compagnie; et si avant s'y boutèrent sur les Anglois, que tous y demeurèrent, et furent le lendemain trouvés sur la place autour de leur seigneur, et tous leurs chevaux liés ensemble;* vrai miracle de fidélité et d'honneur. Les Muses, qui sortoient alors du long sommeil de la barbarie, s'empressèrent, à leur réveil, d'immortaliser le vieux roi aveugle; Pétrarque le chanta, et le jeune Édouard prit sa devise, qui devint celle des princes de Galles; c'étoit trois plumes d'autruche avec ces mots tudesques écrits à l'entour : *In riech*, JE SERS. Il n'appartenoit qu'à la France d'avoir de pareils serviteurs.

Cependant le combat continuoit; mais le comte d'Alençon et le comte de Flandre ayant été tués, les hommes d'armes de ces princes commencèrent à plier : le frère de Philippe expioit par une fin digne de sa race les malheurs dont il étoit la cause première.

Tout à coup nos soldats croient entendre éclater la foudre, et se sentent frappés d'une mort invisible : Dieu lui-même semble se déclarer en faveur de leurs ennemis et lancer le tonnerre au milieu de la bataille. Pour la première fois le bruit du canon frappoit l'oreille des François; ils frémirent. Ils eurent l'instinct des victoires nouvelles qu'ils devoient obtenir un jour par cette arme; un nuage de fumée, déchiré par des feux rapides, couvroit leur gloire et leur malheur. Cette obscurité guerrière devoit envelopper désormais ces hauts faits, ces grands combats, ce spectacle de sang, qui plaisoient tant au soleil et aux chevaliers.

Édouard avoit placé six pièces de canon sur la colline : la poudre étoit déjà connue, mais on ne l'avoit point encore employée dans une bataille. La guerre antique et la guerre moderne, le génie de Du Guesclin et celui de Turenne, se rencontrèrent aux champs de Crécy. La lance, la flèche et le boulet atteignent à la fois le cheval et le cavalier ; l'oriflamme, l'étendard royal, les bannières diverses, hachés par le sabre, sont aussi traversés par ces blocs de fer qui percent aujourd'hui les drapeaux. De si grands monceaux d'armes, de cadavres et de chevaux s'élèvent, que ce qui est encore vivant reste assiégé, bloqué et immobile dans ces barricades mortes.

Tout expire, rois, princes, chevaliers, hommes d'armes, communiers. Au milieu de ce massacre, Philippe ne cherchoit lui-même que le coup qui devoit mettre fin à sa vie. Dès la première charge son cheval avoit été tué sous lui : on vit tomber le monarque ; un cri s'éleva : « Sauvez le roi ! » Dernière ressource des François, dernier sentiment qui les animoit quand ils avoient tout perdu. Ce cri d'honneur, de dévouement, de tendresse et de douleur fut entendu des ennemis ; il augmenta chez eux l'espoir de la victoire. Jean de Hainaut, qui étoit auprès de Philippe, parvint à grand'peine à le faire monter sur un autre cheval. Il l'engagea vainement à se retirer. Philippe, voulant toujours secourir son frère, déjà abattu, s'enfonce, sans rien écouter, dans les bataillons ennemis; il reçoit deux blessures, l'une à la gorge, l'autre à la cuisse. Déjà le soleil étoit couché : le roi s'obstinoit à mourir pour les François morts pour lui; Jean de Hainaut fut obligé de lui faire violence. Il saisit le cheval du monarque par le frein, et entraînant Philippe : « *Sire,* s'écria-t-il, *retrayez-vous, il est temps; ne* « *vous perdez mie si simplement. Si vous avez perdu* « *à cette fois, vous recouvrerez à une autre.* »

La nuit, pluvieuse et obscure, favorisa la retraite de Philippe. Ce prince, entré sur le champ de bataille avec cent vingt mille hommes, en sortoit avec cinq chevaliers : Jean de Hainaut, Charles de Montmorency, les sires de Beaujeu, d'Aubigny et de Montsault. Il arriva au château de Broye; les portes en étoient fermées. On appela le commandant; celui-ci vint sur les créneaux, et dit : « Qui est-ce là ? qui appelle à cette heure ? » Le roi répondit : « Ouvrez : c'est la fortune de la France; » parole plus belle que celle de César dans la tempête, confiance magnanime, honorable au sujet comme au monarque, et qui peint la grandeur de l'un et de l'autre dans cette monarchie de saint Louis. Du château de Broye, Philippe se rendit à Amiens.

Il y avoit déjà deux heures qu'il faisoit nuit; les Anglois ne se tenoient pas encore assurés du triomphe; ils n'apprirent toute leur victoire que par le silence qu'elle répandit sur le champ de bataille.

Inquiets de ne plus rien entendre, ils allumèrent des falots, et entrevirent à cette pâle lueur les immenses funérailles dont ils étoient entourés. Quelques mouvements muets indiquoient des restes d'une vie sans intelligence ; quelques blessés, sans parole et sans cri, élevoient la tête et les bras au-dessus des régions de la mort : scène indéfinie et formidable entre la résurrection et le néant.

Édouard, qui, pendant toute cette journée, n'avoit pas même mis son casque, descendit alors de la colline vers le prince de Galles, et lui dit en le serrant dans ses bras : « Dieu vous doins (donne) per-« sévérance ! vous êtes mon fils. » Le prince s'inclina et s'humilia en honorant son père. Les luminaires élevés par les soldats éclairoient ces embrassements au milieu de tant de jeunes hommes privés pour jamais des caresses paternelles. Le fils et le petit-fils de la fille de Philippe-le-Bel avoient dans leurs veines de ce sang françois qui souilloit leurs pieds ; ils pouvoient aller raconter à leur mère, qui vivoit encore, ce qu'ils avoient vu dans la vaste chambre ardente où gisoient les corps de ses parents et de ses amis.

Quand vint le jour, il faisoit un brouillard si épais, qu'on voyoit à peine à quelques pas devant soi. Les communes de Rouen et de Beauvais, une autre troupe commandée par les délégués de l'archevêque de Rouen et du grand-prieur de France, mille lances conduites par le duc de Lorraine, ignorant ce qui s'étoit passé, s'avançoient au secours de Philippe. Les Anglois plantèrent sur un lieu élevé les bannières tombées entre leurs mains : attirés par ces enseignes de la patrie, les François venoient se ranger autour d'elles, et ils étoient égorgés ; le duc de Lorraine, l'archevêque de Rouen et le grand-prieur de France périrent avec leurs gens.

Édouard voulut connoître l'étendue de son succès : Regnault de Cobham et Richard de Stanfort furent dépêchés pour compter les morts, avec trois hérauts pour reconnoître les armoiries, et deux clercs pour écrire leurs noms : ils revinrent le soir apportant le rôle funèbre.

Dans ces fastes de l'honneur, on trouvoit inscrits, selon Froissard, onze cents chefs de princes, quatre-vingts bannerets, douze cents chevaliers d'un écu (servant de leur seule personne), et trente mille hommes d'autres gens. Quelques historiens disent qu'il périt trente mille hommes le jour de la bataille, et soixante mille le lendemain ; exagération visible : on oublie toujours, dans ces calculs des anciennes batailles, le temps matériel qu'il falloit pour tuer quand on n'employoit pas les machines de guerre, et alors surtout qu'on ignoroit cette artillerie des temps modernes qui emporte des files de soldats à la fois. Trente mille Anglois (car il faut compter presque pour rien l'effet que six pièces de canon tirant un moment vers le soir, et vraisemblablement mal servies), trente mille Anglois auroient tué quatre-vingt mille François dans cinq ou six heures à coups de flèches, de lances et d'épées ; et ce n'est pas assez dire, car la division de l'armée ennemie commandée par Édouard en personne

ne fut pas même engagée. Une lettre de Michel Northburgh, témoin oculaire, nous a été conservée par Robert d'Avesbury, dans son histoire d'Édouard III [1]. Cette lettre réduit le nombre des hommes d'armes tués le jour de la bataille, à quinze cent quarante-deux, sans y comprendre *communes et pédailles* (gens de pied), et le lendemain à deux mille et plus. Northburgh nomme, ainsi qu'il suit, les principaux chefs tués dans les diverses actions :
« Furent morts : le roi de Bohême, le duc de Lor-
« raine, le comte d'Alençon, le comte de Flandre, le
« comte d'Harcourt et ses deux fils (*particularité re-*
« *marquable*), le comte d'Aumale, le comte de Nevers
« et son frère le seigneur de Thouars, l'archevêque
« de Sens, l'archevêque de Nîmes, le haut-prieur de
« l'hôpital de France, le comte de Savoie, le seigneur
« de Morles, le seigneur de Guyes, le sire de Saint-
« Venant (*maréchal*), le sire de Rosingburgh, six
« comtes d'Allemagne, et tout plein d'autres comtes
« et barons, et autres gens et seigneurs dont on ne
« peut encore savoir les noms. Et Philippe de Valois,
« et le marquis qui est appelé l'élu des Romains
« (*Charles de Luxembourg, élu roi des Romains*),
« échappèrent navrés (*blessés*). » Cette lettre est datée devant Calais, le quatrième jour de septembre, neuf jours seulement après la bataille.

A ces illustres morts il faut ajouter le roi de Majorque, le comte de Blois, neveu du roi de France, les comtes de Sancerre et d'Auxerre, le duc de Bour-

---

[1] Voyez cette lettre dans l'excellente édition de FROISSARD, par M. Buchon.

bon et les deux chefs des Génois, Grimaldi et Doria.

Les corps de ces seigneurs ayant été relevés par ordre d'Édouard, il les fit inhumer en terre sainte, au monastère de Mainteney près Crécy. Knighton et Walsingham assurent que les Anglois ne perdirent qu'un écuyer, trois chevaliers et très peu de soldats : la victoire ne compte pas ses morts; qui triomphe n'a rien perdu.

La grande aristocratie françoise a éprouvé trois grandes défaites par les Anglois, Crécy, Poitiers, Azincourt, comme la grande aristocratie romaine perdit contre les Carthaginois les batailles de la Trébie, de Trasimène et de Cannes. Ces désastres qui nous ôtèrent du sang, non de la gloire, tournèrent en dernier résultat au profit de notre civilisation et de nos libertés. Il fut ouvert aux champs de Crécy une blessure dans le sein de la haute noblesse de France; blessure qui, élargie à Poitiers, à Azincourt, et à Nicopolis, épuisa le corps aristocratique. Bientôt parut, après les déroutes de Philippe de Valois et de Jean son fils, une noblesse dont on n'avoit presque point entendu parler, et qui succéda à la première, de même que la seconde noblesse franke s'étoit montrée après l'échec de Lother à la bataille de Fontenay. On avoit méprisé la pauvreté des gentilshommes de province; on fut heureux de trouver leur épée : les Charny, les Ribaumont, les Du Guesclin, les La Trémoille, les Boucicault, les Saintré, furent suivis des Pothon et des La Hire, et perpétuèrent cette race héroïque jusqu'à Bayard et au capitaine La Noue. Cette chevalerie seconde, non moins illustre, substituée aux grands barons, forma la transition entre l'armée aristocratique et l'armée plébéienne. Du Guesclin commença l'art militaire moderne et la discipline; la Jacquerie et les grandes compagnies apprirent aux paysans qu'ils se pouvoient battre aussi bien que leurs seigneurs. Le ban et l'arrière-ban remplacèrent peu à peu la levée en masse des vassaux; ce ban et cet arrière-ban devinrent inutiles quand les troupes régulières s'établirent sous le règne de Charles VII. La royauté, ainsi que l'armée nationale, accrut sa force de l'affoiblissement même du corps aristocratique-militaire : l'ancienne constitution de l'État s'altéra dans sa partie virtuelle, et la société marcha, par ce qui sembloit un malheur, vers ce degré de civilisation où nous la voyons aujourd'hui. On peut dire que la couronne de France et la nation françoise furent trouvées sous les morts du champ de bataille de Crécy.

La dernière apparition des nobles comme soldats eut lieu à la bataille d'Ivri, dans ce corps de deux mille gentilshommes armés à cru depuis la tête jusqu'aux pieds. Vers la fin du règne de Henri IV la fureur des duels affoiblit ce qui restoit de la seconde aristocratie. Enfin sous Louis XIII et sous Louis XIV les gentilshommes ou servirent dans des corps privilégiés réputés nobles, ou devinrent les officiers de l'armée nationale. Dans cette nouvelle position ils ne manquèrent point à leur renom : les batailles livrées par Condé ou par Turenne attestent que si le gentilhomme avoit changé de fortune, il n'avoit pas dégénéré de valeur. Aux champs de Clostercamp et à ceux de Fontenoi, sous Louis XV, dans la guerre d'Amérique sous Louis XVI, la France n'eut point à rougir des d'Assas et des La Fayette. Quand au commencement de la révolution, il ne resta plus au pauvre gentilhomme, redevenu Frank, que son épée, il l'alla porter aux pieds de ceux qui, selon ses idées, avoient le droit d'en requérir le service; il laissa la victoire pour le malheur. Si ce fut une faute, ce fut celle de l'honneur; et puisque la noblesse devoit périr, mieux valoit qu'elle trouvât sa fin dans le principe même qui lui avoit donné la vie. Peu après éclatèrent les merveilles de l'armée plébéienne. Aujourd'hui si la France parvient à généraliser le système des gardes nationales, elle détruira celui des armées permanentes, elle rétablira les anciennes levées en masse des communes; les convocations du ban et de l'arrière-ban plébéiens remplaceront les convocations du ban et de l'arrière-ban nobles; la démocratie fera ce qu'avoit fait l'aristocratie. Les hommes tournent dans un cercle, et reproduisent incessamment les mêmes institutions dans un autre esprit, et sous des noms divers.

SOMMAIRE.

Philippe, arrivé à Amiens, essaie inutilement de rassembler de nouveaux soldats pour donner une seconde bataille. — Il veut faire pendre Godemar du Fay, et il est détourné de ce dessein par Jean de Hainaut. — Geofroy d'Harcourt vient, la *touaille* au cou, se jeter aux pieds de Philippe, qui lui pardonne. — Édouard met le siége devant Calais; le duc de Normandie lève celui d'Aiguillon. — Les Anglois de la Guienne envahissent tout le pays jusqu'à la Loire. — Continuation de la guerre en Bretagne. — Héroïsme de Geofroy du Pontblanc dans Lannion. — Charles de Blois est fait prisonnier au siége de la Roche-de-Rieu. — Mort du vicomte de Rohan, des seigneurs de Chateaubriand et de Roye, des sires de Laval, de Tournemine, de Rieu, de Boisboissel, de Machecou, de Rosterner, de Loheac, et de la Jaille. — Bataille de Neville, où David Bruce, roi d'Écosse, est fait prisonnier par la reine d'Angleterre. — Accroissement des taxes. — Augmentation et altération des monnoies. — Multitude de pensions assignées sur le trésor en qualité de fiefs. — Aventure de Louis de Male, comte de Flandre, fils de Louis, tué à la bataille de Crécy. — Gauthier de Mauny obtient un sauf-conduit pour traverser la France et se rendre de la Guienne au camp d'Édouard qui assiégeoit Calais. — Caractère du temps : la foi religieuse se fait sentir dans la foi politique; ce n'est pas la civilisation intellectuelle de l'espèce, mais la civilisation de l'individu. La politesse du haut rang fait disparoître la barbarie, et le fanatisme de l'honneur chevaleresque tient lieu de la vertu du citoyen. — Philippe marche au secours de Calais, qui ressentoit les horreurs de la famine. — Joie des Calaisiens lorsque, du haut de leurs remparts, ils aperçoivent l'armée de Philippe marchant la nuit en ordre de bataille au clair de la lune. — Leur douleur quand elle s'éloigne sans les avoir pu secourir.

FRAGMENTS.

REDDITION DE CALAIS.

Les habitants de la ville abandonnée aperçurent du haut de leurs remparts la retraite du roi; ils poussèrent un cri comme des enfants délaissés par leur père : « *Ils étoient en si grande douleur et dé-* « *tresse que le plus fort d'entre eux se pouvoit à* « *peine soutenir.* » Convaincus qu'il n'y avoit plus de secours à attendre, ils allèrent trouver Jean de Vienne, et le prièrent d'ouvrir des négociations avec Édouard.

Le gouverneur monte aux créneaux des murs de la ville, et fait signe aux ennemis qu'il désiroit pourparler ; de quoi le roi d'Angleterre étant instruit, il envoya Gauthier de Mauny et sire Basset ouïr les propositions de Jean de Vienne. Quand ils furent à portée de la voix : « *Chers seigneurs, s'écria* le vieux capitaine, *vous êtes moult vaillants che-*
«*valiers en fait d'armes. Vous savez que le roi de*
« *France, que nous tenons à seigneur, nous a ici*
« *envoyés pour garder cette ville et châtel : nous*
« *avons fait ce que nous avons pu. Or, tout secours*
« *nous a manqué. Nous n'avons plus de quoi vivre,*
« *il faudra que nous mourions tous de faim si le*
« *gentil roi, votre seigneur, n'a merci de nous.*
« *Laquelle chose lui veuillez prier en pitié, et qu'il*
« *nous laisse aller tout ainsi que nous sommes.* »

—« *Jean,* répondit Gauthier de Mauny, *ce n'est*
« *mie l'entente de monseigneur le roi que vous vous*
« *en puissiez aller ainsi. Son intention est que vous*
« *vous mettiez tous à sa pure volonté, pour ran-*
« *çonner ceux qu'il lui plaira, ou pour vous faire*
« *mourir.* »

Le gouverneur repartit : « *Gauthier, ce seroit*
« *trop dure chose pour nous. Nous sommes céans un*
« *petit nombre de chevaliers et écuyers qui loyale-*
« *ment avons servi le roi de France, notre souverain*
« *sire, comme vous feriez le vôtre en pareil cas.*
« *Nous avons enduré maint mal et mésaise, mais*

4.

« nous sommes résolus à souffrir ce qu'oncques gens
« d'armes ne souffrirent, plutôt que de consentir que
« le plus petit garçon de la ville eût autre mal que le
« plus grand de nous. Nous vous prions donc par votre
« humilité d'aller devers le roi d'Angleterre. Nous espé-
« rons en lui tant de gentillesse, qu'à la grâce de Dieu
« son propos changera. »

Les deux chevaliers anglois retournèrent vers leur maître, et lui rapportèrent les paroles du gouverneur. Édouard, irrité de la longue résistance de la place, et remémorant les avantages que les habitants de Calais avoient obtenus sur les Anglois dans les combats de mer, vouloit tous les mettre à mort. Mauny, aussi généreux qu'il étoit brave, osa représenter au roi que, pour avoir été loyaux serviteurs envers leur prince, ces François ne méritoient pas d'être ainsi traités; que Philippe, quand il prendroit quelque ville, pourroit user de représailles. « Enfin, ajouta-t-il,
« vous pourriez bien, monseigneur, avoir tort ;
« car vous nous donnez un très mauvais exem-
« ple. » Les barons et les chevaliers anglois qui étoient présents furent de l'opinion de Gauthier.
« Eh bien ! seigneurs, s'écria Édouard, je ne veux
« mie être seul contre vous tous. Sire Gauthier, allez
« dire au capitaine de Calais qu'il me livre six des
« plus notables bourgeois de la ville ; qu'ils viennent la
« tête nue, les pieds déchaussés, la hart au cou, les
« clefs de la ville et du château dans leurs mains : je
« ferai d'eux à ma volonté, je prendrai le reste à
« merci. »

Mauny porta cette réponse à Jean de Vienne, qui étoit resté appuyé aux créneaux. Jean pria Mauny de l'attendre pendant qu'il alloit instruire les bourgeois de la proposition d'Édouard. Il fait sonner le beffroi; hommes, femmes, enfants, vieillards, se rassemblent aux halles. Le gouverneur leur raconte ce qu'il a fait, et quelle est la dernière volonté du roi d'Angleterre.

Un silence profond règne d'abord dans l'assemblée : tous les yeux cherchent les six victimes qui doivent racheter de leur sang la vie du reste des citoyens. Bientôt les sanglots éclatent dans cette foule à moitié consumée par la faim; « *lors commen-* « *cèrent à plourer toute manière de gens, et à mener tel* « *deuil qu'il n'est si dur cœur qui n'en eût pitié, et* « *mêmement messire Jehan* (le vieux gouverneur) *en* « *larmoyoit tendrement.* » Il falloit une prompte réponse, le temps accordé s'écouloit; un homme se lève; le lecteur l'a déjà nommé : Eustache de Saint-Pierre. Sa grande fortune, la considération dont il jouissoit, le rendoient *notable*, et lui donnoient les conditions requises pour mourir. L'histoire nous a transmis son discours, paroles saintes auxquelles on ne doit rien changer : « *Seigneurs, grands et petits,* « *grand'pitié et grand méchef seroit de laisser mourir* « *un tel peuple qui cy est, par famine ou autrement,* « *quand on y peut trouver aucun moyen, et seroit* « *grand'aumône et grand'grâce envers Notre Seigneur* « *qui de tel méchef les pourroit garder. J'ai si grande* « *espérance d'avoir pardon de Notre Seigneur, si je* « *meurs pour ce peuple sauver, que veux être le pre-*

« mier, et mettrai volontiers en chemise, à nu chef et la
« hart au cou, en la merci du roi d'Angleterre. »

« Quand sire Eustache eut dit ces paroles, chacun
« alla l'adorer de pitié, et plusieurs hommes et femmes
« se jetoient à ses pieds en plorant tendrement. »

La vertu est contagieuse comme le vice : à peine Eustache eut-il cessé de parler, que Jean d'Aire, qui avoit deux *belles demoiselles à filles*, déclara qu'*il feroit compagnie à son compère*. Jacques et Pierre de Wissant, frères, dirent à leur tour qu'ils *feroient compagnie* à leurs cousins, Eustache de Saint-Pierre et Jean d'Aire ; aussi magnanimes qu'Eustache dans leur sacrifice, car s'ils n'en eurent pas la première pensée, ils se dévouoient à une mort dont lui seul devoit recueillir l'honneur. En effet, les noms de Jean d'Aire, de Pierre et Jacques de Wissant sont presque ignorés, et tout le monde sait celui d'Eustache de Saint-Pierre. Et c'est pour cela que parmi les six victimes, les deux seules qui n'ont pas de désignation dans nos chroniques doivent être réputées les plus illustres ; tout François doit leur tenir compte de l'oubli de l'histoire ; tout François doit rendre un tribut d'hommages à ces immortels sans noms, comme les anciens élevoient des autels aux dieux inconnus.

Les annales de Calais assurent que les deux derniers candidats pour la mort furent tirés au sort parmi plus de cent qui se proposèrent après les quatre premiers, et un écrivain conjecture que ce grand nombre de concurrents est peut-être ce qui a empêché les noms des deux derniers bourgeois de parvenir jusqu'à nous ; ils se seront perdus dans la gloire commune de ces Décius. Une autre version, sans autorité, veut qu'Édouard eût demandé huit personnes, quatre chevaliers et quatre bourgeois.

Récemment blessé, accablé par les ans, les infirmités, la douleur et la fatigue, Jean de Vienne, se pouvant à peine soutenir, monte sur une petite haquenée, et escorte les six bourgeois jusqu'aux portes de la ville. Ceux-ci marchoient en chemise, la tête et les pieds nus, la hart au cou, ainsi que l'avoit exigé Édouard, et tels que les prêtres, à cette époque, s'avançoient suivis du peuple dans les calamités publiques, pour offrir un sacrifice expiatoire. Eustache et ses compagnons portoient les clefs de la ville ; « *chacun en tenoit une poignée. Les femmes* « *et les enfants d'iceux tordoient leurs mains et crioient* « *à haute voix très amèrement. Ainsi vinrent eux jus-* « *qu'à la porte, convoqués en plaintes, en cris et* « *pleurs :* » spectacle que n'avoit point vu le monde depuis le jour où Régulus sortit de Rome pour retourner à Carthage. Le gouverneur remit Eustache de Saint-Pierre, Jean d'Aire, Pierre et Jacques de Wissant et les deux inconnus entre les mains du sire de Mauny, les recommandant à sa courtoisie :
« *Messire Gauthier, je vous délivre comme capitaine* « *de Calais, par le consentement du pauvre peuple de* « *cette ville, ces six bourgeois...... Si vous prie, gentil* « *sire, que vous veuilliez prier pour eux au roi* « *d'Angleterre, que ces bonnes gens ne soient mis à* « *mort.* »

Adonc fut la barrière ouverte, et les six bourgeois furent conduits à Édouard à travers le camp ennemi. Selon Thomas de la Moore et Knighton, le gouverneur de Calais accompagna, avec une partie de la garnison, les prisonniers, et remit lui-même les clefs de la ville au roi d'Angleterre. Les comtes, les barons et les chevaliers qui environnoient le roi d'Angleterre, saisis d'admiration au récit de Gauthier de Mauny, invitoient par un murmure Édouard à égaler la générosité de ces citoyens. Le monarque demeure inflexible : « *Il se tint tout coi et « regarda moult fellement* (cruellement) *les bour- « geois, car moult haïssoit les habitants de Calais « pour les grands dommages et contraires qu'au temps « passé sur mer lui avoient faits.* »

Il ordonna de couper la tête aux prisonniers. « *Ah! gentil sire, s'écria Gauthier de Mauny, veuillez « refrener votre courage!*........ *Si vous n'avez pitié « de ces gens, toutes autres gens diront que ce sera « grande cruauté que vous fassiez mourir ces honnêtes « bourgeois qui se sont mis en votre merci pour les « autres sauver.* »

« *A ce point grigna* (grinça) *le roi les dents et dit :* « *Messire Gauthier, souffrez-vous* (taisez-vous), *et il « ordonna de faire venir le coupe-tête.* »

La reine d'Angleterre se trouvoit alors dans le camp ; elle étoit enceinte, et *elle pleuroit si tendrement de pitié qu'elle ne se pouvoit soutenir. Si se jeta à genoux par-devant le roi son seigneur, et dit :* « *Ah! « gentil sire, depuis que je repassai la mer en grand « péril, je ne vous ai rien requis ni demandé. Or vous « prié-je humblement que, pour le fils de sainte*

« *Marie et pour l'amour de moi, vous veuilliez avoir*
« *de ces six hommes merci.* »

Le roi attendit un petit à parler, et regarda la bonne dame sa femme qui pleuroit à genoux moult tendrement. Si lui amollia le cœur et si dit : « *Ah ! dame,*
« *j'aimerois trop mieux que vous fussiez autre part*
« *que cy... Tenez, je vous les donne : si en faites votre*
« *plaisir.* » *La bonne dame dit* : « *Monseigneur, très*
« *grands mercies.* »

Lors se leva la reine et fit lever les six bourgeois et leur ôtoit les chevestres (cordes) *d'entour leur cou, et les emmena avec elle dans sa chambre, et les fit revêtir et donner à dîner à toute aise, et puis donna à chacun six nobles, et les fit conduire hors de l'ost à sauveté.*

Édouard prit possession de Calais. *Il y chevaucha à grand'gloire avec les barons et les chevaliers avec si grand foison de ménestriers, de trompes, de tambours, de chalumeaux et de musettes, que ce seroit merveille à recorder. On ne retint dans la ville que trois François, un prêtre et deux autres anciens hommes bons coutumiers des lois et ordonnances de Calais; et fut pour enseigner les héritages, voulant le roi repeupler la ville de purs Anglois. Ce fut grand'pitié quand les grands bourgeois et les nobles bourgeoises et leurs beaux enfants furent contraints de guerpir* (quitter) *leurs beaux hôtels, leurs héritages, leurs meubles et leurs avoirs, car rien n'emportèrent.*

On croit lire une page de l'histoire des plus beaux temps de la république romaine, placée par aventure et comme par méprise, au milieu de l'histoire de la chevalerie. Les vertus civiles d'Eustache de Saint-Pierre, de Jean d'Aire et des deux Wissant contrastent avec les vertus militaires des Ribaumont, des Charny et des Mauny : deux sociétés opposées se présentent ensemble, et toutes les deux font honneur à l'espèce humaine.

Calais fut repeuplée d'Anglois. Édouard y établit trente-six familles bourgeoises des plus riches, et trois cents autres personnes de moindre état. Les franchises accordées à cette ville y attirèrent une foule d'habitants. Édouard donna les meilleures maisons de la cité à quelques-uns de ses chevaliers, tels que Mauny, Cobham, Stanfort et Barthélemy de Burghersh; la reine Philippe eut, pour sa part, l'héritage de Jean d'Aire. Quelques François obtinrent aussi des propriétés à Calais. Eustache de Saint-Pierre rentra dans la possession d'une partie de ses biens, et obtint de plus une pension considérable.

Un esprit de dénigrement se répandit parmi nous vers la fin du dernier siècle; on se plaisoit à rabaisser les actions héroïques; de même qu'on ne vouloit plus de la religion de nos aïeux, on étoit incrédule à leur gloire. On n'eut pas plus tôt découvert qu'Eustache de Saint-Pierre avoit reçu une pension d'Édouard, qu'on triompha de cette découverte; on remarqua que les historiens anglois gardoient le silence sur les faits racontés par Froissard au sujet de la reddition de Calais, et l'on voulut douter de ces faits. Mais n'avoit-on pas vu tout le siècle d'Auguste se taire sur Cicéron? Les largesses d'Édouard pour Eustache de Saint-Pierre ne sont-elles pas un nouvel hommage rendu au dévouement de ce grand citoyen ? L'estime qu'il inspira aux ennemis de la France doit-elle diminuer celle que nous lui devons? Malheur à qui va chercher dans la vie privée d'un homme des raisons de moins admirer ses actions publiques! A coup sûr, ce ravaleur des vertus ne fera jamais lui-même des actions dignes d'être racontées.

Une injustice de la même nature avoit commencé plus tôt pour Philippe de Valois : Froissard et le continuateur de Nangis avoient assuré que les habitants de Calais errèrent dans la France sans récompense et sans asile, en mendiant le pain de la charité. Philippe ne fut point coupable de cette ingratitude; deux ordonnances de ce roi, et d'autres ordonnances de Jean et de Charles, ses successeurs immédiats, accordent aux Calaisiens des places, des priviléges et des propriétés. L'ordonnance du 8 septembre 1347 mentionne une concession remarquable; Philippe livre aux Calaisiens chassés de leurs foyers tous les biens et héritages qui pourroient lui échoir par quelque raison que ce fût; ainsi le monarque donnoit à ses sujets ses propres biens en échange des biens qu'ils avoient perdus : ce talion qu'il s'imposoit, non pour le crime, mais pour le malheur, est dans un esprit touchant d'égalité et de justice. Calais ne devoit être rendu à la France qu'en 1558, par François de Guise, homme destiné à faire disparoître la dernière trace des maux qu'Édouard avoit faits à la France, et à en commencer de nouveaux.

SOMMAIRE.

Trèves continuées à diverses reprises jusqu'à la mort de Philippe. — Famine et peste générale. — Massacre des Juifs. — Flagellants. — Tentative sur Calais. — Combat singulier d'Édouard et d'Eustache de Ribaumont. — Le dauphin d'Auvergne abandonne ses États à Philippe : le Roussillon, la Cerdagne et la seigneurie de Montpellier lui avoient déjà été cédés par Jacques, roi de Majorque. — Le pape achète Avignon de la reine Jeanne de Naples. — Philippe épouse en secondes noces Blanche, fille de Philippe, roi de Navarre, qu'il avoit d'abord destinée à son fils Jean, duc de Normandie, devenu veuf. — Philippe meurt comme Louis XII, victime de sa passion pour la jeune reine qui, prolongeant sa vie jusqu'à un âge très avancé, vit la désolation de la France commencer sous le roi Jean, finir sous Charles V, et recommencer sous Charles VI.

FRAGMENTS.

MORT DU ROI.

Philippe, étant sur son lit de mort, fit appeler ses fils, le duc de Normandie et le duc d'Orléans. Dans ce moment où toutes les illusions s'évanouissent, où il ne reste que le souvenir du bien ou du mal qu'on a fait, le roi protesta de son bon droit dans la guerre qu'il avoit été obligé de soutenir, et de ses titres légitimes à la couronne. « Mon fils, » dit-il au duc de Normandie, qui fut son successeur, « défendez donc courageusement la France après « ma mort. Il arrive quelquefois, comme j'en ai fait

« l'expérience, que ceux qui combattent pour une
« chose juste éprouvent des revers; mais ils doi-
« vent mettre leur espoir en Dieu, qui ne permet
« pas que le règne de l'iniquité soit durable. Aimez-
« vous, mes fils; maintenez la justice et soulagez les
« peuples. »

Un roi qui craint que ses revers ne le fassent regarder comme coupable, qui se croit obligé de prouver à son successeur la justice de ses droits malgré le peu de succès de ses armes, eût également confessé l'injustice de ces mêmes droits et les châtiments mérités d'une ambition criminelle. Et cette confession, à qui étoit-elle faite, à qui rappeloit-elle les voies impénétrables de la Providence? à ce roi Jean, que l'adversité marquoit déjà de son sceau, adversité qui néanmoins ne devoit pas perdre la France; car Dieu *ne permet pas que le règne de l'iniquité soit durable.*

Le premier des Valois alla, le 22 août 1350, porter sa cause aux pieds de celui qui donne et retire les royaumes à sa volonté, laquelle n'est autre que le pouvoir éternel et l'infaillible justice.

JEAN II.

Depuis son avénement à la couronne jusqu'à la bataille de Poitiers.

De 1350 à 1356.

Philippe VI, dit de Valois, laissa le sceptre à son fils Jean, second du nom; car on compte un fils de Louis X, Jean I, qui ne vécut que cinq jours.

Louis XVII, enfant, a pareillement été placé au nombre de nos monarques. La loi salique étoit en ce point d'accord avec le caractère national : en France, l'innocence et le malheur n'excluent pas de la couronne.

Jean avoit reçu une éducation aussi bonne que celle de son père avoit été négligée; il aima et protégea les lettres autant que Philippe les méprisoit : c'est à ses ordres que nous devons les premières traductions de Tite-Live, de Salluste, de Lucain, et des *Commentaires de César*. Il chercha et récompensa le mérite; il sentoit par le cœur ce qu'il ne voyoit pas par l'esprit. Il eut à la fois ces défauts et ces qualités propres à perdre les empires : l'impétuosité de caractère et l'irrésolution d'esprit; le courage, qui ne consulte que l'honneur, et la magnanimité, qui sacrifie tout à l'accomplissement de sa parole. Dans un temps où la justice étoit en France la liberté, il protégea la justice. En amitié, il n'y eut point d'homme plus fidèle; mais on pardonne rarement aux rois d'avoir des amis ou de n'en avoir pas.

A Reims, le 26 septembre 1350, Jean se para de la couronne qui devoit orner son cercueil à Londres. Le jour de son sacre il arma chevaliers des princes et des gentilshommes qui ne devoient plus remettre dans le fourreau l'épée qu'ils prirent de sa main. La pompe fut superbe, la dépense prodigieuse; chaque nouveau chevalier reçut, selon l'usage, aux frais du roi, les habits de la cérémonie : fourrures précieuses, double tenture d'or et de soie. Paris s'émut à l'aspect de son monarque. Les rues furent tapissées; les artisans divisés en corps de métiers, les uns à pied, les autres à cheval, étoient vêtus d'une manière uniforme, mais différente pour chaque confrérie. Les fêtes durèrent huit jours : une exécution sanglante met fin à ces joies funestes.

Jean fait décapiter le comte d'Eu, connétable de France, nouvellement revenu, sur parole, de sa prison d'Angleterre. Il fut dit, mais sans preuves, que le connétable trahissoit sa patrie, à l'exemple de tant de François.

SOMMAIRE.

La trêve conclue avec l'Angleterre sous le règne précédent est confirmée par les soins du pape; elle est prorogée à diverses reprises pendant trois années. — Néanmoins les hostilités ne cessent jamais tout-à-fait dans la Guienne et dans la Bretagne. — Combat des trente. — Création de l'ordre de l'Étoile. — Surprise du château de Guines par Édouard, qui disoit que les trêves étoient marchandes. — Recherches inutiles, par la chambre des comptes, des malversations financières. — Jean pris pour juge dans une querelle d'honneur entre le duc de Brunswick et le duc de Lancaster. — Mort du pape Clément VI. — Premier crime du roi de Navarre.

FRAGMENTS.

DU ROI DE NAVARRE.

Le troisième fléau de sa patrie, Charles-le-Mauvais, monte sur la scène après Robert d'Artois, déjà disparu, et Geofroy d'Harcourt, qui va disparoître. Il étoit, comme on l'a déjà dit, fils de Jeanne, fille de Louis-le-Hutin, reine de Navarre, et de Philippe, comte d'Évreux, prince du sang : par l'héritage maternel, il possédoit un état important vers les Pyrénées; par l'héritage paternel, des terres, des villes, des châteaux en Normandie. Sa puissance s'accrut encore : il devint gendre du roi, qui lui donna pour accordée, en attendant mariage, sa fille Jeanne, âgée de huit ans. Plus Charles s'approchoit du trône, plus il sembloit l'envier et le haïr. Si la loi salique avoit été rejetée, le roi de Navarre eût eu à ce trône des prétentions mieux fondées que celles d'Édouard, puisqu'il étoit fils d'une fille de Louis-le-Hutin, et qu'Édouard ne descendoit que d'une fille de Philippe-le-Bel. C'est ce qui fit qu'Édouard ne secourut Charles qu'autant qu'il le fallut pour désoler la France, pas assez pour le faire triompher.

Charles-le-Mauvais mérita son nom : esprit inquiet, âme noire, impuissant dans les forfaits comme dans les débauches, ses qualités étoient avortées comme ses vices. L'histoire parle de sa beauté, de sa libéralité, de son éloquence, de sa bravoure, et cela ne le conduisit à rien : les monstres adorés au bord du Nil portoient aussi une parure.

Son caractère est tout à part au milieu des caractères de son siècle : Charles étoit moins un chevalier qu'un de ces petits tyrans alors oppresseurs des républiques d'Italie. Il naquit, comme Marcel, pour ces troubles civils qui alloient annoncer l'apparition de la nation dans ses propres affaires, et une révolution dans les mœurs.

La charge de connétable de France avoit été donnée, après l'exécution du comte d'Eu, à Charles d'Espagne, frère de Louis d'Espagne. Ce jeune étranger, connu sous le nom de La Cerda, est le premier de cette race de favoris qui s'attacha aux Valois, comme une branche bâtarde de leur famille. On accusa La Cerda d'avoir poussé Jean à un acte de rigueur, afin de s'emparer des dépouilles de la victime. Que cette accusation fût fondée ou non, Charles d'Espagne devint odieux aussitôt qu'il eut pris l'épée de connétable. On pardonne quelquefois à celui qui verse le sang, jamais à celui qui en reçoit le prix.

SOMMAIRE.

Charles-le-Mauvais, jaloux de La Cerda, le fait assassiner. — Il passe de l'assassinat à la trahison, se lie avec l'Angleterre, et entraîne dans ses projets le comte d'Harcourt et Louis son frère. — Traité honteux pour le roi Jean, conclu à Mantes, et pardon solennel accordé au roi de Navarre. — Celui-ci se brouille de nouveau. — Autre traité conclu à Valognes presque aussi honteux que celui de Mantes. — La trêve avec l'Angleterre expire. — Édouard aborde à Calais, et entre pour la première fois en France par la porte dont il tenoit les clefs. — Il retourne en Angleterre, rappelé par une invasion des Écossois. — Charles-le-Mauvais séduit Charles-le-Dauphin, âgé de dix-sept ans, et qui devient Charles-le-Sage. — Il l'engage à fuir de la cour sous prétexte que le roi Jean lui préféroit ses autres fils. — Le dauphin, saisi de remords, révèle le secret à son père. — Jean, bien qu'il eût accordé de nouvelles lettres de grâce au roi de Navarre, se détermine à se venger de lui. — Convocation des états.

FRAGMENTS.

LES TROIS ÉTATS.

En moins de cinquante ans, depuis la première convocation régulière des états jusqu'à la convocation de ces états sous le roi Jean, les principes politiques se développèrent avec une force et une clarté qu'il auroit été impossible de prévoir. Si le royaume eût été un corps compacte; si des vassaux n'avoient pas exercé la souveraineté dans les provinces par eux possédées; si une guerre d'invasion n'avoit pas détourné les esprits de la politique, il est probable que les trois états se fussent fondés comme le parlement d'Angleterre. Les états de 1355 et ceux qui les suivirent eurent des idées beaucoup plus nettes des droits d'une nation que le parlement britannique n'en avoit alors. On ne sait où des bourgeois à peine émancipés, où des prélats et des seigneurs féodaux avoient pu puiser des notions si claires du gouvernement représentatif au milieu des préjugés du temps, de l'obscurité et du chaos des lois : la promptitude de l'esprit françois supplée à l'expérience des siècles.

Il est vrai que des malheurs, ces puissants maîtres de la race humaine, hâtèrent le développement de la vérité politique sous le règne de Jean et pendant la régence de son fils. Un grand fait se présente partout dans l'histoire : jamais les peuples ne sont entrés en jouissance de leurs droits qu'en passant au travers des maux inhérents aux révolutions combattues. Ces révolutions sont en vain accomplies au fond des mœurs; en vain elles sont devenues inévitables comme les productions naturelles du temps; les chefs des empires refusent de reconnoître que le moment est venu. Les intérêts particuliers font résistance aux intérêts généraux; la lutte commence et devient plus ou moins sanglante, selon le mouvement des passions, le caractère des individus, les hasards et les accidents de la fortune. Déplorons les calamités que tout changement amène, mais apprenons de l'histoire qu'elles sont des nécessités auxquelles les hommes ne se peuvent soustraire. Quand les révolutions s'accompliront-elles sans efforts et sans injustices? Quand les lumières seront-elles assez répandues, la civilisation assez complète pour que peuples et rois se cèdent mutuellement ce qu'ils ne doivent se dénier ni se ravir? C'est le secret de Dieu.

Les états de la langue d'Oïl, c'est-à-dire du pays coutumier, dans lequel on reconnoissoit pourtant le Lyonnois, quoique pays de droit écrit, s'assemblèrent dans la grand'chambre du parlement, à Paris, le 2 décembre de l'année 1355. L'archevêque de Rouen, Pierre de Laforest, chancelier de France, ouvrit l'assemblée par un discours qu'il prononça au nom du roi; il exposa les besoins du royaume; il déclara que le roi étoit prêt à abandonner l'altération des monnoies, si les états trouvoient le moyen de remplacer cette sorte de taxe par un subside équivalent. Fixez au règne des Valois la naissance de l'impôt.

Jean de Craon, archevêque de Reims, au nom du clergé; Gauthier de Brienne, duc d'Athènes, au nom de la noblesse; Étienne Marcel, prevôt des marchands de Paris, au nom du tiers-état, protestèrent de leur dévouement et de leur fidélité au roi. Ils demandèrent la permission de se retirer, afin de délibérer entre eux sur les subsides à accorder et sur la réforme des abus.

Leur première déclaration fut ainsi conçue : Aucun règlement n'aura force de loi qu'autant qu'il sera approuvé par les trois ordres; l'ordre qui aura refusé son consentement ne sera pas lié par le vote des deux autres. Cette déclaration rend tout à coup le tiers-état l'égal du clergé et de la noblesse. La liberté dépasse déjà la limite de la monarchie constitutionnelle; car la majorité absolue des suffrages est reconnue aujourd'hui bastante à l'achèvement de la loi : par le décret des états, il suffisoit d'un ordre corrompu ou factieux pour arrêter le mouvement du corps politique.

Il n'est pas dit que le roi fût appelé à donner sa sanction à ce décret constituant des états de 1355; ainsi le principe du pouvoir de la couronne, tel que nous l'admettons maintenant, étoit ignoré; mais cela est moins étonnant que la force acquise du tiers-état : il n'y avoit pas deux siècles qu'il étoit encore esclave, et il n'y avoit pas deux siècles que le roi n'étoit rien au milieu des grands vassaux. La liberté revient aux sociétés par tous les canaux, comme le sang remonte au cœur par toutes les veines.

Ce point obtenu, on le paya au roi Jean d'un vote qui mit à sa disposition trente mille hommes d'armes, ce qui devoit composer un corps de quatre-vingt-dix mille combattants : on ne comptoit point dans ce nombre les communes, infanterie de l'armée. Un impôt sur le sel, un autre de huit deniers sur toutes les choses vendues, excepté sur les ventes d'héritages, devoient, pendant l'espace d'une année, fournir une somme de 50,000 liv. par jour, somme jugée équipollente à l'entretien de trente mille hommes d'armes. Les états se réservoient le choix des personnes commises à la levée et à la régie de l'imposition, dont personne, pas même le roi et la famille royale, ne devoit être exempt.

Le roi rendit, le 28 décembre 1355, une ordonnance conforme à la délibération des états. Il promettoit de ne point toucher à l'argent levé pour la guerre, de le laisser distribuer aux hommes d'armes par une commission des députés des états, ce qui livroit le pouvoir exécutif au pouvoir législatif. Le roi s'engageoit en outre à fabriquer des monnoies fortes et stables, à renoncer dans les voyages, pour lui, sa maison et les grands-officiers de bouche et de guerre, aux réquisitions de blé, de vin, de vivres, de charrettes, de chevaux, que les paysans étoient obligés de fournir. Défense à tout créancier de transporter sa dette à une personne privilégiée ou plus puissante que lui. Ordre à toute juridiction de ressortir aux juges ordinaires. Nombre des sergents restreint comme abusif, et injonction auxdits sergents de rien exiger au-delà de leur salaire. Commerce interdit à tout juge et officier judiciaire dans quelque espèce de tribunal que ce fût. Toutes les ordonnances en faveur des laboureurs confirmées.

Quant aux choses militaires, le roi bailloit parole de ne plus convoquer l'arrière-ban sans une nécessité évidente, et d'après l'avis des états, si faire se pouvoit. Les fausses montres étoient défendues sous des peines rigoureuses : les chevaux devoient être marqués pour être reconnus dans les revues, et afin que la solde ne fût pas payée à un homme d'armes deux ou trois fois pour le même cheval. Les capitaines étoient rendus responsables des désordres commis par leurs soldats. Les troupes ne pouvoient s'arrêter plus d'un jour dans les villes sur leur passage ; si elles y demeuroient plus long-temps, on seroit libre de leur refuser l'étape, et de les contraindre à passer outre. Le roi s'obligeoit enfin à ne conclure ni paix ni trêve, que d'accord avec une commission des trois ordres des états.

Telle fut cette ordonnance que l'on a comparée, sous certains rapports, à la grande Charte de cet autre roi Jean d'Angleterre, première source de la liberté britannique : par les choses que cette ordonnance défend, on apprend ce qui avoit été permis. Mais les états de 1355 devançoient en principes politiques et administratifs les lumières de leur siècle ; ils changeoient la nature de la monarchie. Aussi ne resta-t-il rien, pour le moment, de ces essais salutaires; les temps et les malheurs firent avorter, dans un sol encore mal préparé, ces germes d'une civilisation trop hâtive.

SOMMAIRE.

Le roi va à Rouen arrêter de sa propre main le roi de Navarre dans un banquet. — Il fait exécuter devant lui le comte d'Harcourt, le seigneur de Graville, Maubué de Mainant et Olivier Doublet. — Le roi de Navarre, fait prisonnier, est conduit à la tour du Louvre ou au château Gaillard, et de là au Châtelet.

FRAGMENTS.

BATAILLE DE POITIERS.

Les fautes du roi sont frappantes : sa colère l'aveugle et passe plus vite que sa bonté, qui revint trop tôt pour épargner le seul coupable qu'il eût fallu punir; il se croit sûr de sa justice, et il est arrêté au milieu de l'exécution par sa miséricorde; il viole assez les lois pour faire haïr la couronne, pas assez pour la sauver; il prouva qu'un honnête homme ne peut devenir un mauvais roi, et qu'après tout il n'est pas si aisé d'être un tyran. Les erreurs qui, comme celles de Jean, sont sensibles, donnent aux esprits vulgaires l'occasion d'étaler des lieux communs de morale, et aux méchants un sujet de triomphe : les clameurs furent universelles; Philippe de Navarre, frère de Charles, et Geofroy d'Harcourt, le fameux traître pardonné, oncle du comte décapité, soulèvent la Normandie, ils se livrent au roi d'Angleterre, le reconnoissent pour roi de France, jurent de le seconder dans la conquête de ce royaume, et lui font hommage de leurs domaines. Édouard, de son côté, agit comme il avoit fait autrefois à la mort des seigneurs bretons ; il envoie à toutes les cours de la chrétienté un manifeste, déclarant : « Que les gentilshommes décapités ou emprisonnés par Jean, se disant roi de France, avoient été traîtreusement frappés ; qu'ils n'avoient fait aucun traité avec lui, et qu'au contraire lui, Édouard, avoit toujours regardé le roi de Navarre et ses amis comme les ennemis de l'Angleterre. » Geofroy d'Harcourt étoit-il l'ennemi d'Édouard ?

Pour appuyer ce manifeste, le duc de Lancastre descendit en Normandie ; les Anglois, réunis aux Navarrois, formèrent une armée de quarante mille hommes d'armes, sans compter les gens de pied. Jean s'avança contre les alliés, qui venoient de prendre et de raser Verneuil au Perche ; les Anglois se retirèrent dans les forêts de l'Aigle, et Jean mit le siége devant Breteuil, qui n'ouvrit ses portes qu'après deux mois de résistance.

Jean, de retour à Paris, apprend que le prince de Galles, après avoir ravagé l'Auvergne, le Limousin et le Berri, s'approchoit de la Touraine : il fait aussitôt le serment de marcher à lui, et de le combattre partout où il le rencontrera. Il convoque barons, grands vassaux, seigneurs, gentilshommes et chevaliers de son royaume, ordonnant qu'aucun d'eux ne se dispense de se trouver au rendez-vous sur les marches de Blois et de Tours.

On s'assemble dans les plaines de Chartres : Craon, Boucicault et l'Hermite de Chaumont se portent en avant avec trois cents hommes d'armes pour reconnoître et harceler l'ennemi.

Le prince Noir avoit eu d'abord le dessein de rejoindre dans le Perche l'armée du duc de Lancastre; mais trouvant les passages de la Loire gardés, et apprenant que Philippe réunissoit des forces considérables, il reprit le chemin de Bordeaux par la Touraine et le Poitou : il perdit quelque temps au château de Romorantin, dans lequel Boucicault, Craon et l'Hermite de Chaumont s'étoient renfermés, à la suite d'une affaire d'avant-poste : c'est le premier siége, comme Crécy fut la première bataille, où l'on se soit servi du canon. Le prince de Galles avoit donc du canon dans son armée? Il ne l'employa pourtant pas à la bataille de Poitiers; nos grands barons dédaignèrent aussi d'en faire usage à la bataille d'Azincourt, quoiqu'ils eussent avec eux une artillerie formidable pour le temps. La valeur chevaleresque méprisoit les armes qui pouvoient être également celles du lâche et du brave.

Le prince de Galles, en s'arrêtant devant Romorantin, avoit commis une faute qui le devoit perdre : ce fut cette faute qui le couvrit de gloire et la France de deuil; elle laissa à Jean le temps d'atteindre l'armée angloise, qui, n'eût été ce siége imprudent, fût rentrée en Guienne sans coup férir.

Les François franchirent la Loire sur différents points.

Le prince Noir commençoit à manquer de vivres; il avoit fait un détour pour éviter Poitiers, resté fidèle à la France. Ce mouvement permit au roi, qui suivoit la ligne la plus courte, de se porter en avant des Anglois.

Or, ceux-ci envoyèrent à la découverte deux cents armures de fer « *tous montés sur fleur de coursiers* », et commandés par le captal de Buch. Elles tombèrent dans les troupes du roi, et virent la campagne couverte d'hommes d'armes : elles fondirent sur les traîneurs. Le bruit de l'attaque parvint à Jean au moment même où il alloit entrer dans Poitiers : il retourna sur ses pas avec le gros de son armée.

Les coureurs anglois, ayant rejoint le prince de Galles, lui racontèrent ce qu'ils avoient appris, et combien l'armée françoise étoit nombreuse. Il répondit : « Or, il nous faut savoir à présent comment « nous la combattrons à notre avantage. » Il prit poste sur un terrain de difficile accès; Philippe, de son côté, s'arrêta : la nuit vint et couvrit les deux camps.

Le lendemain dimanche, 18 septembre, le roi fit chanter une messe dans sa tente, et communia avec ses quatre fils, Charles, Louis, Jean, Philippe, et les seigneurs des fleurs de lis, comme on appeloit alors les princes du sang.

Quand cela fut fait, Jean assembla son conseil : il proposa d'attaquer l'ennemi, et le conseil fut de l'avis du roi.

Les historiens ont blâmé cette résolution; mais ils n'ont considéré ni les circonstances ni les mœurs. Sans doute il eût été plus sûr d'affamer les Anglois et de les forcer à se rendre; mais il étoit aussi très possible et plus héroïque de les vaincre. Si l'on n'eût pas perdu un jour; si le duc d'Orléans ne se fût pas retiré avec un tiers de l'armée à l'abord de l'engagement, il est probable que le prince de Galles eût succombé. Et quel juste sujet de ressentiment le roi n'avoit-il pas contre les Anglois! Dans ce temps, d'ailleurs, les batailles n'étoient plus des calculs; elles étoient le fruit du hasard, ou d'une impulsion guerrière; elles n'avoient presque jamais de grands résultats; elles ne changeoient pas la face des empires : c'étoient des actions où l'on décidoit non de l'existence, mais de l'honneur des nations. Aussi les princes s'envoyoient-ils des cartels pour se rencontrer en tel lieu convenu, comme de simples chevaliers s'appeloient en champ clos. Des hérauts d'armes portoient ces défis. « Vous irez à Troyes, » dit le comte de Buckingham aux deux hérauts d'armes qu'il envoya au duc de Bourgogne, sous le règne de Charles V; « vous parlerez aux seigneurs, et leur
« direz que nous sommes sortis d'Angleterre pour
« faire faits d'armes, et là où nous les croyons
« trouver nous les demandons; et pour ce que
« nous savons qu'une partie de la fleur de lis et
« de la chevalerie françoise repose là dedans, nous
« sommes venus à ce chemin, et s'ils veulent rien
« dire, ils nous trouveront sur les champs. »

On poussoit si loin quelquefois cette délicatesse du point d'honneur entre deux armées, qu'on se refusoit à prendre l'avantage du terrain. Souvent les généraux et les rois faisoient serment de combattre leur ennemi partout où ils le trouveroient, comme les dieux d'Homère juroient par eux-mêmes de faire des choses qui n'étoient pas toujours raisonnables, ou plutôt comme les vieux Germains s'engageoient à porter une longue barbe ou un anneau de fer jusqu'à ce qu'ils eussent abattu un Romain. Deux nations aussi descendues dans la lice ne pouvoient pas plus refuser le combat, qu'un homme de cœur ne se peut dispenser de tirer l'épée quand il a reçu un affront.

Il fut donc résolu, dans le conseil du roi, de marcher droit à l'ennemi. Aussitôt les ordres sont donnés : les cors de chasse et les trompettes sonnent haut et clair; les ménestriers jouent de leurs instruments, les soldats s'apprêtent; les seigneurs déploient leurs bannières; les chevaliers montent à cheval et viennent se ranger à l'endroit où l'étendard des lis et l'oriflamme flottoient au vent. On voyoit courir les chevaucheurs, les poursuivants, les hérauts d'armes, les pages, les varlets avec la casaque, le blason et la devise de leurs maîtres. Partout brilloient belles cuirasses, riches armoiries, lances, écus, heaumes et pennons; là se trouvoit toute la fleur de la France, car nul chevalier ni écuyer n'avoit osé demeurer au manoir. On entendoit, au milieu des fanfares, de la voix des chefs, du hennissement des chevaux, retentir les cris d'armes des différents seigneurs : *Montmorency au premier chrétien, Châtillon au noble duc, Montjoie au blanc épervier, Montjoie Bourgogne, Bourbon Notre-Dame.* Tous ces cris étoient dominés par le cri de France, *Montjoie Saint-Denis,* par des complaintes en l'honneur de la Vierge, et par la chanson de Roland.

Des vassaux, tête nue, sous la bannière de leur paroisse, et portant des colobes et des tabards (espèce de chemise sans manches et de manteau court); des barons en chaperons, en robes longues et fourrées, marchant sous les couleurs de leurs dames; une infanterie en pelicon ou jaquette, armée d'arcs, d'arbalètes, de bâtons ferrés et de fauchards; une cavalerie couverte de fer et portant le bassinet et la lance; des évêques en cottes de mailles et en mitre; des aumôniers, des confesseurs; des croix, des images de saints, de nouvelles et d'anciennes machines de guerre; toute cette armée, enfin, présentoit aux feux du soleil un spectacle aussi extraordinaire que brillant et varié.

Les troupes réunies formoient plus de soixante mille combattants : on y voyoit le frère et les quatre fils du roi, la plupart des seigneurs des fleurs de lis, d'illustres commandants étrangers, trois mille chevaliers portant bannières. Tous ces guerriers avoient à leur tête le roi, qui, s'il n'étoit pas le plus grand capitaine de son royaume, en étoit du moins le plus brave soldat et le premier chevalier.

L'armée fut divisée en trois corps ou trois *batailles,* comme on parloit alors, par l'avis du connétable Jean de Brienne et des deux maréchaux d'Audeneham et Clermont. Le duc d'Orléans, frère du roi, ayant sous lui trente-six bannières et deux cents pennons, commandoit la première bataille; la seconde avoit pour chef le dauphin Charles, duc de Normandie, qui fut Charles-le-Sage; ses deux frères Louis et Jean marchoient avec lui : les trois princes étoient sous la garde des sires de Saint-Venant, de Landas, de Vondenay et de Cervolles, dit l'Archi-Prêtre, depuis célèbre aventurier. Le roi menoit la troisième bataille avec Philippe, le plus jeune de ses fils, tige de la seconde maison de Bourgogne.

Ces trois corps, qui auroient pu envelopper l'ennemi en tournant la position du prince de Galles, furent disposés sur une ligne oblique, un peu en arrière les uns des autres. L'aile gauche, la plus avancée vers l'ennemi, et sous les ordres du duc d'Orléans, n'étoit séparée des Anglois que par un monticule, dont on négligea de s'emparer; le dauphin commandoit au centre, et le roi, à l'aile droite, la réserve. On jugera de la science militaire de ce temps, quand on saura que ces dispositions se faisoient avant d'avoir reconnu le terrain occupé par le prince de Galles.

Tandis que l'armée françoise se mettoit en bataille, le roi envoya Eustache de Ribaumont, Jean de Landas et Richard de Beaujeu examiner le camp du chevalier qui avoit gagné ses éperons à Crécy.

Cependant Philippe, monté sur un cheval blanc, parcouroit les lignes et disoit : « Quand vous êtes « dans vos bonnes villes, vous menacez les Anglois, « et désirez avoir le bassinet en la tête devant eux. « Or, y êtes-vous. Je vous les montre : si leur « veuillez remontrer leur maltalent, et contre-« venger les dommages qu'ils vous ont faits. » L'armée répondit d'une commune voix : « Sire, Dieu « y ait part ! »

Les trois chevaliers envoyés à la découverte revinrent, et rendirent compte au roi de ce qu'ils avoient observé.

L'ennemi s'étoit retranché au milieu d'une vigne, sur une petite hauteur, auprès d'un village appelé *Maupertuis;* pour aller à lui, il n'y avoit qu'un chemin creux bordé de deux haies épaisses, et si étroit, qu'à peine trois cavaliers y pouvoient passer de front. Le prince de Galles avoit embusqué des archers derrière ces haies. Parvenu au bout du défilé, on trouvoit l'armée angloise, composée en tout de deux mille hommes d'armes, de quatre mille archers et de quinze cents aventuriers. Il n'y avoit guère sur ces sept à huit mille hommes que trois mille Anglois : le reste étoit François et Gascons.

Le prince avoit fait mettre pied à terre à sa cavalerie, qui ne pouvoit agir dans le lieu où elle se trouvoit : le tout formoit, sur la pente de la colline, un corps d'infanterie pesamment armé, retranché parmi des buissons et des vignes, couvert sur son front par des archers rangés en forme.

de herse. Cette disposition étoit l'ouvrage de James d'Audeley, chevalier d'une grande expérience.

Si le roi Jean avoit avec lui la fleur de la chevalerie de France, le prince Noir avoit pour compagnons les plus vaillants guerriers de l'Angleterre et de la Guienne : entre les premiers, on remarquoit Jean lord Chandos, les comtes de Warwick et de Suffolk, Richard Stanfort, James d'Audeley, et Pierre, son frère, sir Basset et plusieurs autres; entre les seconds on comptoit le captal de Buch, Jean de Chaumont, les sires de Lesparre, de Rosem, de Montferrand, de Landuras, de Prumes, de Bourguenze, d'Aubrecicourt et de Ghistelles : c'est toujours nommer des François.

Ribaumont ayant peint au roi la position des ennemis, Jean lui demanda comment on les devoit attaquer. «Tous à pied, répondit Ribaumont, «excepté trois cents armures de fer choisies entre «les plus habiles et les plus chevalereuses; elles «entreront dans le chemin creux pour rompre les «archers. Elles seront suivies du reste des hommes «d'armes à pied pour donner sur les hommes «d'armes anglois qui sont en bataille sur la hau-«teur au bout du défilé, et pour les combattre de « la main à la main. »

Jean suivit cet avis, qui lui plaisoit par sa hardiesse : mieux conseillé, il auroit fait attaquer les archers à dos, et les eût chassés des deux haies avant de s'engager dans le défilé. Les maréchaux, d'après le plan adopté, désignèrent les trois cents cavaliers qui devoient ouvrir le chemin. Le reste des hommes d'armes fut démonté; on leur ordonna d'ôter leurs éperons, de tailler leurs piques, et de les réduire à cinq pieds de long, pour s'en servir avec plus de facilité dans la mêlée. Un corps d'Allemands, commandé par les comtes de Nidau, de Nassau et de Saarbruck, demeura à cheval afin de soutenir, en cas de besoin, les trois cents hommes d'armes à l'attaque du défilé. Le roi, accompagné de vingt chevaliers, se mit au milieu de ces Allemands pour voir de plus près le commencement de l'action. Tout étant ainsi disposé, on donne le signal du combat.

Déjà les trois cents hommes d'armes avoient embrassé leurs targes, quand voici venir un cavalier qui demande à parler au roi : on reconnut le cardinal de Périgord. Le pape ne cessoit de travailler à la réconciliation de la France et de l'Angleterre : les deux cardinaux d'Urgel et de Périgord avoient été envoyés vers les deux armées pour les engager à la paix et traiter de la liberté du roi de Navarre. Le cardinal de Périgord ne s'étoit point rebuté du mauvais succès de ses premières tentatives, et, s'attachant aux pas des princes rivaux, il étoit arrivé à l'instant même où ils alloient vider leur querelle.

Il court vers le roi de France; aussitôt qu'il l'aperçoit, il descend de cheval, s'incline et s'écrie en joignant les mains : « Très cher sire; vous avez ici « toute la fleur de la chevalerie de votre royaume, « réunie contre un petit nombre d'ennemis. Si vous

« pouvez en obtenir ce que vous désirez sans com-
« battre, vous épargnerez le sang chrétien et la vie
« de vos sujets. Vous savez que Dieu tient dans sa
« main le sort des armes; je vous conjure, au nom
« de ce Dieu et de la charité, de me permettre d'aller
« vers le prince de Galles lui représenter son péril
« et l'avantage de la paix. »

Le roi répondit : « Il nous plaît que cela soit ainsi;
« mais retournez vite. »

Le cardinal chevauche au camp anglois : au nom
de la religion, les barrières des deux armées s'abaissent et laissent passer son ministre : il trouva le fils
d'Édouard au milieu de ses chevaliers, couvert de
son armure noire, et portant la devise des princes
de Galles, prise de l'écusson du vieux roi de Bohême; présage qui promettoit à Poitiers le destin
de Crécy. « Certes, beau fils, lui dit l'envoyé du
« pape, si vous aviez examiné l'armée du roi de
« France, vous me permettriez d'essayer de con-
« clure avec lui un traité. » Le prince répondit : « J'en-
« tendrai à tout, fors à la perte de mon honneur et
« de celui de mes chevaliers. » Le cardinal répliqua :
« Beau fils, vous dites bien. » Et il retourna en toute
hâte au camp françois.

Il supplia le roi de suspendre l'attaque jusqu'au
lendemain. « Vos ennemis, disoit-il, ne peuvent
« échapper; accordez-leur quelques instants pour
« apercevoir leur péril. » Jean s'y refusa d'abord sur
l'avis de la plus grande partie de son conseil; mais,
par respect pour le saint-siége, il consentit enfin
à ce délai, qui donna le temps aux Anglois de se

retrancher, ralentit l'ardeur du soldat, et fut la principale cause de la perte de la bataille.

Le roi fit dresser une *belle tente de couleur vermeille* dans l'endroit même où il se trouvoit. Les troupes déposèrent leurs armes, à l'exception du corps commandé par le connétable et par les deux maréchaux.

Le cardinal, retourné au camp anglois, et revenu ensuite au camp françois, rapporta au roi les propositions du prince de Galles. Celui-ci offroit de rendre les prisonniers qu'il avoit faits, les villes et châteaux qu'il avoit pris depuis trois années; il s'engageoit, pendant sept ans, à ne point porter les armes contre la France : Villani ajoute qu'il consentoit à payer deux cent mille nobles ou écus d'or pour les dégâts commis par son armée. Le prince demandoit en mariage une fille du roi, et, pour dot de cette princesse, le seul duché d'Angoulême; enfin, il réclamoit la liberté de Charles-le-Mauvais, et s'engageoit à faire consentir Édouard aux conditions du traité.

Jean, que les historiens représentent comme un téméraire, n'avoit déjà été que trop modéré en accordant aux Anglois une suspension d'armes; il alloit donner une nouvelle preuve de son esprit conciliant en acceptant l'offre du prince Noir, lorsque Renaud de Chauveau, évêque de Châlons, se leva dans le conseil.

« Sire, dit-il, s'il m'en souvient bien, le roi d'An-
« gleterre, son fils, et son frère le duc de Lancastre,
« vous ont, à plusieurs reprises, insulté, et ont

« rempli votre royaume de meurtres et de ruines.
« Sur terre, ils ont humilié votre père Philippe et
« massacré votre noblesse; sur mer, ils ont assailli
« vos vaisseaux et brûlé vos ports comme des pi-
« rates. Quelle vengeance en avez-vous tirée ? Quoi !
« pour prix de ces brigandages, vous donneriez
« votre fille à des mains teintes du sang françois!
« Dieu vous livre votre principal ennemi, ces or-
« gueilleux Anglois, ces Gascons infidèles, ces lâches
« qui viennent d'égorger les pâtres et les laboureurs,
« ces incendiaires qui ont porté la flamme dans les
« hameaux qui fument encore, et vous les laisseriez
« échapper ! Et croyez-vous qu'ils soient de bonne
« foi dans ce qu'ils vous proposent ? Ne connoissez-
« vous pas leur perfidie ? Sous le prétexte de faire
« ratifier les conditions par le monarque anglois,
« ils gagneront du temps ; Édouard refusera de
« confirmer le traité conclu. Cependant le duc de
« Lancastre, qui ravage le Perche avec son armée,
« aura rejoint le prince de Galles ; alors la victoire
« passera peut-être à vos ennemis. Dieu vous pré-
« serve de plus grands malheurs ! Je demande qu'au-
« cun délai ne soit accordé ; et que votre vengeance
« cesse d'être suspendue par des propositions insi-
« dieuses, et par les lenteurs de votre conseil. »

Ce discours, dont le prélat soutint la vigueur la
pique à la main, fit bouillonner dans le sein du roi
l'ardeur guerrière ; les barons crièrent : Aux armes !
« Allez, dit Jean au cardinal, allez signifier au prince
« de Galles qu'il ait à se rendre prisonnier, lui et
« cent de ses principaux chevaliers : à cette condi-

« tion, je laisserai passer son armée. » Le prince, au ouïr de ces paroles, qui lui furent rapportées par le cardinal, répondit : « Mes chevaliers ne se-
« ront pris que les armes à la main; quant à moi,
« quelque chose qu'il arrive, l'Angleterre n'aura pas
« à payer ma rançon. »

Ces pourparlers occupèrent toute la journée du dimanche. Pendant la tenue du conseil, divers chevaliers des deux armées chevauchèrent le long des batailles. Dans une de ces courses, le maréchal de Clermont rencontra Jean Chandos : ils portoient tous les deux dans leurs armes le même emblème; c'étoit une dame vêtue d'une robe bleue, au milieu des rayons d'un soleil. « Chandos, dit le maréchal,
« depuis quand avez-vous pris ma devise? » — « Et
« vous, la mienne? » répliqua Chandos. « Si nos
« gens, reprit Clermont, n'étoient au moment de
« jouer des mains, je vous prouverois tout à l'heure
« que vous ne devez pas porter cette devise. » —
« Eh! s'écria Chandos, demain nous nous retrouve-
« rons, et je vous prouverai que la dame bleue est
« plutôt mienne que vôtre. » Cette querelle de chevalerie coûta la vie au maréchal, qui fut tué par Chandos.

La nuit étoit venue : les François, abondamment pourvus de vivres, se fiant dans leur nombre et leur valeur, la passèrent à dormir; les Anglois, manquant de tout, veillèrent et se retranchèrent : autour de leur camp et devant leurs archers, ils creusèrent des fossés profonds, qu'ils revêtirent de palissades; dans la partie la plus foible de leur poste, ils se couvrirent avec leurs bagages et leurs chariots. Le prince de Galles commanda d'apporter le butin enlevé; il en fit faire trois monceaux entre son camp et celui des François, et l'on y mit le feu. Ce sacrifice ne laissa plus rien à regretter aux Anglois; tandis que les tourbillons de flammes et de fumée qui s'élevoient, la veille d'une bataille, dans les ténèbres, servirent à masquer les travaux de l'ennemi et à étonner nos soldats.

Le soleil qui devoit éclairer un jour si funeste à notre patrie se leva, et trouva les cœurs bercés de fausses espérances (19 septembre 1356). Les François se rangèrent dans le même ordre que le jour précédent; les Anglois changèrent quelque chose à leurs dispositions : instruits, on ne sait comment, de la manière dont ils seroient attaqués, ils placèrent au front de leur ligne un certain nombre de cavaliers pour soutenir le choc des maréchaux; ils cachèrent, en outre, trois cents hommes d'armes et trois cents archers à cheval derrière une petite colline, au revers de laquelle s'étendoit le corps commandé par le dauphin et ses deux frères. Ces six cents hommes avoient ordre, aussitôt qu'ils verroient l'action engagée, de tourner le mamelon et de prendre en flanc les troupes du dauphin. Le cardinal de Périgord reparut, mais on lui fit dire de la part des François de se retirer. Il passa alors chez le prince de Galles, dont il étoit sujet, comme natif de Guienne. « Beau fils, lui dit-il, « faites ce que vous pourrez; il vous faut combattre. » Le prince répondit : « J'y compte, ainsi que mes

« chevaliers ; Dieu veuille aider au droit ! » Le cardinal alla rejoindre l'autre légat au haut d'une colline, d'où ils élevèrent leurs mains vers le Dieu de paix, tandis que dans la plaine on invoquoit celui des armées.

Au milieu de ses compagnons d'armes, le prince Noir leur tint ce discours :

« Seigneurs, si nous ne sommes qu'un petit nom-
« bre contre l'armée puissante de nos ennemis, il ne
« faut pas laisser s'affoiblir notre courage. Ce n'est
« pas le soldat, c'est Dieu qui donne la victoire. Si
« nous sommes vainqueurs, notre triomphe en sera
« plus éclatant; si nous devons mourir, j'ai un père
« et deux frères ; vous, vous avez des amis qui nous
« vengeront ; ainsi ne songez qu'à bien combattre.
« S'il plaît à Dieu, vous me verrez aujourd'hui bon
« chevalier. »

Le prince de Galles garda auprès de lui Chandos, qui cependant courut au choc des maréchaux de France : il désiroit aussi retenir d'Audeley; mais celui-ci avoit fait vœu de combattre au premier rang dans toute affaire où le roi d'Angleterre, ou l'un de ses fils, se trouveroit en personne. Le prince de Galles lui permit donc d'accomplir son vœu, et il s'alla placer au front de la ligne, parmi les hommes d'armes qui soutenoient les archers.

Les François élèvent le cri d'armes : à ce signal, les deux maréchaux de France, les comtes d'Audeneham et de Clermont, entrent dans le défilé à la tête de trois cents cavaliers commandés pour frayer le chemin. A peine sont-ils engagés entre les deux haies qui bordent le chemin, que les archers retranchés derrière font pleuvoir sur eux une grêle de flèches. Ces flèches, longues, barbues, dentelées, lancées à bout portant par un ennemi invisible, frappent dans l'épais bataillon. Les chevaux, percés d'outre en outre, effrayés et rendus furieux par la douleur, hennissent, ronflent, se cabrent, refusent d'avancer, se tournent de côté, trébuchent et tombent sous leurs maîtres. Les derniers rangs essaient de passer sur les premiers rangs abattus, se renversent et augmentent le péril et la confusion. Cependant les deux maréchaux, avec quelques chevaliers, surmontent les obstacles et parviennent au front de l'armée angloise : là ils trouvent une nouvelle ligne d'archers et sire James d'Audeley à la tête de ses hommes d'armes. Ces braves maréchaux, sortis presque seuls du défilé, ne peuvent soutenir un combat trop inégal : Clermont meurt de la main de Chandos; d'Audeneham, porté à terre par d'Audeley, est forcé de se rendre.

Bientôt le bruit de cette défaite se répand. Les cavaliers arrêtés au milieu du défilé, entre leurs premiers rangs abattus et les hommes d'armes à pied qui les suivent, ne pouvant ni avancer ni reculer, restent immobiles, exposés aux flèches qui les transpercent et les clouent à leurs chevaux; des cris et des rugissements sortent de l'horrible mêlée. Les hommes d'armes, qui déjà pénétroient dans le chemin, se replient sur le corps commandé par le dauphin Charles. Au même moment les six cents cavaliers anglois cachés au revers de la colline sortent de leur embuscade, et viennent prendre à dos ce même corps. La terreur s'empare des soudoyers; les hommes d'armes démontés se dispersent. Les seigneurs de Landas, de Vondenay, de Saint-Venant, qui avoient la garde des trois fils du roi, jugeant trop vite la bataille perdue, les forcent de s'éloigner. Landas et Vondenay, après avoir laissé les jeunes princes entre les mains de Saint-Venant, revinrent avec de l'Angle, Saintré et Cervolles, se ranger auprès du roi.

Les troupes du dauphin s'étant débandées, celles du duc d'Orléans prirent lâchement la fuite avec leur chef; il ne resta sur le champ de bataille que l'escadron de cavalerie allemande et la division conduite par le roi, à laquelle se joignirent plusieurs chevaliers qui n'avoient pu se résoudre à abandonner leur maître.

Instruit de la déroute des deux premiers corps françois, le prince de Galles ordonne à ses hommes d'armes de remonter à cheval. Jean Chandos dit au prince : « Sire, chevauchons avant; la journée « est vôtre; Dieu sera aujourd'hui dans votre main; « marchons au roi de France. Je sais bien que par « vaillance il ne fuira point, ainsi il nous demeu- « rera. » Le prince répondit : « Allons, Jean! vous « ne me verrez d'aujourd'hui retourner en arrière. » Il crie aussitôt à sa bannière : « Bannière, chevau- « chez avant! au nom de Dieu et de saint Georges! » et il descend de la colline avec toute son armée.

Le roi, faisant serrer les rangs, marche aux Anglois, qui sortoient du défilé pour l'attaquer : il se faisoit remarquer au milieu des siens par sa haute taille, son air martial, et par les fleurs de lis d'or semées sur sa cotte d'armes ; il étoit à pied, comme le reste de ses chevaliers, et tenoit à la main une hache à deux tranchants, arme des vieux Franks. A ses côtés étoit son fils, le jeune Philippe, à peine âgé de quatorze ans, comme le lionceau auprès du lion. Tous les historiens conviennent que si la quatrième partie de notre armée avoit combattu comme son roi, elle auroit remporté la victoire. Le choc fut rude : d'un côté c'étoit le prince Noir environné de Chandos, du captal de Buch, fameux rival de Du Guesclin, de d'Audeley, d'Aubrecicourt, des comtes de Warwick et de Suffolk, maréchaux d'Angleterre ; de l'autre, le roi Jean, accompagné de Jacques de Bourbon et de Pierre de Bourbon, père de ce Louis II de Bourbon dont les vertus annoncèrent celles de Henri IV; des deux princes d'Artois, fils d'un traître, et tous deux fidèles ; des comtes de Saarbruck, de Nidau et de Nassau, tous trois Allemands, et dignes d'être François ; de Guichard de Beaujeu, de Guillaume de Nesle, de Guillaume de Montagu, de Richard de l'Angle, des sires de Chambly, de la Heuse, de Pons, de Tancarville, de Laval, de Damp-Marie, de La Tour, d'Humières, d'Urfé, de Duras, de Gaucher de Brienne, connétable de France et duc d'Athènes, double titre qui lui imposoit l'obligation de tomber avec gloire ; de l'évêque de Châlons, qui mourut le casque en tête comme Adhémar sur les murs de

Jérusalem ; de Geofroy de Charny, le vaillant porte-oriflamme ; d'Eustache de Ribaumont, si célèbre par la couronne de perles qu'Édouard lui donna devant Calais ; de La Fayette et de La Rochefoucauld, noms que les armes ont cédés aux lettres ; enfin, de Jean de Saintré, réputé le plus brave chevalier de son temps, et dont les romans gaulois ont consacré le nom.

La cavalerie allemande soutint bien la première charge ; mais elle lâcha pied après avoir perdu les comtes de Saarbruck, de Nidau et de Nassau, qui la commandoient. Les chevaliers françois des diverses provinces, rangés, avec leurs écuyers, autour des bannières de leurs suzerains, combattoient tantôt par pelotons séparés, tantôt mêlés et confondus. Le prince de Galles, avec Chandos, attaqua la division du connétable, et le captal de Buch, avec les maréchaux d'Angleterre, se trouva en face du roi.

Jean le vit approcher avec une joie intrépide : abandonné des deux tiers de ses soldats, il ne lui vint pas même un moment la pensée de reculer, résolu qu'il étoit de sauver l'honneur françois, s'il ne pouvoit sauver la France. Nos hommes d'armes ayant raccourci leurs piques, le roi ne put les faire remonter à cheval comme le prince de Galles avoit fait remonter les siens. Les Anglois étoient, en outre, accompagnés d'archers qui décidèrent de la victoire en perçant de loin des fantassins pesants, qui ne pouvoient joindre leurs légers ennemis. L'armée angloise, toute à cheval, se ruoit avec de grands cris sur l'armée françoise toute à pied. Les flots des combattants étoient poussés vers Poitiers, et ce fut près de cette ville que se fit le plus grand carnage. Les habitants, craignant que les vainqueurs n'entrassent pêle-mêle avec les vaincus, refusèrent d'ouvrir leurs portes.

Déjà les plus braves avoient été tués; le bruit diminuoit sur le champ de bataille; les rangs s'éclaircissoient à vue d'œil; les chevaliers tomboient les uns après les autres, comme une forêt dont on coupe les grands arbres. Charny, haussant l'oriflamme, luttoit encore contre une foule d'ennemis qui la lui vouloient arracher. Jean, la tête nue (son casque étoit tombé dans le mouvement du combat), blessé deux fois au visage, présentoit son front sanglant à l'ennemi. Incapable de crainte pour lui-même, il s'attendrit sur son jeune fils, déjà blessé en parant les coups qu'on portoit à son père; il voulut éloigner l'enfant royal, et le confia à quelques seigneurs; mais Philippe échappa aux mains de ses gardes, et revint auprès de Jean, malgré ses ordres. N'ayant pas assez de force pour frapper, il veilloit aux jours du monarque en lui criant : « Mon père, prenez garde! à droite, à gauche, der- « rière vous, » à mesure qu'il voyoit approcher un ennemi.

Les cris avoient cessé. Charny, étendu aux pieds du roi, serroit dans ses bras roidis par la mort l'oriflamme qu'il n'avoit pas abandonnée; il n'y avoit plus que les fleurs de lis debout sur le champ de bataille : la France tout entière n'étoit plus que dans son roi. Jean, tenant sa hache des deux mains, défendant sa patrie, son fils, sa couronne et l'oriflamme, immoloit quiconque l'osoit approcher. Il n'avoit autour de lui que quelques chevaliers abattus et percés de coups, qui se ranimoient dans la poussière à la voix de leur souverain, faisoient un dernier effort, et retomboient pour ne plus se relever. Mille ennemis essayoient de saisir le roi vivant, et lui disoient : « Sire, rendez-vous ! » Jean, épuisé de fatigue, et perdant son sang, n'écoutoit rien, et vouloit mourir.

Un chevalier fend la foule, écarte les soldats, s'approche respectueusement du roi, et lui parlant en françois : « Sire, au-nom de Dieu, rendez-vous ! » Le roi, frappé du son de cette voix, baisse sa hache, et dit : « A qui me rendrai-je? à qui? Où est mon « cousin le prince de Galles ? si je le voyois, je « parlerois. » — « Il n'est pas ici, répondit le che-« valier ; mais rendez-vous à moi, et je vous mè-« nerai vers lui. » — « Qui êtes-vous ? » repart le roi. « Sire, je suis Denis de Morbec, chevalier « d'Artois ; je sers le roi d'Angleterre parce que « j'ai été obligé de quitter mon pays pour avoir tué « un homme. »

Jean ôta son gant de la main droite et le jeta au chevalier en lui disant : « Je me rends à vous. » Du moins le roi de France ne remit son épée qu'à un François.

On ne voyoit plus ni bannières ni pennons de notre armée dans les champs de Poitiers. Le prince de Galles ignoroit encore toute sa gloire : Chandos lui conseilla de planter sa bannière sur un buisson, pour rallier ses troupes et se reposer. On dressa une petite tente rouge: le prince y entra. Les officiers de sa chambre lui détachèrent son casque et lui présentèrent à boire; les trompettes sonnèrent le rappel. Les chevaliers anglois et gascons accourent, amenant avec eux un nombre prodigieux de prisonniers; il y avoit tel soldat qui à lui seul en avoit jusqu'à dix : on les traita avec une générosité extraordinaire : la plupart furent renvoyés sur parole, et sur la simple promesse d'une rançon qu'on eut soin de ne pas rendre assez forte pour les ruiner.

Les deux maréchaux d'Angleterre arrivèrent auprès du fils d'Édouard, qui leur demanda des nouvelles du roi de France. « Sire, répondirent-ils, nous « ne savons ce qu'il est devenu, mais il faut qu'il « soit mort ou pris, car il n'a pas quitté l'ost. » Chandos avoit déjà jugé que Jean, par *vaillance*, ne fuiroit point; Warwick déclare qu'il est mort ou pris, car il n'a pas cessé de combattre; nous allons voir le prince de Galles proclamer Jean le plus brave gentilhomme de son armée: un monarque françois, dont la valeur est si hautement reconnue même de ses ennemis, peut être vaincu sans cesser de régner; les rois chevelus ne perdirent que sur la pourpre la couronne qu'ils avoient reçue sur un bouclier.

Le prince Noir dit à Warwick et à Cobham : « Allez, je vous prie, et chevauchez si loin, que vous « me puissiez apprendre nouvelle du roi de France. » Warwick et Cobham partirent, et tout en chevauchant montèrent sur un tertre, afin de regarder autour d'eux. Ils découvrirent une troupe d'hommes qui marchoient lentement et s'arrêtoient à chaque pas. Les deux barons descendirent aussitôt de la colline et piquèrent de ce côté. Ils s'écrièrent en approchant de la troupe : « Qu'est-ce cy! » On leur répondit : « C'est le roi de France qui est pris : il y « a plus de dix chevaliers et écuyers qui se le dis- « putent. »

Jean, au milieu de ces soldats, menant son fils par la main, étoit exposé au plus grand péril : les Anglois et les Gascons s'arrachoient tour à tour la proie ; ils l'avoient enlevée à Denis de Morbec. Chacun crioit en parlant du roi : « Je l'ai pris, je « l'ai pris. » Jean disoit : « Menez-moi courtoisement, « et mon fils aussi, devant le prince de Galles, mon « cousin. Ne vous querellez point pour ma prise ; « car je suis assez grand seigneur pour vous faire « tous riches. » Ces paroles apaisoient un moment les hommes d'armes ; mais ils n'avoient pas fait un pas qu'ils recommençoient leur contention. War- wick et Cobham se jettent dans la foule, écartent les soldats, leur défendent sous peine de vie d'ap- procher du roi, descendent de cheval, saluent le monarque et son fils, et les mènent à la tente du prince de Galles.

Déjà averti de l'approche du roi, le fils d'Édouard sortit pour recevoir le grand prisonnier, s'inclina devant lui jusqu'à terre, l'accueillit de paroles courtoises, le pria d'entrer dans sa tente, com- manda d'apporter le vin et les épices, « et les pré- « senta lui-même à Jean et à son fils, disent les Chro-

« niques, en *signe de fort grand amour.* » Ainsi sont écrites au ciel les défaites et les victoires ; ainsi s'élèvent et tombent les empires ! Huit siècles auparavant, le premier roi frank triompha des Visigoths presque au même instant où Jean devint prisonnier des Anglois ; et Charny succomba en défendant l'oriflamme dans les champs où, quatre cents ans après lui, La Rochejaquelein devoit mourir pour le drapeau blanc.

La nuit venue, le prince Noir fit dresser dans sa tente une table abondamment servie, où s'assirent, avec le roi et son fils, les plus illustres prisonniers, Jacques de Bourbon, Jean d'Artois, les comtes de Tancarville, d'Estampes, de Damp-Marie, de Graville, et le seigneur de Parthenay. Les autres barons et chevaliers françois, compagnons des périls et des malheurs de leur maître, étoient placés à d'autres tables. Le prince de Galles servoit lui-même ses hôtes ; il refusa constamment de partager le repas du roi, disant qu'il n'étoit pas assez présomptueux pour s'asseoir à la table d'un si grand prince et d'un si vaillant homme. « Cher sire, disoit-il à Jean,
« ne vous laissez abattre, si Dieu n'a pas voulu faire
« aujourd'hui ce que vous désiriez ; monseigneur
« mon père vous traitera avec tous les honneurs que
« vous méritez, et traitera avec vous à des condi-
« tions si raisonnables, que vous en demeurerez
« pour toujours amis. Vous devez certainement vous
« réjouir, quoique la journée n'ait pas été vôtre, car
« vous avez acquis le haut renom de prouesse ; vous
« avez surpassé tous ceux de votre côté. Je ne dis

« mie cela, cher sire, pour vous consoler, car tous
« mes chevaliers qui ont vu le combat s'accordent à
« vous en donner le prix et la couronne. »

Jusque-là, Jean avoit supporté son malheur avec magnanimité; aucune plainte n'étoit sortie de sa bouche, aucune marque de foiblesse n'avoit trahi l'homme : mais quand il se vit traiter avec cette générosité; quand il vit ces mêmes ennemis qui lui refusoient sur le trône le titre de roi de France le reconnoître pour roi dans les fers, alors il se sentit réellement vaincu. Des larmes s'échappèrent de ses yeux et lavèrent les traces de sang qui restoient sur son visage. Au banquet de la captivité le roi très chrétien put dire comme le saint roi :
Mes pleurs se sont mêlés au vin de ma coupe.

Le reste des prisonniers se prit à pleurer en voyant pleurer le roi : le festin fut un moment suspendu. Les guerriers françois, si bons juges en nobles actions, regardoient avec un murmure d'admiration leur vainqueur, à peine âgé de vingt-six ans. « Quel monarque il promet à sa patrie, disoient-ils, « s'il peut vivre et persévérer dans sa fortune! »

Les paroles des malheureux sont prophétiques : si le prince de Galles entendit celles de ses prisonniers, il put avoir, à la vue des inconstances du sort, un pressentiment de ses propres destinées. Ce prince vécut peu de jours. Son fils, qui monta sur le trône d'Angleterre, trahi par ces mêmes nobles qui avoient combattu à Poitiers, obligé de recourir à la protection de l'héritier du roi Jean, déposé par un parlement ingrat, enfermé dans une tour;

son fils, dis-je, condamné à mourir de faim, lutta plusieurs jours contre la mort, désirant en vain à son dernier soupir les miettes de ce repas que son père, victorieux, servit à un monarque infortuné. La gloire même du vainqueur de Poitiers a péri dans les champs où elle jeta une si vive lumière.

Au-dessus de l'ancienne abbaye de Vouillé et du village de Beauvoir en Poitou, sur le haut d'une colline couverte de joncs marins, on croit trouver les vestiges d'un vieux camp. Vers le milieu de ce camp, on remarque l'ouverture d'un puits à demi comblé : c'est tout ce qui atteste le passage d'un héros. Le village de Maupertuis a disparu ; personne dans le pays ne se souvient qu'il ait existé. Par une autre bizarrerie du sort, le lieu où l'on voit les traces du camp anglois s'appelle aujourd'hui *Carthage;* comme si la fortune, pour se jouer des hommes, s'étoit plu à effacer un nom fameux par un nom plus fameux encore, une ruine par une ruine, une vanité par une vanité [1].

[1] Voyez, sur ce mot de *Carthage,* l'*Essai de dissertation sur le* Campus Vocladensis, dans les *Dissertations* de Lebeuf. Voyez encore les *Vies des capitaines illustres au moyen-âge,* par M. Mazas. On trouve dans ce consciencieux ouvrage des renseignements sur les batailles de Crécy, de Poitiers et d'Azincourt. J'ai dans mon récit corrigé les noms propres misérablement estropiés par nos historiens qui ont suivi Froissard et les Chroniques de Flandre. L'édition de Froissard, par M. Buchon, m'a beaucoup servi pour ces corrections, bien que je n'adopte pas entièrement toutes les lectures. J'ai reçu aussi de Poitiers, sur la bataille de ce nom, des plans et des documents.

ANALYSE RAISONNÉE

DE

L'HISTOIRE DE FRANCE.

ANALYSE RAISONNÉE

DE

L'HISTOIRE DE FRANCE,

DEPUIS LA BATAILLE DE POITIERS SOUS LE ROI JEAN,
EN 1356, JUSQU'A LA RÉVOLUTION DE 1789.

JEAN II.

De 1356 à 1364.

La France paroît perdue! ses finances sont épuisées, ses armées se changent en troupes de brigands qui la déchirent; ses peuples se soulèvent; ses états attaquent le trône laissé vide par la captivité du roi; un prince du sang, échappé de prison, vient mêler aux violences de l'étranger les discordes domestiques; il donne du poison à l'héritier de la couronne captive : des traîtres dans l'Église et dans la noblesse, des factieux dans le tiers-état; au dedans les séditions et les crimes du tribunat, au dehors les horreurs de l'anarchie civile et militaire; et pour seul remède à tant de maux, un prince à peine âgé de dix-huit ans, que son projet de fuite avec le roi de Navarre et sa conduite à la bataille de Poitiers n'avoient fait estimer ni des François ni des ennemis. Qui auroit pu croire que cet enfant étoit Charles-le-Sage, sauveur de son peuple, et l'un des plus utiles rois qui aient gouverné les hommes ?

Mais Charles V n'étoit que la tête ; il lui falloit un bras, et Dieu avoit en même temps formé ce bras. Tandis que le dauphin se retiroit obscurément de Poitiers, méprisé des vainqueurs, un pauvre gentilhomme, aussi inconnu que lui, combattoit pour Charles de Blois dans les bruyères de la Bretagne. Sans beauté, sans grâces, sans fortune, d'un esprit si peu ouvert, qu'on ne lui avoit jamais pu apprendre à lire, ce gentilhomme, demi-paysan, n'avoit rien en apparence de ce qui annonce les héros, hors la valeur. Nos Chroniques, qui en parlent pour la première fois à cette époque, l'appellent un *certain jeune bachelier*. C'étoit pourtant là Du Guesclin, le premier grand capitaine que l'Europe eût vu depuis les jours de Rome, et que nos aïeux nommoient le *bon Connétable* : tant ce sol de France est fécond ! tant notre patrie a de ressources dans le malheur !

Charles et Du Guesclin viennent ensemble et l'un pour l'autre, et tous les deux pour la nation, d'autant plus illustres que tout est entraves à leurs victoires. Lorsque Dieu envoie les exécuteurs de sa vengeance, le monde est aplani devant eux ; ils ont des succès extraordinaires avec des talents médiocres ; aucun adversaire habile ne leur dispute le triomphe, tout s'arrange pour que leurs fautes mêmes servent à augmenter leur puissance. Le ciel, afin de les seconder, assied sur tous les trônes la folie et la stupidité; pas un général dans les camps, pas un ministre dans les conseils. Ces exterminateurs obtiennent la soumission du peuple, au nom des calamités dont ils sont sortis, et de la terreur que ces calamités ont inspirée. Traînant après eux un troupeau d'esclaves armés, déshonorés par cent victoires, la torche à la main, les pieds dans le sang, ils vont au bout de la terre comme des hommes ivres, poussés par Dieu qui fait leur force, et qu'ils renient.

Mais lorsque la Providence, au contraire, veut relever un royaume et non l'abattre; lorsqu'elle emploie des serviteurs et non des ennemis; lorsqu'elle destine à ses serviteurs une vraie gloire et non une épouvantable renommée, loin de leur rendre la route facile, elle leur oppose des obstacles dignes de leurs vertus. C'est ainsi que l'on peut toujours distinguer le fléau du Sauveur, l'homme envoyé pour détruire et l'homme venu pour réparer. Le premier paroît dans l'absence des talents et du génie; le second rencontre à chaque pas d'habiles adversaires capables de balancer ses succès; l'un n'a rien contre lui, est maître de tout, se sert pour réussir de moyens immenses; l'autre a tout contre lui, n'est maître de rien, n'a entre les mains que les plus foibles ressources. Le dauphin se mesure avec Édouard, monarque puissant, heureux guerrier, souverain d'un royaume florissant et de la moitié de la France; il lutte contre Charles-le-Mauvais, prince qui donnoit par ses crimes de l'importance à ses artifices, contre Marcel, Le Coq et Pecquigny, triumvirat redoutable par la triple alliance du pouvoir populaire, aristocratique et religieux. Du Guesclin combat le prince de Galles, Chandos, le captal de Buch, rivaux qui le surpassoient en renommée et l'égaloient en mérite. Sans argent, sans crédit, c'est en vendant les joyaux de sa femme qu'il fait vivre ses compagnons d'armes. Tantôt il n'a pour soldats que des chevaliers braves, mais indociles, et des paysans indisciplinés; tantôt son armée est composée d'un ramas de brigands qui ne le suivent que par le miracle de sa gloire. Et cependant le prince et le sujet viennent à bout de leur œuvre; ils battent l'étranger, rétablissent l'ordre, font refleurir les lois, les lettres, le commerce et l'agriculture. Tous deux, après avoir brillé ensemble sur la scène du monde, en sortent tous deux presque en même temps : le bon Connétable va dormir à Saint-Denis aux pieds de Charles-le-Sage. Réveillés de nos jours dans leurs tombeaux, toujours liés par la même destinée, ils se sont revus après une nuit de quatre siècles : les cendres du roi qui avoit arraché aux Anglois notre terre natale ont été jetées au vent; et des mains françoises ont brisé le cercueil de Du Guesclin; arche sainte devant qui tomboient les remparts ennemis.

Paris, après la bataille de Poitiers, reçut le jeune Charles avec des honneurs et des respects; soit que les hommes ne se puissent d'abord empêcher de saluer le malheur comme leur maître, soit qu'ils cherchent à s'acquitter vite envers lui, afin de s'en éloigner ensuite sans remords, et de mettre à l'aise leur ingratitude. Le dauphin avoit été nommé par son père lieutenant général du royaume, quelque temps avant la bataille de Poitiers. Ce fut en cette qualité qu'il gouverna la France jusqu'à sa majorité, époque à laquelle il prit le titre de régent, que personne ne lui contesta. Le premier soin de Charles fut de convoquer les états qui, dans leur dernière session, s'étoient ajournés au mois de novembre. Ils se réunirent dans la chambre du parlement.

Huit cents députés composoient toute l'assemblée de la langue d'oyl : la noblesse étoit présidée par le duc d'Orléans, frère du roi; le clergé, par Jean de Craon, archevêque de Reims, et le tiers-état, par Étienne Marcel, prevôt des marchands. Le chancelier prononça le discours d'ouverture : il engagea les députés à s'occuper des besoins de la France et de la délivrance du roi. Les ordres s'assemblèrent séparément, nommèrent une commission composée de cinquante membres pris dans les trois ordres, et choisis parmi les députés les plus opposés au prince. Cette commission devoit travailler à un projet de réforme générale.

Les bases de ce plan arrêtées, on pria le dauphin de se rendre aux Cordeliers, où les états s'étoient transportés. Ils voulurent obliger le jeune prince de tenir secret ce qu'ils avoient à lui dire; il s'y refusa.

Alors l'évêque de Laon, Robert le Coq, se leva, et prit la parole : il rejeta les malheurs publics sur les flatteurs et les conseillers dont le roi Jean s'étoit entouré ; il présenta une liste de proscription de vingt-deux personnes, requérant que leur procès leur fût fait ; il proposa la formation d'une commission tirée du sein des états, pour surveiller les différentes branches de l'administration ; enfin, il demanda que Charles ne pût prendre aucune mesure sans l'avis d'un conseil également choisi parmi les députés : l'évêque termina son discours en sollicitant la liberté du roi de Navarre. A ce prix, les états offroient la levée de trente mille hommes d'armes, une imposition d'un dixième et demi, ou de trois vingtièmes, sur les biens de la noblesse et du clergé. Le tiers-état s'engageoit à équiper et à payer par chaque dix feux un homme d'armes.

On est étonné de voir un corps qui n'avoit encore aucune expérience marcher si directement à son but, et suivre d'un pas ferme les routes que l'on a depuis suivies.

Ces états de 1356 (5 février), et ceux de 1357 (7 octobre), se trouvèrent à peu près dans la même position que l'assemblée législative en 1792. La France, à ces deux époques, avoit à résister à une guerre étrangère, tandis qu'elle s'occupoit intérieurement de la réforme de ses lois, et qu'une grande révolution politique s'opéroit. La même cause donnée amena quelques-uns des mêmes effets ; les états de 1356, par cet instinct naturel qui pousse les agrégations d'hommes comme les individus à profiter des circonstances, se constituèrent : déjà ils avoient fait un grand pas depuis les précédentes sessions; ils en firent un bien plus considérable après la bataille de Poitiers.

Mais la pression des armes étrangères, les résistances locales, les divisions intérieures, corrompirent ces éléments, et produisirent quelque chose des crimes dont nous avons été témoins en 1793. Des tribuns s'élevèrent : Marcel, Robert le Coq et Pecquigny exaltèrent les passions de la multitude. Marcel, devenu le maître, disposoit à son gré de ces rois demi-nus, abrutis par la misère, vrais sauvages au milieu de la civilisation, mais sauvages dégradés de la noblesse des bois, et n'ayant que l'orgueil des haillons.

Le roi de Navarre, délivré de sa prison d'Arleux en Pailleul par Jean de Pecquigny, gouverneur d'Artois (1357), accourut à Paris et vint augmenter la discorde. Il harangua le peuple convoqué dans le Pré aux Clercs. Il y eut des espèces d'assemblées du Forum aux Halles et à Saint-Jacques de l'Hôpital, où Marcel, Consac, échevin, Jean de Dormans, chancelier du duché de Normandie, et le dauphin lui-même, prononcèrent des discours devant le peuple, qui passoit d'une opinion à l'autre, en écoutant tour à tour les orateurs. On n'a pas même vu cela en 1793 ; le peuple, qui prit alors une part si active aux événements, ne délibéra jamais en masse, et ne contraignit point les principaux personnages de l'état à venir plaider leur cause devant lui : la Convention même rejeta l'appel au peuple.

Paris devint un moment, en 1357, une espèce de démocratie ancienne, au milieu de la féodalité. On inventa des couleurs nationales; on prit le chaperon mi-parti de drap rouge et pers (bleu verdâtre), avec des fermails d'argent émaillé, portant cette inscription : *A bonne fin.* On ouvrit les prisons sur la demande du roi de Navarre, qui donna lui-même la liste des criminels que l'on devoit relâcher, à savoir : « *Larrons, meurtriers, voleurs de grands che-* « *mins, faux-monnoyeurs, faussaires, coupables de* « *viol, ravisseurs de femmes, perturbateurs du repos* « *public, assassins, sorciers, sorcières et empoison-* « *neurs.* » Tout cela fut suivi de massacres. Le roi ne périt point dans ces troubles, car il étoit prisonnier des Anglois; mais l'héritier du trône fut exposé au danger le plus imminent.

Et qu'on ne dise pas que mettre un roi en jugement étoit une idée qui ne pouvoit venir alors; tout au contraire, c'étoit une idée naturelle aux anciens temps.

Le dix-huitième article du testament de Charlemagne contient cette disposition remarquable : « Si « quelques-uns de nos petits-fils nés ou à naître sont « accusés, ordonnons qu'on ne leur rase pas la tête, « qu'on ne leur crève pas les yeux, qu'on ne leur « coupe pas un membre, ou qu'on ne les condamne « pas à mort; sans bonne discussion et sans exa- « men [1]. » C'est Charlemagne qui parle ainsi, et

---

[1] De nepotibus vero nostris, scilicet filiis prædictorum filiorum nostrorum, qui ex eis vel jam nati sunt vel adhuc nascituri sunt, placuit nobis præcipere ut nullus eorum per quaslibet occasiones, quemlibet ex illis apud se accusatum sine justa discussione atque examinatione aut occidere, aut membris mancare, aut excæcare, aut invitum tondere faciat. (*Capitul.*, Baluz., tom. I, p. 446.)

dont les petits-fils nés ou à naître devoient être des rois !

Sous son fils, Louis-le-Débonnaire, une assemblée nationale jugea et condamna Bernard, roi d'Italie; une autre assemblée força ce même empereur, Louis, à descendre du trône, comme une autre assemblée l'y fit remonter. Peu de temps avant l'avénement de la branche des Valois à la couronne, le parlement d'Angleterre avoit ôté la couronne à Édouard II, père d'Édouard III. L'esprit des deux premiers ordres des états du moyen-âge tendoit à établir un droit de suprématie sur l'autorité royale : l'Église romaine délioit les sujets du serment de fidélité, et les conciles généraux privoient les papes de la tiare; les grands vassaux regardoient les rois comme leurs pairs; ce principe d'égalité n'avoit besoin que de la force et du malheur pour produire sa conséquence naturelle. Croit-on, par exemple, que Charles-le-Mauvais, qui avoit empoisonné le dauphin, qui avoit formé le dessein d'enlever le roi Jean, de l'enfermer dans une tour et de l'y tuer, se fût fait scrupule de juger ce même monarque? Les diètes d'Allemagne conservoient le principe de l'élection à l'empire, et ces diètes déposoient les empereurs. Une assemblée de notables adjugea en France la régence d'abord, ensuite la couronne, à Philippe de Valois : on est bien près de retirer le sceptre lorsqu'on le donne.

Quant aux communes, celles de Flandre tenoient leurs princes en tutelle ; les communes d'Angleterre avoient eu voix dans l'arrêt qui condamna

Édouard II; elles eurent voix encore dans la déposition de Richard II. Les communes de France, en 1355, 1356 et 1357, constituèrent les états sans s'embarrasser des priviléges de la royauté, sans demander la sanction du prince pour rétablir l'indépendance.

Le droit divin n'étoit point encore passé en principe : les rois disoient bien qu'ils ne tenoient leur pouvoir que de Dieu et de leur épée ; mais c'étoit toujours en repoussant les prétentions de quelque puissance étrangère, non en combattant une autorité nationale. Jean Petit, sous Charles VI, soutint publiquement, à propos du meurtre du duc d'Orléans, la doctrine du régicide. A la fin du seizième siècle, le parlement de Paris commença le procès criminel de Henri III. Mariana ressuscita la doctrine de Jean Petit avant que Milton l'établît dans la cause de Charles Ier. Il faut donc reconnoître que le principe abstrait de l'inviolabilité de la personne du souverain, principe si sacré, si salutaire, appartient à cette monarchie constitutionnelle que l'ignorance passionnée se figure être contraire au pouvoir comme à la sûreté des rois ; il faut reconnoître que l'aristocratie et la théocratie avoient jugé, déposé et tué des souverains avant que la démocratie imitât cet exemple.

La trève qui suivit la bataille de Poitiers, au lieu d'être favorable à la France et aux travaux des états, augmenta la confusion.

Les troupes nationales et étrangères dont on n'avoit plus besoin, et que l'on ne pouvoit solder, se débandèrent; elles élurent des chefs, et formèrent ces grandes compagnies qui désolèrent la France. Une de ces compagnies, qui se surnomma *società dell' acquisto*, ravagea la Provence, et fit trembler le pape dans Avignon. Après ces premières compagnies parurent les *routiers* et les *tard-venus* qui battirent Jacques de Bourbon à Brignais (1361), lequel mourut de ses blessures, ainsi que son fils Pierre : le jeune comte de Forez fut tué dans l'action. Arnaud de Cervolles, surnommé l'Archi-Prêtre, le chevalier Vert, le petit Meschin, Aymérigot Tête-Noire, et plusieurs autres, rappeloient, par leurs faits d'armes, dans les gorges des vallées qu'ils occupoient, dans les châteaux dont ils s'étoient emparés, tout ce que les romans nous racontent des mécréants et des enchanteurs.

Un autre fléau avoit éclaté, la Jacquerie. Les paysans se révoltèrent contre les gentilshommes auxquels ils avoient rendu le nom de *Jacques Bonhomme*, que les gentilshommes leur avoient d'abord donné : ils accusoient, ce qui étoit vrai, une partie de la noblesse d'avoir fui à Poitiers, de sorte que leur insurrection venoit à la fois du sentiment de l'oppression qu'ils avoient subie, de la soif d'indépendance qu'ils ressentoient, du désir de venger le roi, et d'un mouvement patriotique contre l'invasion étrangère. Ils combattirent les bandes angloises avec un courage qui eût plus tôt délivré la France s'ils eussent été imités. Le soulèvement des paysans du Beauvoisis, du Soissonnois et de la Picardie, signale la naissance de la monarchie des états, comme le soulèvement des laboureurs de la Vendée marque la fin de cette monarchie. Au milieu des épouvantables cruautés de la Jacquerie, Guillaume Caillet, Guillaume Lalouette et le valet de ferme de celui-ci, le Grand-Ferré, furent pourtant des héros.

Les paysans, tant ceux qui s'étoient soulevés que ceux qui étoient restés chez eux, avoient fortifié leurs villages et placé des sentinelles dans les clochers de leurs paroisses : à l'approche de l'ennemi, ces sentinelles tintoient la campane ou donnoient l'alarme avec un cornet; aussitôt les laboureurs répandus sur les champs se réfugioient dans l'église. Les riverains de la Loire se retiroient la nuit dans des bateaux qu'ils arrêtoient au milieu du fleuve. A Paris, on défendit de sonner les cloches, excepté celle du *couvre-feu* (1358) *depuis les vêpres chantées jusqu'au grand jour du lendemain*, afin que les bourgeois en faction ne fussent distraits par aucun bruit. Les chemins se couvrirent d'herbe, les monastères furent abandonnés, les sillons laissés en friche ne servirent plus que de camps aux différentes troupes de brigands, de Jacques, de soudoyers anglois, navarrois, françois, qui s'y succédoient comme des hordes d'Arabes passant dans le désert : on ne reconnoissoit l'existence des hommes dans ces solitudes qu'à la fumée des incendies qui s'élevoit des hameaux. Nous avons encore les complaintes latines que l'on chantoit sur les malheurs de ces temps, et ce couplet pour les Bonshommes :

Jacques Bonshommes,
Cessez, cessez, gens d'armes et piétons,
De piller et manger le bonhomme,
Qui de long-temps Jacques Bonhomme
Se nomme.

Voilà ce que firent les *Jacques*, les *compagnons*, les *bourgeois* de Paris : la France leur fut redevable du commencement d'une infanterie nationale qui remplaça l'infanterie féodale des communes, joint à ce sentiment d'indépendance naturel à la force armée ; force tyrannique quand elle triomphe régulièrement, libératrice quand elle naît spontanément dans le sein d'un peuple opprimé.

La France ne fut point délivrée de la conquête, sous Charles V, par l'énergie des masses populaires comme dans la dernière révolution, mais par la sagesse de la couronne : aussi la délivrance fut-elle plus lente. Il ne resta de l'insurrection parisienne que les fossés creusés et les remparts élevés en moins de deux ans par les bourgeois, dans un moment de terreur panique excitée par Marcel.

La révolution politique produite par les états de 1356 et 1357 ne passa point les murs de Paris. Paris ne donnoit pas alors le mouvement au royaume ; Paris n'étoit point la capitale de la France ; c'étoit celle des domaines du roi : grande commune qui agissoit spontanément, que les autres communes n'imitoient pas, et dont elles savoient à peine le nom : Saint-Denis en France, en raison de sa célébrité religieuse, étoit beaucoup plus connu que Paris. Dans le pays de la langue d'oc, et même de la langue d'oyl, il y avoit des villes qui égaloient en richesses et surpassoient en beauté cette boueuse Lutèce dont Philippe-Auguste avoit à peine fait paver quelques rues.

Des germes de liberté politique se trouvèrent donc perdus au milieu de la monarchie féodale, qui, bien qu'ébranlée dans ses institutions, étoit encore toute-puissante par ses mœurs : aussi, après les états de 1356 et 1357, voit-on le pouvoir à peine né de ces états décroître. La couronne, qui les avoit convoqués pour se défendre, en eut peur : leur retour dans des temps de calamités ne parut plus qu'un signal de détresse, et leur souvenir se lia à celui des malheurs qu'ils n'avoient pas faits, et qu'on ne leur laissoit pas le temps de réparer. Le parlement, dans leur absence, usurpa le pouvoir politique qui leur échappoit, particulièrement le droit de doléance et de sanction de l'impôt. Quoi qu'il en soit, c'est cette monarchie des trois états substituée à la monarchie féodale, qui nous a transmis la monarchie constitutionnelle, après la courte apparition de la monarchie absolue de Louis XIV et de Louis XV.

La paix fut conclue entre le régent et le roi de Navarre, en 1359. La même année, la trêve avec l'Angleterre expira. On se battit, on négocia pour la délivrance du roi Jean. Un projet honteux de traité fut proposé, et rejeté par les trois ordres des états. Guillaume de Dormans, avocat général, du haut du perron de marbre de la cour, lut le traité au peuple assemblé; le peuple s'écria que *ledit traité n'étoit point passable ni faisable, et que toute la nation étoit résolue de faire bonne guerre au roi anglois.*

Advint enfin le traité de paix de Brétigny, signé à Brétigny-lez-Chartres, le 8 mai 1360. Une observation qui me semble avoir échappé aux historiens doit être faite : Jean, en cédant tant de provinces à Édouard, ne cédoit pourtant presque rien des domaines de son royaume proprement dit. C'étoient des seigneurs indépendants, les La Marche, les Cominges, les Périgord, les Châtillon, les Foix, les Armagnac, les Albret, qui changeoient seulement de seigneur, qui, ne reconnoissant jamais que la couronne de France eût eu le droit de leur donner un autre souverain, en appelèrent sous Charles V à cette couronne, et secouèrent le joug étranger. Ainsi ce démembrement de la monarchie féodale ne se pourroit comparer en aucune manière au démembrement de la monarchie compacte et constitutionnelle d'aujourd'hui.

Le roi Jean revint en France, après quatre ans un mois et six jours de captivité, le 25 octobre 1360; il assista à un tournoi à Saint-Omer, vint prier à Saint-Denis, ce qui valoit mieux, et fit son entrée dans Paris le 13 décembre. Il marchoit sous un drap d'or soutenu par quatre lances; des fontaines de vin couloient dans les rues tapissées. Le peuple françois admire le malheur comme la gloire.

A cette époque, Du Guesclin s'attacha au service de la France. Il commençoit à devenir fameux. « Vous verrez (lecteur) une âme forte nourrie dans

« le fer, pétrie sous des palmes, dans laquelle Mars
« fit école long-temps. La Bretagne en fut l'essai,
« l'Anglois son boute-hors, la Castille son chef-
« d'œuvre; dont les actions n'étoient que hérauts de
« sa gloire, les défaveurs, théâtres élevés à sa con-
« stance, le cercueil, embassement d'un immortel
« trophée. » (*Vie de Du Guesclin.*)

La France avoit perdu des provinces par le traité
de Brétigny; elle reçut, en compensation de cette
perte, un présent qui lui devint funeste : Philippe
de Rouvre, âgé de quinze ans, dernier duc de la
première maison de Bourgogne qui avoit subsisté
trois cent trente années depuis Robert de France,
premier duc, fils du roi Robert, et petit-fils de
Hugues Capet, mourut au château du Rouvre vers
les fêtes de Pâques, en 1362. Le duché et une
partie du comté de Bourgogne, et tout ce qui pro-
venoit de l'héritage direct d'Eudes IV, échut au roi
Jean, fils de Jeanne de Bourgogne, sœur d'Eudes.
Jean avoit d'abord réuni cette riche succession à la
couronne; s'il eût maintenu cette réunion, il auroit
évité bien des malheurs à sa race; mais il donna
l'investiture du duché de Bourgogne à son quatrième
fils Philippe, premier duc de la seconde maison de
Bourgogne. « Pour reconnoître, disent les lettres
« datées de Germiny, le 6 septembre 1363, le zèle
« que Philippe lui avoit témoigné à lui Jean, en
« s'exposant à la mort et en combattant intrépide-
« ment à ses côtés à la bataille de Poitiers, où ce
« fils si cher avoit été blessé et fait prisonnier avec
« lui. » Ces mêmes lettres instituent le duc de Bour-

gogne premier pair de France. Jean régularisa le guet ou la garde nationale à Paris, et retourna en Angleterre pour mourir.

Se voulut-il donner lui-même en otage au lieu de son fils, le duc d'Anjou, qui avoit faussé sa foi? Cela est bien dans son caractère. Retourna-t-il à Londres afin de satisfaire une passion, *causa joci?* dit le continuateur de Nangis. Auroit-il été le rival d'Édouard auprès de la comtesse de Salisbury? Édouard avoit cinquante ans; la comtesse n'étoit plus jeune; Jean lui-même étoit âgé de quarante-quatre ans. Les personnages qui avoient figuré sous Philippe de Valois vieillissoient; un grand nombre d'entre eux avoient déjà quitté la scène; un monde nouveau s'élevoit; le prince Noir, qui ne fut jamais populaire en Angleterre, étoit devenu prince souverain d'Aquitaine; on entrevoyoit déjà dans Charles régent, Charles-le-Sage; Du Guesclin faisoit oublier le héros de Poitiers. Jean termina-t-il sa tragique histoire par un roman? On peut tout croire des hommes. Jean mourut le 8 avril de l'année 1364 : quatre mille torches et quatre mille cierges éclairèrent ses funérailles dans l'église de Saint-Paul à Londres : c'étoit moins de flambeaux que les Anglois n'en avoient allumé pour voir les morts sur le champ de bataille de Crécy. Le corps du roi Jean fut rapporté en France et enterré auprès du grand autel de l'abbaye de Saint-Denis, le 6 mai de la même année 1364.

En dehors du règne de Jean remarquons la république de Nicolas Rienzi à Rome, et la condamnation de Marin Falieri, doge de Venise. De temps en temps les principes populaires se faisoient jour, comme les volcans à travers les masses qui pèsent sur eux.

CHARLES V.

De 1364 à 1380.

Une seule qualité doit être relevée dans Charles V, parmi celles qu'il possédoit : la connoissance des hommes et l'intelligence nécessaire pour les apprécier. Il se servit de ce qu'il y avoit de supérieur autour de lui, sans être obligé d'atteindre lui-même à une grande supériorité. A n'en citer que deux exemples, il choisit pour ses armées Bertrand Du Guesclin, et Bureau de Larivière pour ses conseils. Les défauts mêmes de Charles V lui furent utiles ; la foiblesse de son corps, le condamnant à la retraite, favorisa le développement de son esprit. Du Guesclin délivra la France des grandes-compagnies en les menant en Espagne. Les guerres du prince de Transtamare et de Pierre-le-Cruel se mêlèrent aux guerres de la France et amenèrent des révolutions où le prince Noir et Du Guesclin augmentèrent leur renommée. En Bretagne, Clisson avoit paru, Charles de Blois avoit été tué à la bataille d'Aurai.

Les grands barons de la Gascogne se soulevèrent contre les Anglois qui les avoient opprimés. Charles V fit sommer le prince Noir de se rendre à Paris pour *ouyr droict sur les dictes complaintes et griefs émeus de par vous à faire sur vostre peuple qui clame à avoir et à ouyr ressort en nostre cour, et à ce n'y êtes point de faulte.* Un valet de l'hôtel du roi porta à Londres une lettre de Charles V qui dénonçoit la guerre à Édouard : celui-ci ne pouvoit en croire ses yeux ; lui et ses ministres examinèrent à diverses reprises les sceaux attachés à cette déclaration inattendue. Édouard, endormi sur les lauriers de la victoire, ne s'étoit aperçu ni de la fuite des ans, ni des changements survenus autour de lui, ni de ce renouvellement de la race humaine au milieu de laquelle restent quelques hommes du passé que l'on ne comprend plus, et qui ne comprennent rien. L'astre du vainqueur de Crécy pâlissoit : sa gloire d'un autre siècle ne touchoit plus une jeunesse qui, avec d'autres passions, découvroit un autre avenir. Le lecteur de l'histoire est comme l'homme qui avance dans la vie, et qui voit tomber un à un ses contemporains et ses amis ; à mesure qu'il tourne les pages, les personnages disparoissent ; un feuillet sépare les siècles, comme une pelletée de terre les générations.

Chandos n'étoit plus ; le prince de Galles étoit mourant. Édouard fit une tentative pour aborder en France, dans le dessein de secourir Thouars, la dernière place qui lui restât en Poitou : cette fois la mer méconnut sa tête blanchie et le repoussa ; le vent de la fortune enfloit d'autres voiles. Le prince de Galles, transporté à Londres, expira, âgé de quarante-six ans, au palais de Westminster. Il laissoit un fils, le malheureux Richard II, à qui l'on disputa jusqu'à la légitimité de sa naissance. Édouard III ne tarda pas à suivre le prince Noir dans la tombe : ce n'étoit plus le brillant chevalier de la comtesse de Salisbury; c'étoit l'esclave d'une courtisane qui le vola sur son lit de mort, et lui arracha l'anneau qu'il portoit au doigt (1377).

On peut remarquer, en 1371, la naissance de Jean de Bourgogne et de Louis, duc d'Orléans : ainsi se forme la chaîne des prospérités et des calamités des empires. Le grand schisme d'Occident éclata en 1379 par la mort de Grégoire XI, et la double élection d'Urbain VI et de Clément VII. Charles V adhéra à ce dernier pape, et l'université suivit le même parti. Des troubles commencèrent en Flandre : le duc de Bretagne, tenant ferme à l'alliance angloise, vit la noblesse de son duché se soulever contre lui. Enfin Du Guesclin, après avoir éprouvé une disgrâce de cour, et remis peut-être l'épée de connétable à Charles V, ce qui n'est pas prouvé, alla mourir devant *Castel-Neuf* de Randan. On sait que les clefs de la ville furent remises à son cercueil ; il respiroit encore cependant, lorsqu'elles furent apportées. Dans le testament de Du Guesclin, et dans le codicille de ce testament, daté du 9 et du 10 juillet 1380, il prend le titre de connétable de France. Bertrand dit à Olivier de Clisson, son compagnon : « Messire Olivier, je sens « que la mort m'approche de près, et ne vous puis « dire beaucoup de choses. Vous direz au roi que je « suis bien marry que je ne lui aie fait plus long-« temps service, de plus fidèle n'eussé-je pu, et, si

« Dieu m'en eût donné le temps, j'avois bon espoir
« de lui vuider son royaume de ses ennemis d'An-
« gleterre. Il a de bons serviteurs qui s'y emploie-
« ront de mêmes effets que moi; et vous, messire
« Olivier, pour le premier. Je vous prie de repren-
« dre l'épée qu'il me commit, quand il me donna
« l'épée de connétable, et la lui rendre; il sçaura
« bien en disposer et faire élection de personne
« digne. Je lui recommande ma femme et mon
« frère; et adieu, je n'en puis plus. » Du Guesclin
n'écrivoit pas, mais il savoit signer. J'ai vu sa signature, *Bertrand,* au bas de quelques dispositions
de famille.

Charles V ne survécut à Du Guesclin que de
deux mois et quatre jours; il mourut au château
de Beauté-sur-Marne, le 16 septembre, à midi, de
l'an 1380. Ce prince disoit des rois : « Je ne les
« trouve heureux que parce qu'ils peuvent faire du
« bien; » mot qui peint toute sa vie.

Le règne de Charles V fut un règne de réparation, et de recomposition de la monarchie. L'art
militaire fit des progrès considérables sous le bon
Connétable, Bayard, dans sa jeunesse, Turenne,
dans son âge mûr. Une sagesse obstinée renferma
Charles V dans son palais; il se souvenoit de Crécy
et de Poitiers; il vouloit confier le sort de la France,
non à l'impétuosité, mais à la patience du courage
françois. Il laissa le royaume ouvert à toutes les
courses d'Édouard, qui promena ses troupes de
Bordeaux à Calais et de Calais à Bordeaux, tant
qu'il voulut. Nos soldats voyoient avec dépit, du

haut des remparts où on les tenoit confinés, ces courses; mais les Anglois perdoient toujours quelques places; les provinces cédées se fatiguoient du joug étranger; les anciens grands vassaux de la couronne portoient leurs plaintes aux pieds de Charles V, qui, la main appuyée sur le cœur de la France, et sentant la vie revenir, parloit en maître.

CHARLES VI.

De 1380 à 1422.

La minorité de Charles VI fut en proie aux déprédations et aux rivalités de trois oncles paternels et tuteurs de ce prince, les ducs d'Anjou, de Berry et de Bourgogne : le duc de Bourbon, homme estimable, ne put presque rien pour contre-balancer les maux d'une administration sans talent et sans justice.

Soulèvement de Rouen et de Paris; Juifs, fermiers et receveurs, pillés et massacrés; états où l'on entend parler du *peuple* et de la nation; guerre civile en Bretagne; désordres occasionés par le schisme : tel est le prologue de la tragédie dont le premier acte s'ouvre à la folie de Charles VI. Le vertueux avocat général Jean Desmarets fut traîné à l'échafaud comme complice des séditions auxquelles il avoit au contraire opposé l'autorité de sa vertu.

« Maître Jean, lui disoit-on en le menant au sup-
« plice, criez merci au roi afin qu'il vous pardonne. »

Desmarets répondit : « J'ai servi au roi Philippe son « grand aïeul, au roi Jean, et au roi Charles son « père, bien et loyaument; ne oncques ces trois rois « ne me sçurent que demander, et aussi ne feroit « cestuy s'il avoit connoissance d'homme : à Dieu « seul veux crier merci. » Paroles magnanimes s'il en fut jamais.

Les exécutions nocturnes, commencées sous ce règne, continuèrent; on ne dérobe pas l'iniquité en la cachant.

Les corps étoient jetés dans la Seine avec cet écriteau : « Laissez passer la *justice du roi.* » Avertissement à la Loire en 1793, pour laisser passer la *justice du peuple.* Les assassinats juridiques datent du gouvernement des Valois : on marchoit vers la monarchie absolue.

Jean, fils du duc de Bourgogne, fut marié à Marguerite de Hainaut, et Charles VI, âgé de 17 ans, épousa Isabeau, fille d'Étienne, duc de Bavière, âgée de 14 ans. Il y a des noms qui sont à eux seuls l'arrêt des destinées (1385) : « Il est d'usage « en France, dit Froissard, que quelque dame, « comme fille de haut seigneur que ce soit, qu'il « convient qu'elle soit regardée et avisée toute nue « par les dames, pour savoir si elle est propre et « formée pour porter enfant. » Du moins les flancs de cette femme qui devoit être si souvent *regardée toute nue* devoient porter Charles VII.

Grand projet de descente en Angleterre (1386); quinze cents vaisseaux rassemblés au port de l'Ecluse; cinquante mille chevaux destinés à être embarqués; des munitions de guerre et de bouche, parmi lesquelles on remarque des barils de jaunes d'œufs cuits et pilés comme de la farine. Une ville de bois de trois mille pas de diamètre, munie de tours et de retranchements, étoit composée de pièces de rapport qui se démontoient et remontoient à volonté; elle pouvoit contenir une armée: nous n'avons pas aujourd'hui, dans notre état perfectionné d'industrie, l'idée d'un ouvrage aussi gigantesque de menuiserie et de charpenterie; il est évident, par les boiseries qui nous restent du moyen-âge, que l'art du menuisier étoit poussé beaucoup plus loin que de nos jours. Les vaisseaux de la flotte étoient ornés de sculpture et de peinture; les mâts couverts d'or et d'argent : magnificence qui rappelle la flotte de Cléopâtre. La haute aristocratie étoit descendue du plus haut point de sa puissance au plus haut degré de sa richesse; elle avoit abouti au luxe, comme tout pouvoir, et par conséquent sa force déclinoit : les petits hommes qui faisoient ces grands préparatifs furent écrasés dessous. Les intrigues et les passions du duc de Berry, les vols de toutes les espèces d'agents, le retour de la mauvaise saison, empêchèrent la France de reporter en Angleterre les maux que celle-ci lui avoit faits, et ce fut en vain que les propriétaires furent taxés à la valeur du quart de leur revenu pour une inutile parade (1386).

Ces princes de la première maison de Valois étoient des esprits fastueux, bornés et ingouvernables : ils avoient rempli leur maison de cette foule de valets décorés, sangsues du peuple et plaies des cours. Cette noble tourbe jouissoit d'immunités abusives; il n'y avoit pas de surnuméraire de garde-robe qui, en attendant l'exercice de ses fonctions, ne fût exempt des charges publiques.

Le 1ᵉʳ janvier de cette année 1386 vit la fin du roi de Navarre, homme qui aimoit le crime de la même ardeur qu'il aimoit la débauche : s'il eût connu un moyen d'en ranimer le goût dans son cœur, il s'en seroit servi comme il se servoit du linceul imprégné d'esprit-de-vin où il se faisoit coudre pour rappeler ses forces épuisées avec les femmes, et dans lequel il fut brûlé.

Il faut placer à l'année 1386 le duel judiciaire de Jean de Carrouges et de Jacques Legris. La dame de Carrouges prétendoit avoir été violée dans le donjon de son château par Jacques Legris, gentilhomme du comte d'Alençon. « Jacquet, Jacquet, « dit-elle à Legris, vous n'avez pas bien fait de m'a- « voir vergondée; mais le blâme n'en demeurera « pas sur moi, si Dieu donne que monseigneur mon « mari retourne. » Il étoit alors en Écosse. Legris fut tué. Carrouges passa en Afrique pour combattre les Maures, et ne revint plus.

En 1387 eut lieu l'aventure d'Olivier de Clisson et du duc de Bretagne, aventure racontée partout, et dernièrement encore par un historien qui ne me laisse plus rien à dire (M. de Barante). Bavalan sauva à son maître un crime et des remords. Clisson paya une amende de cent mille livres, et livra quatre places au duc : ainsi les nobles avoient encore des places fortifiées à eux. Les seigneurs de Laval et de Chateaubriand furent cautions de l'amende. En 1387, Charles VI, devenu majeur, prit les rênes du gouvernement.

En 1389 on célébra un service solennel à Saint-Denis, pour le repos de l'âme de Du Guesclin. L'évêque d'Auxerre fit l'éloge du bon connétable : la première oraison funèbre fut prononcée pour Du Guesclin, la dernière pour le grand Condé ; car, après Bossuet, il ne faut compter personne : nouveau genre d'éloquence inspirée par la gloire de nos armes, et noblement épuisée entre les cercueils de deux grands capitaines.

L'Europe trembla au nom de cette puissance ottomane qui bientôt, maîtresse de Constantinople, alloit opprimer l'ancienne patrie de la civilisation, et qui expire aujourd'hui en rendant la liberté à la Grèce.

Bajazet annonçoit qu'il passeroit en Occident, et feroit manger l'avoine à son cheval sur l'autel de Saint-Pierre, à Rome ; réaction des croisades, comme les croisades elles-mêmes étoient la réaction du premier débordement des nations islamistes sur les pays chrétiens. La guerre d'extermination n'a cessé entre les peuples du Christ et de Mahomet que quand le principe religieux s'est affoibli chez ces deux peuples.

Marchèrent au secours de Sigismond, roi de Hongrie, dix mille François, parmi lesquels on comptoit mille chevaliers et mille écuyers des plus grandes familles de France, commandés par les plus grands seigneurs, ayant à leur tête Jean de Nevers, prince qui fut le second duc de Bourgogne : pour faire tant de mal à la France, il alloit conquérir dans les prisons de Bajazet le surnom de Jean-sans-Peur. La bataille de Nicopolis perdue contribua, comme je l'ai déjà remarqué, avec les batailles de Crécy, de Poitiers et d'Azincourt, à la dislocation de l'armée aristocratique, et à l'établissement de l'armée nationale. Quand le duc de Bourgogne sortit des cachots de Bajazet, Bajazet entra dans la cage de Tamerlan. Les grandes invasions étoient maintenant en Asie.

Le duc de Touraine, devenu depuis duc d'Orléans, épousa Valentine de Milan, fille de Galeas Visconti. Pierre de Craon, favori du duc de Touraine, fut disgracié pour avoir révélé à Valentine de Milan une infidélité de son mari. Craon étoit l'ennemi du Connétable de Clisson, et parent du duc de Bretagne.

Isabeau commençoit à manifester son penchant au luxe et à la galanterie : la cour d'amour fut instituée sur le modèle des cours de justice. Parmi les officiers de cette cour, on trouve avec les princes du sang et les plus anciens gentilshommes de la France des docteurs en théologie, des grands-vicaires, des chapelains, des curés et des chanoines. C'est à cette époque que les romanciers ont placé les aventures du petit Jehan de Saintré. Les plus terribles vérités n'interrompirent point ces fictions; on voit marcher, tantôt séparés, tantôt confondus, dans ce siècle, les forfaits et les amours, les fêtes et les massacres, l'histoire et le roman, tous les désordres d'un monde réel et d'un monde fictif : l'imagination entroit dans les crimes, les crimes dans l'imagination. Les fureurs du schisme et l'invasion des Anglois compliquèrent les querelles des Bourguignons et des Armagnacs.

En 1392, le duc de Touraine obtint le duché d'Orléans, en échange de celui de Touraine.

Craon assassine le connétable de Clisson, le jour de la fête du Saint-Sacrement 1392 : Clisson ne mourut pas de ses blessures. Charles VI voulut tirer vengeance de Craon réfugié auprès du duc de Bretagne. L'armée eut ordre de se mettre en marche. Dans la forêt du Mans, une espèce de fantôme enveloppé d'un linceul, la tête et les pieds nus, se précipite d'entre deux arbres sur la bride du cheval de Charles VI, disant : « *Roi, ne chevauche plus avant; retourne, car tu es trahi.* » Le spectre rentre dans la forêt sans être poursuivi. Charles frémissant, et les traits altérés, continue sa route. Un page qui portoit la lance du roi la laissa tomber sur le casque d'un autre page : à ce bruit le roi sort de sa stupéfaction, tire son épée, fond sur les pages en s'écriant : « Avant! avant sur ces traîtres! » Le duc d'Orléans accourt; Charles se jette sur lui : « Fuyez, beau neveu d'Orléans, lui crie le duc de « Bourgogne, monseigneur veut vous occire : haro! « le grand meschef, monseigneur est tout dévoyé! « Dieu! qu'on le prenne! » Le roi ne tua ni ne blessa personne, quoi qu'en ait dit Monstrelet. Il fut ramené au Mans *sur une charrette à bœufs*. Les oncles du roi, le duc de Berri et le duc de Bourgogne, prirent en main le gouvernement. Larivière, Lemercier, Montaigu et Le Bègues de Vilaines, ministres de Charles, eurent ordre de se retirer; le connétable de Clisson fuit en Bretagne après que le duc de Berri l'eut menacé de lui crever le seul œil qui lui restât. Benoît, le pape de Rome, prétendit que Dieu avoit ôté le jugement au roi parce qu'il avoit soutenu l'anti-pape d'Avignon; Clément, le pape d'Avignon, soutenoit que le roi avoit perdu l'esprit parce qu'il n'avoit pas détruit l'anti-pape de Rome. Le peuple françois plaignit le jeune monarque et pria pour lui, tandis que les grands se réjouissoient de pouvoir conduire à leur gré les affaires de l'État. Georges III, dans une monarchie constitutionnelle, a été privé plusieurs années d'intelligence, et c'est l'époque la plus glorieuse de la monarchie angloise; Charles VI, dans une monarchie absolue, resta à peu près le même nombre d'années dans un état d'insanité, et c'est l'époque la plus désastreuse de la monarchie françoise : dans la monarchie constitutionnelle, la raison nationale prend la place de la raison du roi; dans la monarchie absolue, la folie de la cour succède à la folie royale.

Le parlement, toutes les chambres assemblées (1392), confirma l'édit de Charles V, qui fixe à quatorze ans la majorité des rois. La tutelle des enfants de France fut mise entre les mains de la reine et de Louis de Bavière, frère de la reine; des lettres de régence furent accordées quelque temps après au duc d'Orléans, frère du roi. Il y avoit un conseil de tutelle de douze personnes; il n'y avoit point de conseil de régence assigné. Charles VI fit son testament, et il vécut, après avoir lui-même disposé de tout, comme s'il étoit mort.

Et c'est de ce roi mort que l'on entend parler ensuite comme père d'enfants qui naissent au hasard, comme ayant été sur le point d'être brûlé dans un bal masqué où cet insensé figuroit déguisé en sauvage; comme niant qu'il eût été roi, comme effaçant avec fureur son nom et ses armes; priant qu'on éloignât de lui tout instrument avec lequel il eût pu blesser quelqu'un, disant qu'il aimoit mieux mourir que de faire du mal à personne; conjurant au nom de Jésus-Christ ceux qui pouvoient être coupables de ses souffrances de ne le plus tourmenter, et de hâter sa fin; s'écriant, à l'aspect de la reine : « *Quelle est cette femme? Qu'on m'en* « *délivre!* » et recevant dans son lit, trompé, la fille d'un marchand de chevaux que cette reine lui envoyoit pour la remplacer : ombre auguste, malheureuse et plaintive, autour de laquelle s'agitoit un monde réel de sang et de fêtes ! spectre royal dont on empruntoit la main glacée pour signer des ordres de destruction, et qui, innocent des actes revêtus de son nom à la lumière du soleil, revenoit la nuit parmi les vivants pour gémir sur les maux de son peuple ! Quel témoin nous reste-t-il de cette infirmité d'un monarque que ne purent guérir un *magicien* de Guienne avec son livre *Simagorad*, et deux moines qui furent les premiers criminels assistés à la mort par des confesseurs? Quel monument durable atteste, au milieu de nous, les calamités d'un règne qui s'écoula entre l'apparition d'un fantôme et celle d'une bergère ? Une amère dérision de la destinée des empires et de la fortune des hommes : un jeu de cartes.

Sous l'année 1395, on remarque l'ordonnance qui donne des confesseurs aux condamnés; mais le sacrement de l'eucharistie leur étoit encore refusé dans le dernier siècle. Plusieurs conciles avoient réprouvé cette rigueur, incompatible, en effet, avec la charité chrétienne et avec le principe moral d'une religion qui fait du repentir l'innocence.

Les prisonniers envoyés à l'échafaud s'arrêtoient deux fois en chemin; dans la cour des Filles-Dieu, ils baisoient le crucifix, recevoient l'eau bénite, buvoient un peu de vin, et mangeoient trois morceaux de pain : cela s'appeloit *le dernier morceau du patient*. Sauval remarque que cet usage ressemble au repas que les Juives faisoient aux personnes condamnées à mort, et au vin de myrrhe que les Juifs présentèrent à Jésus-Christ. Ne seroit-ce pas plutôt un souvenir du dernier repas des martyrs, *le repas libre?* Les exécutions avoient presque toujours lieu le dimanche et les jours de fête. Les cordeliers assistèrent d'abord les criminels, et eurent pour successeurs les docteurs en théologie de la maison de Sorbonne : sublime fonction du prêtre, qui commença en 1395 par l'édit d'un roi de France malheureux, et qui devoit donner, en 1793, un dernier consolateur à un roi de France encore plus infortuné.

9.

132

L'usage étoit aussi d'offrir du vin aux juges qui assistoient à la mort du condamné : l'exécuteur des hautes œuvres faisoit les avances du prix de ce vin. Une somme de 12 livres 6 deniers fut allouée au bourreau en 1477, par le prevôt de Paris, pour avoir fourni du pain, des poires et douze pintes de vin à messieurs du parlement et officiers du roi, étant au grenier de la salle, pendant que le duc de Nemours (Armagnac) se confessoit.

La dernière année du quatorzième siècle vit deux papes renoncés, deux rois jugés et déposés par deux assemblées nationales : le roi d'Angleterre Richard II, et Venceslas, empereur d'Allemagne. Venceslas, ivrogne et débauché, se soucioit si peu de l'empire, qu'il vendit aux habitants de Nuremberg, après sa déposition, un droit de souveraineté qu'il avoit conservé sur eux, pour quelques pipes de vin. Louis d'Anjou manqua son expédition sur Naples. Le duc de Bourbon voulut surprendre Bordeaux et Bayonne pendant les troubles qu'amena la déposition de Richard II ; il ne réussit pas, et la cour de France, ne pouvant dépouiller Henri de Lancastre, s'arrangea avec lui.

Les querelles des maisons d'Orléans et de Bourgogne éclatent. Il y a quelque chose de plus grand dans la maison de Bourgogne, quelque chose de plus attachant dans celle d'Orléans ; on se range malgré soi de son parti ; on lui pardonne la foiblesse de ses mœurs en faveur de son goût pour les arts, de sa fidélité au malheur et de son héroïsme. Par sa branche illégitime, on passe de

Dunois aux Longueville; par sa branche légitime, on arrive de Valentine de Milan à Louis XII et à François Ier.

Le premier attentat vint de la maison de Bourgogne. Jean-sans-Peur, qui avoit succédé à son père Philippe-le-Hardi, fait assassiner le duc d'Orléans le 23 novembre 1407. Les deux princes s'étoient juré dans le conseil du roi une amitié inviolable; *ils avoient pris les épices et bu du vin;* ils s'étoient embrassés en se quittant; ils avoient communié ensemble; le duc de Bourgogne avoit promis de dîner chez le duc d'Orléans, qui l'avoit invité : il n'alla pourtant point chercher au repas des morts, où il l'envoya le lendemain, son convive de Dieu à la sainte table, et son hôte au festin des hommes.

Le duc de Bourgogne nia d'abord son crime, et s'en vanta ensuite : dernière ressource de ceux qui sont trop coupables pour n'être pas convaincus, et trop puissants pour être punis. Le peuple détestoit le duc d'Orléans, et chansonna sa mort : les forfaits n'inspirent d'horreur que dans les sociétés en repos; dans les révolutions, ils font partie de ces révolutions mêmes, desquelles ils sont le drame et le spectacle.

Le bruit de l'assassinat s'étant répandu dans Paris, la reine, épouvantée, se fit porter en l'hôtel de Saint-Pol; la femme adultère se mit sous la protection de la royale folie. Bientôt elle est obligée de fuir devant le duc de Bourgogne, et emmène à Tours le roi malade. Valentine de Milan succombe à sa douleur, sans avoir pu obtenir justice. On l'accusa de sortiléges : les sortiléges de Valentine étoient ses grâces. Cette Italienne, apportant dans notre rude climat, dans la France barbare, des mœurs polies et le goût des arts, dut paroître une magicienne; on l'auroit brûlée pour sa beauté, comme on brûla Jeanne d'Arc pour sa gloire.

Le traité de Chartres donna tout pouvoir au duc de Bourgogne; on trancha la tête au sire de Montaigu, administrateur des finances, ce qui ne remédia à rien : on convoqua une assemblée pour réformer l'État, et l'État ne fut point réformé. Les princes, mécontents, prirent les armes contre le duc de Bourgogne. Le duc d'Orléans, fils du duc assassiné, avoit épousé en secondes noces Bonne d'Armagnac, fille du comte Bernard d'Armagnac, d'où le parti du duc d'Orléans, conduit par le comte Bernard, prit le nom d'*Armagnac*. On traite inutilement à Bicêtre; on se prépare de nouveau à la guerre. Les Armagnacs assiégent Paris; le duc de Bourgogne arrive avec une armée, et en fait lever le siége. A travers tous ces maux, la vieille guerre des Anglois se ranime.

Une sédition éclate dans Paris: les palais du roi et du dauphin sont forcés; la faction des bouchers prend le chaperon blanc; le duc de Bourgogne perd son pouvoir et se retire : on négocie à Arras.

Le roi d'Angleterre descend en France. La bataille d'Azincourt, perdue, renouvelle tous les malheurs de Crécy et de Poitiers. Paris est livré aux Bourguignons, après avoir été gouverné par les Armagnacs: les prisons sont forcées, les prisonniers massacrés.

Les Anglois s'emparent de Rouen, et Henri V prend le titre de roi de France.

Un traité de paix est conclu à Ponceau entre le duc de Bourgogne et le dauphin (1419). Vaine espérance! les inimitiés étoient trop vives: Jean-sans-Peur est assassiné sur le pont de Montereau.

Le nouveau duc de Bourgogne, Philippe-le-Bon, s'allie aux Anglois pour venger son père. Henri V épouse Catherine de France, et Charles VI le reconnoît pour son héritier au préjudice du dauphin. Deux ans après la signature du traité de Troyes, Henri V meurt à Vincennes, et Charles VI à Paris.

Le duc de Bedford, revenant des funérailles de Henri V, roi d'Angleterre, ordonne celles de Charles VI, roi de France. Cette course entre deux cercueils, entre le cercueil du plus glorieux comme du plus heureux des monarques, et le cercueil du plus obscur comme du plus misérable des souverains, est une leçon aussi sérieuse que philosophique. Qui en profitera? personne.

CHARLES VII.

De 1422 à 1461.

Le dauphin se trouvoit à Espally, château situé en Velay; d'autres disent à Mehun-sur-Yèvres en Berri, lorsqu'il apprend la mort de son père. Proclamé roi par le petit nombre de fidèles qui l'environnoient, il s'habille de noir et entend la messe dans la chapelle du château; puis on déploie la bannière aux fleurs de lis d'or. Une douzaine de serviteurs crient *Noël!* et voilà un roi de France.

Richemond, Dunois, Xaintrailles, La Hire, soutiennent l'honneur françois sans pouvoir arracher la France aux étrangers : Jeanne paroît, et la patrie est sauvée [1].

Quelque chose de miraculeux dans le malheur, comme dans la prospérité, se mêle à l'histoire de ces temps. Une vision extraordinaire avoit ôté la raison à Charles VI; des révélations mystérieuses arment le bras de la Pucelle; le royaume de France est enlevé à la race de saint Louis par une cause surnaturelle; il lui est rendu par un prodige.

On trouve dans le caractère de Jeanne d'Arc la naïveté de la paysanne, la foiblesse de la femme, l'inspiration de la sainte, le courage de l'héroïne.

Lorsqu'elle eut conduit Charles VII à Reims et l'eut fait sacrer, elle voulut retourner garder les troupeaux de son père; on la retint. Elle tomba aux mains des Bourguignons dans une sortie vigoureuse qu'elle fit à la tête de la garnison de Compiègne. Le duc de Bedford ordonna de chanter un *Te Deum,* et crut que la France entière étoit à lui. Les Bourguignons vendirent la Pucelle aux Anglois pour une somme de 10,000 francs. Elle fut transportée à Rouen dans une cage de fer, et emprisonnée dans la grosse tour du château. Son procès commença : l'évêque de Beauvais et un chanoine de Beauvais conduisirent la procédure. « *Cette fille si*

---

[1] Voir les détails sur Jeanne d'Arc et sa mission, tom. VIII de cette édition, pag. 359 et suiv., *Mélanges littéraires.*

simple, disent les historiens, *que tout au plus sa-voit-elle son* PATER *et son* AVE, ne se troubla pas un instant, et fit souvent des réponses sublimes. » Condamnée à être brûlée vive comme sorcière, la sentence fut exécutée le 30 mai 1431.

Un bûcher avoit été élevé sur la place du Vieux-Marché, à Rouen, en face de deux échafauds où se tenoient des juges séculiers et ecclésiastiques, ou plutôt les assassins dans les deux lois. Jeanne étoit vêtue d'un habit de femme, coiffée d'une mitre, où étoient écrits ces mots : *apostate, relapse, idolâtre, hérétique.* Jeanne n'avoit pourtant servi que les autels de son pays. Deux dominicains la soutenoient; elle étoit garrottée. Les Anglois avoient fait lier par leurs bourreaux ces mains que n'avoient pu enchaîner leurs soldats.

Jeanne prononça à genoux une courte prière, se recommanda à Dieu, à la pitié des assistants, et parla généreusement de son roi, qui l'oublioit. Les juges, le peuple, le bourreau, et jusqu'à l'évêque de Beauvais, pleuroient.

La condamnée demanda un crucifix; un Anglois rompit un bâton dont il fit une croix : Jeanne la prit comme elle put, la baisa, la pressa contre son sein, et monta sur le bûcher : Bayard voulut expirer penché sur le pommeau de son épée, qui formoit une croix de fer.

Le second confesseur de la Pucelle rachetoit par ses vertus l'infamie du premier; il étoit auprès de sa pénitente. Comme on avoit voulu la donner en spectacle au peuple, le bûcher étoit très élevé, ce qui rendit le supplice plus douloureux et plus long. Lorsque Jeanne sentit que la flamme l'alloit atteindre, elle invita le frère Martin à se retirer, avec un autre religieux, son assistant. La douleur arracha quelques cris à cette pauvre, jeune et glorieuse fille. Les Anglois étoient rassurés; ils n'entendoient cette voix que sur le champ du martyre. Le dernier mot que Jeanne prononça au milieu des flammes fut *Jésus*, nom du consolateur des affligés et du Dieu de la patrie.

Quand on présuma que la Pucelle étoit expirée, on écarta les tisons ardents, afin que chacun la vît : tout étoit consumé, hors le cœur, qui se trouva entier.

Trois grands poëtes ont chanté Jeanne : Shakespeare, Voltaire et Schiller. La Pucelle, dans Shakespeare, est une sorcière qui a des démons à ses ordres; dans Schiller, c'est une femme divine inspirée du Ciel, qui doit sa force à son innocence, et qui perd cette force lorsqu'elle éprouve une passion. La Pucelle de Shakespeare renie son père, simple berger; elle se déclare grosse pour retarder son supplice : tantôt elle dit que c'est *Alençon qui a eu son amour*, tantôt que c'est *René, roi de Naples, qui a triomphé de sa vertu*; mais Shakespeare, malgré son sang anglois, prête à la Pucelle des sentiments héroïques. Il lui fait dire à Charles VII, qui hésite à attaquer l'ennemi : « Commandez la « victoire, et la victoire est à vous. » Quand elle est prise, elle s'écrie : « L'heure est donc venue où la « France doit couvrir d'un voile son superbe pana-

« che, et laisser tomber sa tête dans le giron de
« l'Angleterre ! » Lorsque l'héroïne est condamnée,
elle prononce ces paroles : « Jeanne d'Arc vécut
« chaste et sans reproche dans ses pensées ; son
« sang pur, que vos mains barbares versent injus-
« tement, criera vengeance contre vous aux portes
« du ciel [1]. »

Schiller, dans son admirable tragédie, met ces mots dans la bouche de Jeanne inspirée : « Ce
« royaume doit-il tomber ? Cette contrée glorieuse,
« la plus belle que le soleil éclaire dans sa course,
« pourroit-elle porter des chaînes ?........ Eh quoi !
« nous n'aurions plus de roi à nous ! de souverain
« né sur notre sol ! Le roi qui ne meurt jamais
« disparoîtroit de notre pays !........ L'étranger qui
« veut régner sur nous pourroit-il aimer une terre
« où ne reposent pas les dépouilles de ses ancêtres ?
« Notre langage pourroit-il être entendu de son
« cœur ? A-t-il passé ses premières années au milieu
« d'une jeunesse françoise, et peut-il être le père
« de nos enfants ? »

Et Voltaire, le poëte françois, entre le poëte anglois et le poëte allemand, que fait-il dire à la Pucelle ? Reconnoissons-le, à l'honneur du temps où nous vivons, ce crime du génie, cette débauche du talent ne seroit plus possible aujourd'hui ; Voltaire seroit forcé d'être François par ses sentiments comme par sa gloire. Avant l'établissement de nos nouvelles institutions, nous n'avions que des mœurs

---

[1] *OEuvres de* SHAKESPEARE, collect. GUIZOT.

privées; nous avons maintenant des mœurs publiques, et partout où celles-ci existent les grandes insultes à la patrie ne peuvent avoir lieu : la liberté est la sauvegarde de ces renommées nationales qui appartiennent à tous les citoyens. Au surplus, Voltaire, historien et philosophe, est juste, autant que Voltaire, poëte et impie, est inique [1].

Le traité d'Arras réconcilia le roi de France et le duc de Bourgogne; Paris ouvrit ses portes au maréchal de l'Isle-Adam (1436), et Charles VII, un an après, y fit son entrée solennelle. Une trève avoit été conclue entre la France et l'Angleterre; elle expira en 1448.

Charles VII et ses généraux reprennent toute la Normandie, la Guienne et Bordeaux. Les Anglois sont chassés de France, où, après une si longue occupation et tant de malheurs, ils ne conservent que Calais, première conquête d'Édouard III (1449, 1450, 1451, 1452, 1453). Talbot, le dernier des héros de cet âge dans les rangs anglois, avoit été tué à la bataille de Castillon.

Alors vivoit Agnès Sorel, *dame de beauté*, qui régnoit sur le roi et le poussoit à la gloire. Charles VII eut trois fils d'Agnès Sorel, Charlotte, Marguerite et Jeanne. Monstrelet assure que ce monarque n'entretint jamais qu'un commerce d'âme et de pensées avec sa maîtresse (1445, 1446).

Le dauphin (Louis XI), cantonné dans le Dauphiné pendant quinze ans, tantôt en révolte ou-

---

[1] Théâtre allemand, collect. Ladvocat; voir l'*Essai sur les mœurs*.

verte, tantôt en conspiration secrète contre son père, se retire auprès du duc de Bourgogne, où il demeure six ans (1456).

Procès fait au duc d'Alençon, prince du sang. Il est condamné à mort; la peine est commuée en une prison, d'où Louis XI le délivra pour l'y remettre encore, parce qu'il conspira de nouveau.

Rivalité des maisons d'York et de Lancastre, en Angleterre. Révolutions et guerres de *la rose blanche* et de *la rose rouge* (1457, 1458, 1459, 1460, 1461).

Charles VII se laisse mourir de faim dans la crainte d'être empoisonné par son fils. Il expire à Meun, en Berri, le 22 juillet 1461. On a dit ingénieusement qu'il n'avoit été que le témoin des merveilles de son règne.

Charles VII étoit ingrat, insouciant et léger; défauts qui lui furent utiles dans la mauvaise fortune, parce qu'en la sentant moins il eut l'air de la dominer.

Vingt années de malheurs mûrirent les esprits et leur communiquèrent une activité prodigieuse. Les lois, l'administration, l'art militaire, les sciences, les lettres, s'éclairèrent des besoins d'une société tourmentée par tous les fléaux de la guerre civile et de la guerre étrangère. La puissance populaire s'accrut de tout ce que perdit la puissance aristocratique; en même temps que la royauté contestée, que la couronne attaquée dans son hérédité, consacrèrent leurs droits légitimes, en étant obligées de recourir à ceux mêmes de la nation.

Les grandes scènes et les grandes causes ne se jugent ni ne se plaident devant les peuples, sans que de nouvelles idées ne s'introduisent dans les masses, et que le cercle de l'esprit humain ne s'élargisse. Aussi voyons-nous sous Charles VI et Charles VII les mouvements populaires succéder aux mouvements aristocratiques, et des excès d'une autre nature se commettre : des massacres de prêtres et de nobles dans les prisons annoncent la renaissance des passions plébéiennes. L'augmentation de la moyenne propriété; l'accroissement des cités et de leur population; le progrès du droit civil; la destruction matérielle du corps des nobles; la multiplication des cadets de famille qui, presque tous privés d'héritage, n'avoient plus la ressource de vivre commensaux de leurs aînés, et se perdoient par misère dans la roture : voilà les principales causes qui amenèrent, pendant les règnes de Charles VI et de Charles VII, une des grandes transformations de la monarchie.

Sous Charles VII expirèrent les lois de la féodalité, dont il ne demeura que les habitudes. La conquête étrangère ayant obligé à la défense commune, on se donna naturellement au chef militaire autour duquel on s'étoit rassemblé; or, cela n'arrive jamais sans que des libertés périssent. L'impôt levé pour la solde des compagnies régulières ne fut point et ne put être consenti par la nation pendant les troubles de l'État; il resta de ces troubles, à la couronne, un impôt non voté et une armée permanente, les deux pivots de la monarchie absolue. Les mœurs devinrent demi-chevaleresques, demi-soldatesques; le *chevalier* se métamorphosa en *cavalier*, et le *pédaille* en *fantassin*. Les frères Bureau fondèrent l'artillerie : tout le monde à cette époque, bourgeois et gens de plume, avoit porté les armes.

Charles VII institua un conseil d'État, qui devint le conseil exécutif. Le parlement, ne faisant plus partie du conseil du roi, vit mieux les limites de ses fonctions judiciaires, en même temps qu'il garda les fonctions politiques dont il s'étoit emparé; car, vers la fin du quatorzième siècle, les états avoient presque cessé d'être convoqués.

L'histoire des idées commence à se mêler à l'histoire des faits. Les spectacles modernes prennent naissance, ou du moins, étant déjà nés, ils se développent. Aux combats d'animaux, aux mimes de la première et de la seconde race, succédèrent, sous la troisième, les troubadours et trouvères, les jongleurs, les ménestriers, l'association de la *Mère folle*, les *Confrères de la passion*, les *Enfants sans-souci*, les *Coqueluchiers*, les *Cornards*, les *Moralités* jouées par les clercs de la Basoche, la *Royauté des fous* par les écoliers, et enfin les *Mystères*, plaisirs grossiers sans doute, enfance de l'art où tout se trouvoit confondu, musique, danse, allégorie, comédie, tragédie, mais scènes pleines de mouvement et de vie, et dont nous aurions tiré une littérature bien plus originale et bien plus féconde, si notre génie, sous Louis XIV, ne s'étoit fait grec et latin. Les *Enfants sans-souci* jouoient particulièrement la comédie; leur chef s'appeloit le *prince des sots*, et portoit un capuchon surmonté de deux oreilles d'âne. Les *Cornards* avoient pour chef l'*abbé des Cornards*. Je ne sais si l'on a jamais remarqué que les premières éditions de la *Mer des histoires et chroniques de France* sont ornées de très belles majuscules et de vignettes qui représentent le *prince des sots*, et des scènes peu chastes. Le mariage, chez les anciens, n'a jamais été, comme chez les modernes, et surtout comme chez les François, un sujet de raillerie; cela tient à ce que les femmes n'étoient pas mêlées à la société antique ainsi qu'elles le sont à la société nouvelle. La comédie naissante n'épargna ni les choses ni les personnes; elle fut licencieuse à l'exemple des mœurs qu'elle avoit sous les yeux, hardie de même que les guerres civiles au milieu desquelles elle surgit. La tragédie prit son plus grand essor pendant les troubles de la Fronde.

La fureur de ces spectacles devint si grande que tout le monde voulut être acteur; des princes, des militaires, des magistrats, des évêques, se faisoient agréger à ces troupes comiques dont la profession étoit libre. L'esprit passoit par degrés des plaisirs matériels à ceux de l'intelligence. Le christianisme, ayant porté la morale dans les passions, avoit combiné et modifié ces passions d'une manière toute nouvelle : le génie pouvoit fouiller cette mine, non encore exploitée, dont les filons étoient inépuisables.

Du point où la société étoit parvenue sous

Charles VII, il étoit loisible d'arriver également à la monarchie libre ou à la monarchie absolue : on voit très bien le point d'intersection et d'embranchement des deux routes ; mais la liberté s'arrêta et laissa marcher le pouvoir. La cause en est qu'après la confusion des guerres civiles et étrangères, qu'après les désordres de la féodalité, le penchant des choses étoit vers l'unité du principe gouvernemental. La monarchie en ascension devoit monter au plus haut point de sa puissance ; il falloit qu'en écrasant totalement la tyrannie de l'aristocratie elle eût commencé à faire sentir la sienne, avant que la liberté pût régner à son tour. Ainsi se sont succédé en France, dans un ordre régulier, l'aristocratie, la monarchie et la république ; le noble, le roi et le peuple : tous les trois, ayant abusé de la puissance, ont enfin consenti à vivre en paix dans un gouvernement composé de leurs trois éléments.

LOUIS XI.

De 1461 à 1483.

Louis XI vint faire l'essai de la monarchie absolue sur le cadavre palpitant de la féodalité. Ce prince tout à part, placé entre le moyen-âge qui mouroit et les temps modernes qui naissoient, tenoit d'une main la vieille liberté noble sur l'échafaud, de l'autre jetoit à l'eau dans un sac la jeune liberté bourgeoise : et pourtant celle-ci l'aimoit, parce qu'en immolant l'aristocratie il flattoit la passion démocratique, l'égalité.

Ce personnage, unique dans nos annales, ne semble point appartenir à la série des rois françois : tyran justicier aux mœurs basses, chéri et méprisé de la populace ; faisant décapiter le connétable, et emprisonner les pies et les geais instruits à dire par les Parisiens : « *Larron, va dehors ; va,* « *Perrette ;* » esprit matois opérant de grandes choses avec de petites gens ; transformant ses valets en hérauts d'armes, ses barbiers en ministres, le grand-prevôt en *compère*, et deux bourreaux, dont l'un étoit gai et l'autre triste, en *compagnons ;* regagnant par sa dextérité ce qu'il perdoit par son caractère ; réparant comme roi les fautes qui lui échappoient comme homme ; brave chevalier à vingt ans, et pusillanime vieillard ; expirant entouré de gibets, de cages de fer, de chausse-trapes, de broches, de chaînes appelées les *fillettes du roi,* d'ermites, d'empiriques, d'astrologues ; mourant après avoir créé l'administration, les manufactures, les chemins, les postes ; après avoir rendu permanents les offices de judicature, fortifié le royaume par sa politique et ses armes, et vu descendre au tombeau ses rivaux et ses ennemis, Édouard d'Angleterre, Galeas de Milan, Jean d'Aragon, Charles de Bourgogne, et jusqu'à l'héritière de ce duc ; tant il y avoit quelque chose de fatal attaché à la personne d'un prince qui, par *gentille industrie,* empoisonna son frère, le duc de Guienne, *lorsqu'il y pensoit le moins,* priant la Vierge, *sa bonne dame, sa petite maîtresse, sa grande amie,* de lui obtenir son pardon. (BRANTOME.)

Louis XI fit bien autre chose par *gentille industrie :*
« Le barbare, après le traité (de Conflans), fit jeter
« dans la rivière plusieurs bourgeois de Paris, soup-
« çonnés d'être partisans de son ennemi. On les
« liait deux à deux dans un sac. . . . .
« . . . .

« Les grandes âmes choisissent hardiment des fa-
« voris illustres et des ministres approuvés. Louis XI
« n'eut guère pour ses confidents et pour ses mi-
« nistres que des hommes nés dans la fange, et dont
« le cœur était au-dessous de leur état. Il y a peu
« de tyrans qui aient fait mourir plus de citoyens
« par les mains des bourreaux, et par des supplices
« plus recherchés. Les chroniques du temps comp-
« tent quatre mille sujets exécutés sous son règne,
« en public ou en secret. . . . .
« . . . .

« Le roi voulut que le duc de Nemours fût in-
« terrogé dans sa cage de fer, qu'il y subît la ques-
« tion, et qu'il y reçût son arrêt. On le confessa
« ensuite dans une salle tendue de noir. . . . .

« On mit sous l'échafaud dans les halles de Paris
« les jeunes enfants du duc, pour recevoir sur eux
« le sang de leur père. Ils en sortirent tout couverts ;
« et en cet état on les conduisit à la Bastille dans
« des cachots faits en forme de hottes, où la gêne
« que leur corps éprouvait était un continuel sup-
« plice. On leur arrachait les dents à plusieurs in-
« tervalles. . . . . Sous
« Louis XI pas un grand homme. Il avilit la nation.
« Il n'y eut nulle vertu : l'obéissance tint lieu de

« tout, et le peuple fut enfin tranquille, comme les
« forçats le sont dans une galère. » (VOLTAIRE.)

L'hésitation étoit dans les manières de Louis XI,
non dans sa tête, où; comme il le disoit, *il portoit
tout son conseil.* Ses lettres font foi de cette vérité ;
il écrivoit à Saint-Pierre, grand-sénéchal : « Mon-
« sieur le grand-sénéchal, je vous prie que remon-
« triez à M. de Saint-André que je veux être servi
« à mon profit et non pas à l'avarice, tant que la
« guerre dure ; et s'il ne veut faire par beau, faites-
« lui faire par force, et empoignez ses prisonniers
« et les mettez au butin comme les autres. . . . . . .
« . . . . Monsieur le grand-sénéchal,
« je suis bien esbahi que les capitaines et M. de
« Saint-André, ni autres, ne trouvent bon l'ordon-
« nance que je fais que tout soit au butin ; car,
« par ce moyen, ils auront tous ces prisonniers les
« plus gros pour un rien qui vaille ; c'est ce que je
« demande, afin qu'ils tuent une autre fois tout, et
« qu'ils ne prennent plus prisonniers, ni chevaux,
« ni bagage, et jamais nous ne perdrons bataille. . .
« . . . . Je vous prie,
« dites à M. de Saint-André qu'il ne vous fasse point
« du floquet, ni du rétif ; car c'est la première dés-
« obéissance que j'aie jamais eue de capitaine. S'il
« fait semblant de désobéir, mettez-lui vous-même
« la main sur la tête et lui ôtez par force les pri-
« sonniers, et je vous jure que lui ôterai bientôt la
« tête de dessus les épaules ; mais je crois que le
« traître ne désobéira pas, car il n'a le pouvoir. »

Il mandoit au chef de la justice : « Chancelier,

« vous avez refusé de sceller les lettres de mon
« maître d'hôtel Boutilas; je sais bien à l'appétit de
« qui vous le faites......... Vous souvienne, beau sire,
« de la journée que vous prîtes avec les Bretons,
« et les dépêchez, sur votre vie. »

Ne diroit-on pas un homme de la Convention? C'est qu'en effet Louis XI étoit l'homme de la terreur pour la féodalité.

L'idée des chaînes et des tortures étoit si fortement empreinte dans l'esprit de Louis, que, fatigué des disputes des *nominaux* et des *réalistes*, il fit enchaîner et enclouer dans les bibliothèques les gros ouvrages des premiers, afin qu'on ne les pût lire. Et ce même homme protégea contre l'université et le parlement les premiers imprimeurs venus d'Allemagne, que l'on prenoit pour des sorciers; l'imprimerie, ce puissant agent de la liberté, fut élevée en France par un tyran.

Les caprices mêmes de Louis XI avoient le caractère de la domination; il tenoit prisonnier Wolfang Poulhain, homme de confiance de Marie de Bourgogne; il consentoit à le mettre à rançon, pourvu qu'on ajoutât au prix convenu les meutes renommées du seigneur de Bossu. Le Bossu ne vouloit point du tout céder ses chiens; après maints courriers expédiés des deux côtés, les chiens furent envoyés au roi qui les garda, sans relâcher Poulhain; il ne lui rendit la liberté que quand on ne la demanda plus.

Ce prince avoit quelque chose des Juifs de son temps : il prêtoit sur bons nantissements de provinces et de places, à des souverains de famille qui avoient besoin d'argent. Jean d'Aragon lui engagea les comtés de Cerdagne et de Roussillon pour trois cent mille écus d'or; et Marguerite d'Anjou lui avoit hypothéqué la ville de Calais pour une somme de vingt mille écus. Marguerite étoit femme de Henri VI, roi d'Angleterre, prisonnier dans la Tour de Londres, après avoir été roi de France dans son berceau; elle étoit fille du bon roi René, qui ne régna guère, mais qui faisoit des vers et des tableaux, qui rédigeoit des lois pour les tournois, qui avoit pour emblème une chaufferette, et qui diminuoit les impôts toutes les fois que la tramontane souffloit sur la Provence. René ne ressembloit pas beaucoup à Louis.

La politique de Louis XI a été l'objet du blâme général des historiens : tous ont dit qu'il avoit manqué pour le dauphin le mariage de Marie de Bourgogne, héritière de Charles-le-Téméraire, et celui de Jeanne, fille de Ferdinand et d'Isabelle ; que s'il eût consenti au premier mariage, les Pays-Bas, réunis à la France, n'auroient point produit ces longues guerres qui firent couler tant de sang ; que s'il avoit donné les mains au second mariage, c'est-à-dire à celui du dauphin et de Jeanne, fille de Ferdinand et d'Isabelle, Jeanne n'eût point épousé Philippe, fils de Maximilien et de Marie de Bourgogne, et ne seroit point devenue la mère de Charles-Quint. Par le premier mariage, le dauphin (Charles VIII) auroit annexé les Pays-Bas, l'Artois, la Bourgogne, la Franche-Comté, à la monarchie de saint Louis ; par le second, ses enfants seroient devenus maîtres des royaumes des Espagnes, et bientôt des Amériques.

Ce n'est point ainsi qu'il faut juger la politique de Louis XI : le but de ce prince ne fut jamais d'agrandir son royaume au dehors, mais d'abattre la monarchie féodale pour constituer la monarchie absolue. Loin de désirer des conquêtes, il refusa l'investiture du royaume de Naples et repoussa les avances de Gênes. « Les Génois se donnent à moi, « disoit-il, et moi je les donne au diable. » Mais il acheta les droits éventuels de la maison de Penthièvre sur la Bretagne ; et toutes les fois qu'il trouvoit à se nantir pour un peu d'argent de quelque bonne ville dans l'intérieur de ses États, il n'y faisoit faute.

Les seigneurs appauvris brocantoient alors leurs plus célèbres manoirs, et Louis XI, comme un regrattier de vieilles gloires, maquignonnoit à bas prix la marchandise qu'il ne revendoit plus.

Le constant travail de la vie de Louis XI et l'idée fixe qui le domina furent l'abaissement de la haute aristocratie et la centralisation du pouvoir dans sa personne : ce qu'il fit en bien et en mal vient de cette préoccupation. S'il déclara qu'*il ne seroit donné aucun office s'il n'étoit vacant par mort, résignation ou forfaiture*, principe de l'inamovibilité des juges, ce ne fut pas pour ajouter de l'indépendance à la loi, mais pour lui communiquer de la force : il savoit très bien violer les règlements, changer les juges pour son compte, et nommer des commissions exécutives. S'il abolit la pragmatique sanction, ce ne fut pas pour favoriser la cour de Rome, mais en haine de tout ce qui portoit un caractère de liberté. S'il créa des parlements de Bordeaux et de Dijon, et s'il fit de nouvelles divisions de territoire, ce ne fut point par un esprit d'équité et d'ordre général; mais c'est qu'il vouloit détruire l'esprit de province, et avoir partout des *gens du roi*. S'il songea à établir l'uniformité des coutumes et l'égalité des poids et mesures, ce ne fut point pour faire disparoître ces inconvénients de la barbarie, mais pour attaquer les autorités seigneuriales. S'il établit les cent gentilshommes au bec de corbin, origine des gardes du corps; s'il prit des Suisses à sa solde et y joignit un corps de dix mille hommes d'infanterie françoise, ce n'est pas qu'il eût en vue de créer une armée nationale, c'est qu'il formoit une garde pour sa personne. Quand il s'humilioit devant Édouard IV et le duc de Bourgogne, ce n'étoit point par une méconnoissance de sa grandeur, mais pour obtenir le loisir de poursuivre dans l'intérieur de la France les seigneurs puissants. Il harcela sans relâche le duc de Bretagne; il attachoit bien plus d'importance à la conquête des États de ce duc qu'à celle du duc de Bourgogne, parce qu'il ne vouloit pas avoir derrière lui une principauté indépendante, porte toujours ouverte sur son royaume par où l'ennemi pouvoit toujours entrer. Il fit ou laissa empoisonner son frère le duc de Guienne, parce qu'il ne vouloit pas plus d'apanagistes que de grands vassaux :

l'apanage étoit en effet une sorte de démembrement.

Cette suite d'idées le mena à négliger le mariage du dauphin et de Marie de Bourgogne. Le dauphin étoit un enfant de huit ans, laid et mal conformé; Marie étoit une belle princesse de vingt ans; elle eût été obligée d'attendre, dans une espèce de veuvage de dix ans, la croissance d'un avorton dont les dix-huit ans auroient peut-être dédaigné ses trente années. Louis XI avoit trop de jugement pour ne pas calculer ce qui pouvoit arriver pendant la durée de ces longues fiançailles sans noces, dont le moindre accident pouvoit rompre les foibles liens. Il détestoit en outre les Flamands; et les Flamands le détestoient; l'esprit de liberté qui régnoit depuis trois siècles dans ces communes manufacturières étoit antipathique à son génie. Les comtes de Flandre étoient plutôt les sujets des Flamands, que les Flamands n'étoient leurs sujets. C'est dans ce pays resserré, ancien berceau des Franks, que s'est maintenu jusqu'à nos jours ce feu d'indépendance et de courage qui animoit les compagnons de Khlovigh.

Qu'auroit fait Louis XI, tuteur de son fils, de ces bourgeois qui firent exécuter sous les yeux de Marie de Bourgogne ses deux ministres, Hymbercourt et Hugonet? Élever des échafauds, c'étoit attenter aux droits de Louis XI. Il trouva plus sûr et plus court de s'emparer du duché de Bourgogne, qui revenoit naturellement à la couronne à la mort de Charles-le-Téméraire, les apanages ne passant point aux filles. Il s'empara des villes sur la Somme, et de plusieurs villes dans l'Artois, sur lesquelles il avoit des prétentions assez fondées ; mais, pour éteindre le droit de suzeraineté que l'Artois avoit sur la ville de Boulogne, il transporta et conféra cette suzeraineté à la sainte Vierge, *sa petite maîtresse, sa grande amie.*

Par le mariage du dauphin et de Marie de Bourgogne, il se seroit commis avec le corps germanique : la Franche-Comté, le Luxembourg, le Hainaut et la Hollande, relevoient de l'Empire ; or Louis XI ne vouloit de querelles que quand il se croyoit sûr du succès. Toutes ces considérations le portèrent à préférer le certain à l'incertain, à prendre ce qu'il pouvoit garder, à laisser ce qui présentoit des chances périlleuses. Il ne favorisa pas davantage l'union de Charles d'Angoulême, de la maison d'Orléans, avec l'héritière de Charles-le-Téméraire, parce que c'eût été rétablir sous un autre nom la puissance des ducs de Bourgogne. Mais s'il rejeta le mariage du dauphin avec Marie, il rechercha le mariage de ce même dauphin avec Marguerite, fille de Marie et de Maximilien, parce que d'un côté il y avoit proportion d'âge, et que de l'autre on gratifioit Marguerite des comtés d'Artois et de Bourgogne ; or cette dot n'offroit aucune matière à contestation avec la Flandre et l'Empire. Ce mariage n'eut pas lieu, parce que la dame de Beaujeu, qui suivit la politique de son père, préféra pour son frère Charles VIII l'héritière de Bretagne.

En tout, Louis XI étoit ce qu'il falloit qu'il fût

pour accomplir son œuvre. Né à une époque sociale où rien n'étoit achevé et où tout étoit commencé, il eut une forme monstrueuse, indéfinie, toute particulière à lui, et qui tenoit des deux tyrannies entre lesquelles il paroissoit. Une preuve de son énergie sous cette enveloppe, c'est qu'il craignoit la mort et l'enfer, et que pourtant il surmontoit cette frayeur quand il s'agissoit de commettre un crime. Il est vrai qu'il espéroit tromper Dieu comme les hommes, il avoit des amulettes et des reliques pour toutes les sortes de forfaits. Louis XI vint en son lieu et en son temps : il y a une si grande force dans cet à-propos, que le plus vaste génie hors de sa place peut être frappé d'impuissance, et que l'esprit le plus rétréci, dans telle position donnée, peut bouleverser le monde.

Louis XI, vers la fin de sa vie, s'enferma au Plessis-lez-Tours, dévoré de peur et d'ennui. Il se traînoit d'un bout à l'autre d'une longue galerie, ayant sous les yeux pour toute récréation, quand il regardoit par les fenêtres, le paysage, des grilles de fer, des chaînes, et des avenues de gibets qui menoient à son château : pour seul promeneur dans ces avenues, paroissoit Tristan le grand-prevôt, compère de Louis. Des combats de chats et de rats, des danses de jeunes paysans et de jeunes paysannes qui venoient figurer dans les donjons du Plessis le bonheur et l'innocence champêtres, servoient à dérider le front du tyran. Puis il buvoit du sang de petits enfants pour se redonner de la jeunesse; remède qui sembloit tout-à-fait approprié au tempérament du malade. On faisoit sur lui, disent les chroniques, *de terribles et de merveilleuses médecines.* Enfin il fallut mourir. Louis XI porta le premier le titre de roi Très-Chrétien, et les protestants jetèrent au vent ses cendres : les excès de la liberté religieuse et politique profanèrent la tombe de celui qui avoit abusé du pouvoir et de la religion.

Les principaux conseillers de ce roi furent Philippe de Comines, homme complaisant, qui a laissé des Mémoires hardis; et Jean de Lude, homme encore plus souple, que son maître appeloit *Jean des habiletés.*

Louis XI laissa deux filles et un fils légitimes, la dame Anne de Beaujeu, Jeanne, duchesse d'Orléans, et Charles VIII. Ce vilain homme fit subir à des femmes le despotisme de ses caresses. Il eut de Marguerite de Sassenage une fille qui, mariée à Aymar de Poitiers, fut l'aïeule de la belle Diane de Poitiers.

Quand Louis XI disparoît, l'Europe féodale tombe; Constantinople est prise; les lettres renaissent; l'imprimerie est inventée, l'Amérique au moment d'être découverte; la grandeur de la maison d'Autriche se fait pressentir par le mariage de l'héritière de Bourgogne avec Maximilien. Henri VIII, Léon X, François 1er, Charles-Quint, Luther avec la Réformation, ne sont pas loin : vous êtes au bord d'un nouvel univers.

CHARLES VIII.

De 1483 à 1498.

Du Haillant ne veut pas que Charles VIII soit fils de Louis XI, ou du moins qu'il soit fils de la reine Charlotte de Savoie : il avoit ouï dire cela. A ce compte, une foule de rois n'auroient pas été fils de leur prétendu père, car ces histoires d'enfants supposés sont renouvelées de règne en règne dans tous les pays. Au surplus l'adultère est toujours un crime, et dans la famille particulière des princes l'infidélité des femmes est affligeante ; mais dans la famille générale des peuples, peu importeroit (n'étoit la violation du droit et le désordre moral) d'où viendroit le royal enfant : s'il devoit à une fiction légale les avantages de l'hérédité et les qualités d'un grand homme, alors, souverain de droit et de fait, il emprunteroit à la naissance et au génie une double légitimité. Mais Charles VIII étoit bien fils de Louis XI.

Ce dernier, par un trait remarquable de sa politique, avoit réglé qu'Anne de France, dame de Beaujeu, sa fille, seroit chargée du gouvernement de la personne du roi. Louis XI s'étoit souvenu des abus de la régence sous Charles VI. Les états de Tours de 1484 confirmèrent Anne dans ce gouvernement, malgré l'opposition du duc d'Orléans, qui s'étoit adressé au parlement de Paris, lequel déclina sa compétence et renvoya l'affaire aux états.

Ils nommèrent un conseil de dix personnes où devoient assister les princes du sang. Le point le plus élevé de la monarchie des états se trouve sous le règne de Charles VIII et de Louis XII.

Charles VIII fait mettre en liberté Charles d'Armagnac, frère de Jean, tué à Lectoure. Tous les Armagnacs sont rendus à la liberté ou rétablis dans leurs biens. Landois, favori de François II, duc de Bretagne, est pendu.

Henri VII d'Angleterre défait et tue Richard III. Henri VII, de la branche de Lancastre, épousa Élisabeth d'York, et confondit les droits des deux maisons qui s'étoient si long-temps disputé la couronne.

Le duc d'Orléans, mécontent de la cour, s'étoit retiré en Bretagne : il commence, aidé des Bretons et d'une troupe d'Anglois, une courte guerre civile. Il est défait et pris à la bataille de Saint-Aubin, que gagna Louis II, sire de La Trémoïlle (1488).

Charles VIII épouse, en 1491, Anne, héritière du duché de Bretagne; Marguerite, fille de Maximilien, qu'il avoit fiancée et ensuite renvoyée à son père, et mariée à l'infant d'Espagne, Jean d'Aragon.

L'an 1492, chute de Grenade, fin de la domination des Maures en Espagne, et découverte de l'Amérique par Christophe Colomb.

Expédition de Charles VIII en Italie. Jusqu'alors l'Italie n'avoit vu les François que comme des espèces d'aventuriers : aussitôt que les rois de France eurent brisé le dernier anneau de la chaîne féodale, ils purent marcher hors de leur pays à la tête de leur nation. Les droits de Charles VIII sur la souveraineté de Naples étoient la cession qui lui en avoit été faite par Charles d'Anjou, héritier de son oncle René. Charles VIII, arrivé à Rome (1494), y trouva un empire aussi chimérique que le royaume qu'il prétendoit conquérir : André Paléologue, héritier de l'empire de Constantinople qu'il n'avoit pas, céda ses prétentions au roi de France, et le pape Alexandre VI livra à Charles Zizim, frère de Bajazet, exilé dans les États du saint-siége. Charles VIII entra dans Naples le 21 février 1495 avec les ornements impériaux, soit qu'il les portât comme empereur d'Occident ou comme empereur d'Orient. Une ligue conclue à Venise entre le pape, l'empereur, le roi d'Aragon, Henri VII, roi d'Angleterre, Ludovic Sforce et les Vénitiens, oblige Charles VIII à évacuer l'Italie. Les François repassent les Alpes après avoir vaincu à Florence. On admira le service de l'artillerie françoise ; pour la première fois une armée régulière de notre nation se montra dans la belle contrée où elle devoit un jour acquérir tant de gloire.

Charles VIII expire au château d'Amboise le 7 avril 1498 : son fils le dauphin étoit mort âgé de trois ans. Une branche collatérale monte sur le trône.

« Charles VIII, petit homme de corps et peu en-
« tendu, dit Commines, étoit si bon qu'il n'est point
« possible de voir meilleure créature. »

LOUIS XII.

De 1498 à 1515.

Louis XII a obtenu le plus beau surnom des rois de France : il fut tout d'une voix appelé le Père du peuple. Et ici le mot *peuple* a une grande valeur, et annonce une révolution : ce n'est point un mot banal appliqué à une foule depuis long-temps gouvernée par un maître; c'est un mot nouvellement introduit dans la langue pour désigner une jeune nation affranchie, formée des débris des serfs et des corvéables de la féodalité. Elle ouvroit les temps modernes, cette nation; elle avoit la force et l'éclat qu'elle eut dans sa première métamorphose, lorsque les Franks, transformés en François, entrèrent dans les siècles du moyen-âge.

Louis XII étoit arrière-petit-fils de ce Louis, duc d'Orléans, par qui le sang italien commença à couler dans les veines de nos monarques, et à leur communiquer le goût des arts : race légère et romanesque, mais élégante, brave, intelligente, et qui mêla la civilisation à la chevalerie. On ne sauroit trop rappeler le mot de Louis XII en parvenant au trône : « Le roi de France ne venge pas les « querelles du duc d'Orléans (1498). »

Louis XII épousa la veuve de Charles VIII. La Bretagne fut le dernier grand fief revenu à la couronne. Ainsi périt la monarchie féodale : commencée par le démembrement successif des provinces du royaume, elle finit par la réunion successive de ces provinces au royaume, comme les fleuves sortis de la mer retournent à la mer. Il restoit encore une soumission pour les comtés de Flandre et d'Artois, possédés par l'archiduc d'Autriche; mais ce n'étoit plus qu'un vain hommage auquel ni celui qui le rendoit, ni celui qui le recevoit, n'attachoit aucune idée d'obéissance ou de supériorité. Les lambeaux de la monarchie féodale traînèrent assez long-temps dans la monarchie absolue, de même que l'on voit aujourd'hui des débris du despotisme impérial flotter parmi les libertés constitutionnelles. Le passé se prolonge dans l'avenir, et une nation ne peut ni ne doit se séparer de ses tombeaux.

La cour de l'Échiquier en Normandie fut érigée en parlement : ainsi tomboient tour à tour les pièces de la vieille armure gothique.

Louis XII porta la guerre en Italie : aussitôt que nos querelles cessèrent au dedans, elles commencèrent au dehors; il falloit une nouvelle issue à l'humeur guerrière de la France. Louis XII prétendoit au duché de Milan par les droits de Valentine de Milan son aïeule, et au royaume de Naples par les droits de la maison d'Anjou. Dominoient alors à Rome les abominables Borgia : César Borgia, le héros de Machiavel; Alexandre VI avec sa fille triplement incestueuse, nommée Lucrèce, comme pour offrir à Rome un contraste fameux avec l'antique pudeur romaine. Le Milanois fut conquis dans l'espace de vingt jours, le royaume de Naples en moins de quatre mois : ce royaume fut occupé de concert avec Ferdinand-le-Catholique. Bientôt les François et les Espagnols se brouillent pour le partage de cet État (1500, 1501, 1502). D'Aubigny perd la bataille de Seminare, le vendredi 21 avril, et le vendredi 28 du même mois, le duc de Nemours est vaincu et tué à Cérignole par Gonzalve de Cordoue, dit le grand capitaine. La maison d'Armagnac finit en la personne du duc de Nemours, et ce duc de Nemours n'étoit rien moins que le dernier descendant de Khlovigh : reste étrange au commencement du seizième siècle! Le parlement d'Aix avoit été créé en 1501.

Cependant Charles-Quint étoit né (1500). Alexandre meurt (18 août 1503). Après Pie III, qui n'occupa le siége pontifical que vingt-cinq jours, vient Jules II, dont le nom annonce et le règne des arts, et une révolution dans le genre d'influence que la cour de Rome exerça sur le monde chrétien. Cette cour cessa d'être plébéienne, et, par une double erreur, elle s'attacha au pouvoir aristocratique lorsqu'il expiroit. L'ère politique du christianisme déclinoit.

Les états de Tours de 1506 vous montrent ces assemblées parvenues à leur dernier point de perfection, séparées de la magistrature parlementaire et du pouvoir exécutif. Louis XII les ouvre dans une séance royale, environné des princes du sang et de toute sa cour, ayant à sa droite le chancelier de France : c'est la forme même dans laquelle commencent aujourd'hui les sessions législatives, et ce qui montre que les grands de la cour ne faisoient point ou ne faisoient plus partie des états.

La ligue de Cambrai formée contre les Vénitiens se dissipe, comme toutes ces coalitions où des princes ennemis se réunissent dans un intérêt momentané.

Henri VII d'Angleterre meurt, et est remplacé sur le trône par Henri VIII (1509 et 1510).

Jules II se ligue contre les François en Italie avec Ferdinand, Henri VIII et les Suisses. Le dernier des chevaliers françois, Bayard, digne de clore l'époque de la chevalerie, se signale à Saint-Félix et à la journée de la Bastide (1511). Concile général de Pise, où Jules II est cité par Louis XII. Concile de Latran en opposition au concile de Pise.

Bataille de Ravenne gagnée le jour de Pâques, 11 avril 1512, sur les confédérés par le duc de Nemours, le chevalier Bayard, Louis d'Arce et Lautrec. Le duc de Nemours achète la victoire de sa vie; il est tué âgé seulement de vingt-trois ans. Ce jeune prince étoit Gaston de Foix, fils de Marie, sœur de Louis XII, pour lequel le comté de Nemours avoit été érigé en duché-pairie (1507). Il ne le faut pas confondre avec Armagnac, duc de Nemours, le dernier des Mérovingiens dont on a parlé.

Le Milanois est perdu pour Louis XII, qui ne conserve en Italie que quelques places, avec le château de Milan. Le concile de Pise est transféré à Milan, ensuite à Lyon. Jules II frappe d'interdit le royaume de France et la ville de Lyon en particulier : méprise de temps; ces foudres, comme la féodalité, étoient épuisés; les vieilles mœurs n'étoient plus que des usages.

Ferdinand s'empare du royaume de Navarre; Maximilien Sforce reprend la souveraineté du Milanois, les Médicis celle de Florence. L'empereur Maximilien Ier veut se faire pape. La reine, Anne de Bretagne, meurt. Jules II la suit dans la tombe. Léon X lui succède. Louis XII reprend le Milanois, et le perd enfin à la bataille de Novare. La France est attaquée par Maximilien, Henri VIII et les Suisses. Tout s'arrange au moyen de plusieurs mariages, les uns projetés, les autres accomplis. Louis XII épouse Marie, sœur de Henri VIII, dans les bras de laquelle il trouva la mort. Le comte d'Angoulême, qui devint François Ier, aima Marie, et s'en éloigna de peur de perdre une couronne. Ce calcul n'étoit guère de son âge et de son caractère : aussi ne céda-t-il qu'au conseil de Grignaux, ou de Gouffier, ou de Duprat (1512, 1513, 1514, 1515).

Louis XII décède le 1er janvier 1515 à l'hôtel des Tournelles à Paris. Il réduisit les impôts de plus de moitié; il avoit une affection tendre pour ses sujets, qui la lui rendirent, malgré ses fautes dans la politique extérieure; il voulut toutes les franchises dont on pouvoit jouir sous la monarchie d'alors. Il est convenable de remarquer qu'à cette époque, et jusqu'à celle où nous vivons, les peuples régloient leur haine ou leur amour sur le plus ou le moins de taxes dont ils se trouvoient chargés. Aujourd'hui que l'espèce humaine a gagné en intelligence et en civilisation, les nations attachent moins leurs affections à ces intérêts tout matériels : elles accorderoient plus volontiers le nom de père au souverain qui accroîtroit leurs libertés, qu'à celui qui épargneroit leur argent.

FRANÇOIS Ier.

De 1515 à 1547.

François Ier étoit arrière-petit-fils de Louis d'Orléans et de Valentine de Milan. Trois générations avoient déjà changé le monde ; soixante ans de la découverte de la presse, quoique non libre, avoient produit un mouvement considérable dans les esprits. Les controverses de Luther prêt à paroître, ou ne se fussent pas propagées avec la même rapidité, ou auroient été étouffées, si la presse ne s'étoit trouvée là tout juste à point pour les répandre.

François Ier rentre en Italie (1515). Le 14 de septembre il livre aux Suisses, à Marignan, ce combat que Trivulce appela *le combat des géants :* ce fut la première grande victoire remportée par les François depuis leurs défaites à Crécy, Poitiers et Azincourt. Cette bataille n'avoit plus aucun des caractères de ces premières batailles ; elle étoit à celles-ci ce que les batailles de la révolution ont été à celle de Marignan. Le sénat de Venise déclara, par un décret, que François Ier et tous les princes de sa race seroient nobles vénitiens ; décret que Louis XVIII demanda à effacer de sa main, lorsqu'il reçut l'ordre de quitter Vérone. Commencement de la vénalité des charges, qui amène l'inamovibilité des juges.

Ferdinand, roi d'Aragon par lui-même, roi de Castille par sa femme Isabelle, roi de Grenade par conquête, roi de Navarre par usurpation, héritier de trois bâtards couronnés, meurt, et Charles-Quint monte sur le trône.

Le traité de Fribourg produit entre la France et les Suisses cette paix nommée perpétuelle, qui ne laissa plus à ceux-ci que l'honneur de verser leur sang pour les François (1516).

Concordat entre Léon X et François Ier, auquel s'opposèrent le clergé, l'université et le parlement, comme attentatoire aux libertés de l'Église nationale. Luther, cette même année (1517), s'éleva contre les indulgences prêchées en Allemagne. Henri VIII étoit sur le trône; il alloit porter un autre coup à la foi catholique dont il se constitua d'abord le *défenseur*. En 1521, Ignace de Loyola fut blessé dans le château de Pampelune que les François tenoient assiégé : Loyola fut pour les réformés ce que saint Dominique avoit été pour les Albigeois; mais la Saint-Barthélemy ne détruisit point le protestantisme, et les Croisés exterminèrent les Albigeois.

Charles-Quint est élu empereur après la mort de Maximilien : son concurrent étoit François Ier (1519). Alors la France se trouva enveloppée par les possessions de la maison d'Autriche : l'Espagne, conquérante en Amérique et dans les Indes, disoit que le soleil ne se couchoit pas sur ses États. La découverte de l'Amérique produisit une révolution dans le commerce, la propriété et les finances de l'ancien monde. L'introduction de l'or du Mexique et du Pérou baissa le prix des métaux, éleva celui des denrées et de la main-d'œuvre, fit changer de main la propriété foncière, créa une propriété inconnue jusqu'alors, celle des capitalistes, dont les Lombards et les Juifs avoient donné la première idée. Avec les capitalistes naquit la population industrielle et la constitution artificielle des fonds publics. Une fois entrée dans cette route, la société se renouvela sous le rapport des finances, comme elle s'étoit renouvelée sous les rapports moraux et politiques.

Aux aventures des croisades succédèrent des aventures d'outre-mer d'une tout autre importance ; le globe s'agrandit, le système des colonies modernes commença, la marine militaire et marchande s'accrut de toute l'étendue d'un océan sans rivages. La petite mer intérieure de l'ancien monde ne resta plus qu'un bassin de peu d'importance, depuis que les richesses des Indes arrivoient en Europe par le cap des Tempêtes. A trois années de distance l'heureux Charles-Quint triomphoit de Montezume à Mexico, et de François Ier à Pavie.

Mais ce qui fit avancer les autres peuples vers l'indépendance et la civilisation enchaîna les nations soumises au sceptre de Philippe II ; les Amériques, l'Espagne et les Pays-Bas perdirent leurs libertés pour des siècles. Ces champs de la Flandre, où les communes avoient si long-temps combattu pour leur émancipation, ne furent plus ensanglantés que par des échafauds ou par les batailles que s'y livrèrent les maisons de France et d'Autriche.

L'entrevue de François Ier et de Henri VIII, près de Guines, appelée le *camp du drap d'or*, fut une dernière parade des temps féodaux, un simulacre des tournois, des cours plénières, de ces anciennes mœurs déjà assez passées pour n'être plus que des spectacles (1520).

Le duc de Bouillon déclara la guerre à l'empereur : celui-ci crut que le duc étoit secrètement appuyé de la France : commencement des guerres entre Charles-Quint et François Ier. Le Milanois est perdu de nouveau; Léon X, qui a donné son nom à son siècle, meurt. Il écrivoit à Raphaël : « Vous ren-
« drez mon pontificat à jamais célèbre. » Il prophétisoit. Malheureusement la renaissance des arts tomba presque au moment de la réformation dont la rigidité proscrivoit les arts. Si l'ardeur religieuse des siècles qui élevèrent les monuments gothiques avoit encore existé au temps des Michel-Ange et des Raphaël, de combien d'autres chefs-d'œuvre Rome, déjà si riche, seroit ornée!

A Léon X succéda Adrien VII, qui laissa la tiare à Clément VII, autre Médicis (1521).

Prise de Rhodes par Soliman II (1522).

Le connétable de Bourbon, que persécutoit la duchesse d'Angoulême, passe au service de Charles-Quint. Le marquis de Villane, sollicité par l'empereur de prêter son palais au connétable, répondit :
« Je ne puis rien refuser à votre majesté, mais si
« le duc de Bourbon loge dans ma maison, j'y met-
« trai le feu aussitôt qu'il en sera sorti, comme lieu
« infecté par la trahison, et ne pouvant plus être

« habité d'un homme d'honneur. » Seul traître que les Bourbons aient jamais compté dans leur race.

Le capitaine Bayard est tué dans la retraite de Rebecque (1524). « Il fut tiré ung coup de hacque-« bouze, dont la pierre le vint frapper au travers « des reins, et lui rompit tout le gros os de l'eschine. « Quand il sentit le coup, se print à crier *Jésus !* Et « puis dist : *Hélas ! mon Dieu, je suis mort !* Si print « son espée par la poignée et baisa la croisée, en signe « de la croix, et en disant tout hault : *Miserere mei,* « *Deus, secundum misericordiam tuam ;* devint in-« continent tout blesme, comme failly des esperitz, « et cuyda tomber : mais il eut encore le cueur de « prendre l'arson de la selle ; et demoura en cest « estat jusques à ce que ung jeune gentil homme, « son maistre d'hostel, lui ayda à descendre, et le « mit soubz ung arbre. . . . . Ses povres « serviteurs domestiques estoient tous transsiz, entre « lesquelz estoit son povre maistre d'hostel, qui ne « l'abandonna jamais ; et se confessa le bon chevalier « à luy, par faulte de prestre. Le povre gentil homme « fondoit en larmes, voyant son bon maistre si mor-« tellement navré, que nul remède en sa vie n'y « avoit ; mais tant doulcement le reconfortoit icelluy « bon chevalier, en luy disant : Jacques, mon amy, « laisse ton deuil ; c'est le vouloir de Dieu de m'oster « de ce monde ; je y ay la sienne grace longuement « demouré, et y ay receu des biens et des honneurs « plus que à moi n'appartient : tout le regret que « j'ay à mourir, c'est que je n'ay pas si bien fait mon « devoir que je devoys. »

Le connétable de Bourbon, du parti des ennemis, se présenta pour consoler Bayard : « Monseigneur, « lui dit le capitaine, ne faut avoir pitié de moi, « mais de vous qui êtes armé contre votre roi, votre « pays et votre foi. » Bourbon insista, et parla de bons chirurgiens ; Bayard répliqua : « Je cognois que « je suis blessé à mort. Je prends la mort en gré et « n'y ai aucune desplaisance. » Le connétable s'en alla les larmes aux yeux et s'écriant : « Bien heureux le « prince qui a ung tel serviteur, et ne sçait la France « qu'elle a perdu aujourd'huy ! »

Le marquis de Pescaire (Fernand-François d'Avaloz) dit : « Plust à Dieu, gentil seigneur de Bayard, « qu'il m'eust cousté une quarte de mon sang, sans « mort recevoir, je ne deusse manger chair de « deux ans, et je vous tiensisse en santé mon pri-« sonnier ! »

Bataille de Pavie, 14 février 1525. On ne retrouve plus l'original du fameux billet : *Tout est perdu fors l'honneur;* mais la France, qui l'auroit écrit, le tient pour authentique. Jean, pris à Poitiers, fut servi à table par son vainqueur, et traité à Londres comme un monarque triomphant; François Ier fut transféré rudement dans les prisons de Madrid : les chevaliers, que le monarque françois vouloit faire revivre, n'étoient plus. Au reste, les états de Bourgogne, en 1526, ne se crurent pas liés par le traité de Madrid, qui détachoit, sans leur consentement, la Bourgogne de la France; les états de Paris, en 1359, refusèrent de ratifier le traité négocié pour la délivrance du roi Jean : il n'y a de permanent que l'indépendance des peuples, toutes les fois qu'elle est appelée à parler seule.

L'année de la captivité de François Ier, prisonnier, vit Albert, margrave de Brandebourg, grand-maître de l'ordre Teutonique, embrasser le luthéranisme et s'emparer des provinces de l'ordre. Les descendants d'Albert sont devenus rois de Prusse.

Le traité de Cambrai, en 1529, termina les guerres d'Italie entre François Ier et Charles-Quint. La Bretagne est réunie à la France par une ordonnance expresse. Avant l'édit du domaine de 1566, nos rois pouvoient librement disposer de leurs biens patrimoniaux ; ces biens ne devenoient inaliénables que par leur réunion au domaine ; d'où il faut distinguer deux choses dans l'ancien droit commun de la troisième race : la propriété particulière du prince, la propriété générale de la couronne.

François Ier fonde l'infanterie françoise : elle remplaça les fantassins allemands à notre solde. Cette infanterie fut d'abord formée sur le modèle des légions romaines, et divisée en corps de six mille hommes. On en revint à la division par bandes de cinq ou six cents hommes, origine de nos régiments. Henri, frère puîné de François dauphin, épouse à Marseille Catherine de Médicis (1532, 1533).

Le schisme d'Angleterre éclate en 1534, à propos du divorce de Henri VIII, pour épouser Anne de Boulen. Cette année même, 1534, les doctrines de Calvin se glissoient en France sous la protection de Marguerite, reine de Navarre, sœur de François Ier ; et cette année encore Ignace de Loyola fonda la société de Jésus : quand les idées des peuples sont mûres pour un changement, il arrive que les princes se trouvent faits pour les développer. Nouvelle guerre entre la France et l'Espagne, à propos de la décapitation, par François Sforce, de l'envoyé de France à Milan. Charles-Quint, revenu triomphant de son expédition d'Afrique, est battu en Provence et en Picardie.

Henri devient dauphin par la mort de François, son frère aîné, empoisonné. Les anabaptistes sont dispersés par le supplice de Jean de Leyde, à Munster (1536). Charles-Quint est ajourné à la cour des pairs de France, comme vassal rebelle, ainsi que l'avoit été le prince Noir ; ridicule résurrection des droits périmés de la monarchie féodale (1537).

Charles-Quint traverse la France (1539) pour aller apaiser des troubles survenus dans cette ville de Gand, berceau des tribuns et asile des rois.

L'ordonnance de Villers-Coterets (1539) commande l'abréviation des procès, le non-empiètement des tribunaux ecclésiastiques sur les justices ordinaires, et la rédaction en françois des actes publics. On s'est étonné que cette ordonnance n'ait pas été rendue plus tôt : il falloit bien attendre la langue ; elle ne commença à être assez débrouillée pour être convenablement intelligible que sous le règne de François Ier. Si, dès l'an 1281, l'empereur Rodolphe obligea d'écrire les actes impériaux en langue vulgaire, c'est que l'allemand étoit une langue mère parlée de tout temps par un peuple qui l'entendoit. La langue françoise n'étoit qu'un patois né principalement des langues romane et latine; des siècles s'écoulèrent avant qu'elle devînt une langue générale dans toute l'étendue de la monarchie. Édouard III put défendre l'usage du jargon normand dans les tribunaux d'Angleterre, parce qu'il trouva derrière ce jargon l'anglois, ou le bas allemand, conservé par les Saxons conquis.

La procédure criminelle, devenue presque publique, cesse de l'être sous le chancelier Poyet.

On commence à voir paroître les noms fameux dans les règnes suivants : le cardinal de Lorraine et son frère, le premier duc de Guise, le connétable Anne de Montmorency et Catherine de Médicis (1540).

François Ier établit de nouvelles relations extérieures; il envoie des ambassadeurs à Soliman II, à Constantinople, et en reçoit de Gustave-Wasa, roi de Suède. Ce prince, célèbre par son courage et ses aventures, rendit la Suède luthérienne, et devint chef militaire des protestants (1542).

En 1544, bataille de Cérisoles, gagnée par les François.

En 1545, premières exterminations des guerres de religion en France; exécution des villes huguenotes de Cabrières et de Mérindol.

Les deux chefs du schisme, Luther et Henri VIII, meurent, le premier en 1546, et le second en 1547. François Ier, qui commença la persécution contre les huguenots, suivit deux mois après dans la tombe le tyran des libertés politiques et le fondateur des libertés religieuses de l'Angleterre (1er mars 1547).

Charles-Quint se traîna neuf ans sur la terre

après son rival : il abdiqua en 1556, se retira au monastère de Saint-Just, dans l'Estramadure, et célébra vivant ses propres funérailles. Enveloppé d'un linceul, couché dans une bière, il chanta, du fond de son cercueil, l'office des morts, que les religieux célébroient autour de lui. « C'étoit l'homme « pour lequel, dit Montesquieu, le monde s'étendit, « et l'on vit paroître un monde nouveau. » Ce monde nouveau donna la mort à François Ier. Toute la destinée de Charles-Quint pesa sur celle du monarque françois. Importuné jusque dans ses derniers jours des rivalités de ses maîtresses et de celles des maîtresses de son fils, François Ier mourut en chrétien qui reconnoît sa fragilité ; Charles-Quint s'en alla comme un ambitieux qui se revêt du froc et du cercueil, dépité de n'avoir pu se parer de la dépouille du monde. Les foiblesses du monarque espagnol ne furent pas apparentes comme celles du monarque françois, dont la galanterie étoit aussi éclatante que la valeur. Un inceste mystérieux qui, dans les ombres d'un cloître, donna naissance à un héros, a été reproché à Charles-Quint : ses désordres avoient quelque chose de sérieux, de secret et de profond comme lui.

Il y a des époques où la société se renouvelle, où des catastrophes imprévues, des hasards heureux ou malheureux, des découvertes inattendues déterminent un changement préparé de longue main dans le gouvernement, les lois, les mœurs et les idées. Cette révolution, qui paroît subite, n'est que le travail continu de la civilisation croissante, que le résultat de la marche de cette civilisation vers le perfectionnement nécessaire, efficient, attaché à la nature humaine. Dans les révolutions, même en apparence rétrogrades, il y a un pas de fait, une lumière acquise pour aveindre quelque vérité. Les conséquences ne se font pas immédiatement remarquer en jaillissant du principe qui les produit; ce n'est guère qu'après une cinquantaine d'années qu'on aperçoit les transformations opérées chez les peuples par des événements déjà vieux d'un demi-siècle.

Ainsi, lorsque François Ier monta sur le trône, la découverte de l'Amérique, la prise de Constantinople par les Turcs, l'invention de l'imprimerie, toutes ces choses, qui avoient précédé le règne de ce roi, commençoient à agir en étendant le domaine de l'homme physique et moral. Des mers inconnues à braver, de nouveaux mondes à explorer, offroient des objets dignes de leurs efforts à l'esprit chevaleresque et religieux qui régnoit encore, aux lettres, aux sciences et aux arts, qui renaissoient, aux gouvernements et au commerce, qui cherchoient de nouvelles sources de puissance et de richesses. L'imprimerie sembloit en même temps avoir été trouvée tout exprès pour multiplier et répandre les trésors que les Grecs, chassés de leur patrie, avoient apportés dans l'Occident. Les courses transalpines de Charles VIII et de Louis XII avoient fait passer dans les Gaules ce goût des élégances de la vie, perdu depuis long-temps. Milan, Florence, Sienne, virent reparoître ces noms, qu'ils

avoient bien connus au temps de la conquête des
Normands et de Charles d'Anjou : les La Palice, les
Nemours, les Lautrec, les Vieilleville, ne trouvèrent
plus, comme leurs pères, une terre demi-barbare,
mais une terre classique, où le génie d'Auguste
s'étoit réveillé, où, comme les vieux Romains, ils
adoucirent leurs rudes vertus à la voix des arts
accourus une seconde fois de la Grèce. Quand
Bayard acquéroit le haut renom de prouesse, c'étoit
au milieu de l'Italie moderne, de l'Italie dans toute
la fraîcheur de la civilisation renouvelée; c'étoit au
milieu de ces palais bâtis par Bramante, Michel-
Ange et Palladio, de ces palais dont les murs étoient
couverts de tableaux récemment sortis des mains
des plus grands maîtres; c'étoit à l'époque où l'on
déterroit les statues et les monuments de l'antiquité; tandis que les Gonzalve de Cordoue, les Trivulce, les Pescaire, les Strozzi combattoient, que
les artistes se faisoient justice de leurs rivaux à
coups de poignard, que les aventures de Roméo
et de Juliette se répétoient dans toutes les familles,
que l'Arioste et le Tasse alloient chanter cette chevalerie dont Bayard étoit le dernier modèle.

Les guerres de François 1er, de Charles-Quint
et de Henri VIII mêlèrent les peuples, et les idées
se multiplièrent. Des armées régulières, connues
en Europe depuis la fin du règne de Charles VII,
firent disparoître le reste des milices féodales. Les
braves de tous les pays se rencontrèrent dans ces
troupes disciplinées : Bayard put combattre tels
fils de Pizarre et de Fernand Cortès, qui avoient

vu tomber les empires du Pérou et du Mexique. Ces infidèles, que les chevaliers alloient, avec saint Louis, chercher au fond de la Palestine, maîtres de Constantinople, et devenus nos alliés, intervenoient dans notre politique; leur prince envoyoit le renégat grec Barberousse combattre pour le pape et le roi très chrétien sur les côtes de la Provence.

Tout changea donc dans la France; les vêtements même s'altérèrent; il se fit des anciennes et des nouvelles mœurs un mélange unique. La langue naissante fut écrite avec esprit, finesse et naïveté par la sœur de François Ier, la reine de Navarre; par François Ier lui-même, qui faisoit des vers aussi bien que Marot; par Rabelais, Amyot, les deux Marot et les auteurs de Mémoires. L'étude des classiques, celle des lois romaines, l'érudition générale, furent poussées avec ardeur; les arts acquirent une perfection qu'ils n'ont jamais surpassée depuis en France. La peinture, éclatante en Italie, fut transplantée dans nos forêts et nos châteaux gothiques; ceux-ci virent leurs tourelles et leurs créneaux se couronner des ordres de la Grèce. Anne de Montmorency, qui disoit ses patenôtres, ornoit Écouen de chefs-d'œuvre; le Primatice embellissoit Fontainebleau; François Ier, qui se faisoit armer chevalier comme au temps de Richard Cœur-de-Lion, assistoit à la mort de Léonard de Vinci, et recevoit le dernier soupir de ce grand peintre; et, auprès de tout cela, le connétable de Bourbon, dont les soldats, comme ceux d'Alaric, se préparoient à saccager Rome; ce connétable, qui devoit mourir.

d'un coup de canon tiré peut-être par le graveur Benvenuto Cellini, représentoit dans ses terres de France la puissance, la vie et les mœurs d'un ancien grand vassal de la couronne.

François Ier, qui ne fut pas un grand homme, mais auquel le surnom de *grand roi* est néanmoins resté, ce père des lettres, qui voulut rompre toutes les presses dans son royaume, attira les femmes à la cour. Cette cour, lettrée, galante et militaire, mêloit les faits d'armes aux amours. Alors commença le règne de ces favorites qui furent une des calamités de l'ancienne monarchie. De toutes ces maîtresses, une seule, Agnès Sorel, a été utile au prince et à la patrie.

Une aventure, choisie entre mille, suffira pour faire connoître la haute société sous François Ier. Brantôme, qui, avec un autre genre de talent, imite souvent Froissard, est en cette matière le conteur parfait : « J'en ay ouy conter d'une autre du temps
« du roy François Ier, de ce beau escuyer Gruffy,
« qui estoit un escuyer de l'escurye dudit roy, et
« mourut à Naples au voyage de M. de Lautrec, et
« d'une très grande dame de la cour, qui en devint
« très amoureuse; aussi estoit-il très beau, et ne
« l'appeloit-on ordinairement que le beau Gruffy,
« dont j'en ay veu le pourtrait qui le monstre tel.

« Elle attira un jour un sien valet de chambre
« en qui elle se fioit, pourtant inconnu, et non veu
« dans sa chambre, qui luy vint dire un jour, luy
« bien habillé, qui sentoit son gentilhomme, qu'une
« très belle et honeste dame se recommandoit à

« luy, et qu'elle en estoit si amoureuse, qu'elle en
« desiroit fort l'accointance plus que d'homme de
« la cour; mais par tel si, qu'elle ne vouloit pour
« tout le bien du monde qu'il la vist et la connust;
« mais qu'à l'heure du coucher, et qu'un chacun
« de la cour seroit retiré, il le viendroit quérir et
« prendre en un certain lieu qu'il luy diroit, et de
« là il le mèneroit chez cette dame; mais par tel
« pact aussi, qu'il luy vouloit boucher les yeux avec
« un beau mouchoir blanc, comme un trompette
« qu'on mène en ville ennemie, afin qu'il ne pust
« voir ny reconnoistre le lieu, ny la chambre, là
« où il le mèneroit, et le tiendroit toujours par les
« mains, afin de ne deffaire ledit mouchoir; car
« ainsi luy avoit commandé sa maîtresse pour ne
« vouloir estre connue de luy jusques à quelque
« temps certain et préfix qu'il luy dit et promit. . .
« . . . . Partant le messager se départit
« d'avec Gruffy, qui fut en peine et en songe, luy
« ayant grand sujet de penser que ce fust quelque
« partie jouée de quelque ennemy de cour, pour
« lui donner quelque venue, ou de mort, ou de
« charité envers le roy. Songeoit aussi quelle dame
« ce pouvoit estre, ou grande, ou moyenne, ou
« petite, ou belle, ou laide, qui plus lui faschoit
« (encore que tous chats sont gris la nuit). Par
« quoy après en avoir conféré à un de ses com-
« pagnons des plus privez, il résolut de tenter la
« risque, et que, pour l'amour d'une grande, qu'il
« présumoit bien estre, il ne falloit rien craindre
« et appréhender : par quoy le lendemain que le

« roy, les reynes, les dames et tous et toutes celles
« de la cour se furent retirez pour se coucher, ne
« faillit de se trouver au lieu que le messager l'avoit
« assigné, qui ne faillit aussitost à l'y venir trouver
« avec un second, pour luy aider à faire le guet, si
« l'autre n'estoit point suivi de page, ny laquais, ny
« valet, ni gentilhomme. Aussitost qu'il le vid, luy
« dit seulement : *Allons, monsieur; madame vous*
« *attend.* Soudain il le banda et le mena par lieux
« estroits, obscurs, travers et inconnus; de sorte
« que l'autre luy dit franchement qu'il ne sçavoit
« là où il le menoit : puis, il entra dans la chambre
« de la dame, qui étoit si sombre et si obscure,
« qu'il ne pouvoit rien voir ni connoistre, non plus
« que dans un four.

« Bien la trouva-t-il très bien parfumée, qui luy
« fit espérer quelque chose de bon; . . . .
« . . . . . et après le mena par la main, luy ayant
« osté le mouchoir, au lit de la dame, qui l'atten-
« doit; et se mit auprès d'elle . . . .
« où il n'y trouva rien que très exquis, tant à sa
« peau qu'à son lit et son linge, qu'il tastonnoit avec
« les mains; et ainsi passa la nuict joyeusement avec
« cette belle dame, que j'ay bien ouy nommer. . .
« . . . . Mais rien ne lui faschoit, disoit-il,
« sinon que jamais n'en sceut tirer aucune parole.

« Il n'avoit garde : car il parloit assez souvent
« à elle le jour, comme aux autres dames, et pour
« ce, l'eust connue aussitost. De folastreries, de
« mignardises, de caresses, elle n'y espargnoit
« aucune : tant il y a qu'il se trouva bien.

« Le lendemain matin, à la pointe du jour, le
« messager ne faillit de le venir esveiller, et le lever
« et habiller, le bander et le retourner au lieu où
« il l'avoit pris, et de luy dire adieu jusqu'au re-
« tour, qui seroit bien tost.

« Le beau Gruffy, après l'avoir remercié cent
« fois, luy dit adieu, et qu'il seroit toujours prest
« de retourner; ce qu'il fit : et la feste en dura un
« bon mois, au bout duquel fallut à Gruffy partir
« pour son voyage de Naples, qui prit congé de sa
« dame, et luy dit adieu à grand regret, sans en
« tirer d'elle aucun parler seulement de bouche,
« sinon soupirs et larmes, qu'il luy sentoit couler
« des yeux. Tant il y a qu'il partit d'avec sans la
« connoistre nullement, ny s'en apercevoir. »

Il faut maintenant trouver place pour la réformation au milieu de ces mœurs licencieuses et légères : elle avoit la prétention de reproduire le premier christianisme chez les chrétiens vieillis, comme François Ier vouloit ressusciter la chevalerie parmi les porteurs de mousquets et d'arquebuses.

La réformation est l'événement le plus important de cette époque; elle ouvre les siècles modernes, et les sépare du siècle indéterminé qui suivit la disparition du moyen-âge.

Jusqu'alors on avoit souvent vu des hérésies dans l'Église latine, mais peu durables, et elles n'avoient jamais altéré l'ordre politique. Le protestantisme devint, dès son origine, une affaire d'État, et divisa sans retour la cité. Les métamorphoses opérées dans les lois et dans les mœurs doivent nécessairement amener des changements dans la religion; il étoit impossible que l'extérieur de l'édifice changeât, sans que les bases mêmes de cet édifice ne fussent ébranlées.

La réformation réveilla les idées de l'antique égalité, porta l'homme à s'enquérir, à chercher, à apprendre. Ce fut, à proprement parler, la vérité philosophique qui, revêtue d'une forme chrétienne, attaqua la vérité religieuse. La réformation servit puissamment à transformer une société toute militaire en une société civile et industrielle; ce bien est immense, mais ce bien a été mêlé de beaucoup de mal, et l'impartialité historique ne permet pas de le taire.

Le christianisme commença chez les hommes par les classes plébéiennes, pauvres et ignorantes. Jésus-Christ appela les petits, et ils allèrent à leur maître. La foi monta peu à peu dans les hauts rangs, et s'assit enfin sur le trône impérial. Le christianisme étoit alors catholique ou universel; la religion dite catholique partit d'en bas pour arriver aux sommités sociales : nous avons vu que la papauté n'étoit que le tribunat des peuples, lorsque l'âge politique du christianisme fut arrivé.

Le protestantisme suivit une route opposée : il s'introduisit par la tête du corps politique, par les princes et les nobles, par les prêtres et les magistrats, par les savants et les gens de lettres, et il descendit lentement dans les conditions inférieures; les deux empreintes de ces deux origines sont restées distinctes dans les deux communions.

La communion réformée n'a jamais été aussi populaire que le culte catholique; de race princière et patricienne, elle ne sympathise pas avec la foule. Équitable et moral, le protestantisme est exact dans ses devoirs, mais sa bonté tient plus de la raison que de la tendresse; il vêtit celui qui est nu, mais il ne le réchauffe pas dans son sein; il ouvre des asiles à la misère, mais il ne vit pas et ne pleure pas avec elle dans ses réduits les plus abjects; il soulage l'infortune, mais il n'y compatit pas. Le moine et le curé sont les compagnons du pauvre : pauvres comme lui, ils ont pour compagnons les entrailles de Jésus-Christ; les haillons, la paille, les plaies, les cachots, ne leur inspirent ni dégoûts, ni répugnance; la charité en a parfumé l'indigence et le malheur. Le prêtre catholique est le successeur des douze hommes du peuple qui prêchèrent Jésus-Christ ressuscité; il bénit le corps du mendiant expiré, comme la dépouille sacrée d'un être aimé de Dieu et ressuscité à l'éternelle vie. Le pasteur protestant abandonne le nécessiteux sur son lit de mort; pour lui les tombeaux ne sont point une religion, car il ne croit pas à ces lieux expiatoires où les prières d'un ami vont délivrer une âme souffrante : dans ce monde, il ne se précipite point au milieu du feu, de la peste; il garde, pour sa famille particulière, ces soins affectueux que le prêtre de Rome prodigue à la grande famille humaine.

Sous le rapport religieux, la réformation conduit insensiblement à l'indifférence ou à l'absence complète de foi : la raison en est que l'indépendance de l'esprit aboutit à deux abîmes : le doute ou l'incrédulité.

Et par une réaction naturelle la réformation, en se montrant au monde, ressuscita le fanatisme catholique qui s'éteignoit : elle pourroit donc être accusée d'avoir été la cause indirecte des horreurs de la Saint-Barthélemy, des fureurs de la Ligue, de l'assassinat de Henri IV, des massacres d'Irlande, de la révocation de l'édit de Nantes et des dragonnades. Le protestantisme crioit à l'intolérance de Rome, tout en égorgeant les catholiques en France, en jetant au vent les cendres des morts, en allumant les bûchers de Sirven à Genève, en se souillant des violences de Munster, en dictant les lois atroces qui ont accablé les Irlandois à peine aujourd'hui délivrés après deux siècles d'oppression. Que prétendoit la réformation relativement au dogme et à la discipline ? Elle pensoit bien raisonner en niant quelques mystères de la foi catholique, en même temps qu'elle en retenoit d'autres tout aussi difficiles à comprendre. Elle attaquoit les abus de la cour de Rome ? Mais ces abus ne se seroient-ils pas détruits par le progrès de la civilisation ? Ne s'élevoit-on pas de toutes parts, et depuis longtemps, contre ces abus ? Érasme, Rabelais, et tant d'autres, ne commençoient-ils pas à remarquer et à faire sentir, sans le secours de Luther, les vices que le pouvoir non contrôlé et la grossièreté du moyen-âge avoient introduits dans l'Église ? Les rois n'avoient-ils pas secoué le joug des papes ? Le long schisme du quatorzième siècle n'avoit-il pas attiré les yeux mêmes de la foule sur l'ambition du gouvernement pontifical? Les magistrats ne faisoient-ils pas lacérer et brûler les bulles?

La réformation, pénétrée de l'esprit de son fondateur, moine envieux et barbare, se déclara ennemie des arts. En retranchant l'imagination des facultés de l'homme, elle coupa les ailes au génie et le mit à pied. Elle éclata au sujet de quelques aumônes destinées à élever au monde chrétien la basilique de Saint-Pierre : les Grecs auroient-ils refusé les secours demandés à leur piété pour bâtir un temple à Minerve?

Si la réformation, à son origine, eût obtenu un plein succès, elle auroit établi, du moins pendant quelque temps, une autre espèce de barbarie : traitant de superstition la pompe des autels, d'idolâtrie les chefs-d'œuvre de la sculpture, de l'architecture et de la peinture, elle tendoit à faire disparoître la haute éloquence et la grande poésie à détériorer le goût par la répudiation des modèles, à introduire quelque chose de sec, de froid, de pointilleux, dans l'esprit, à substituer une société guindée et toute matérielle à une société aisée et tout intellectuelle, à mettre les machines et le mouvement d'une roue en place des mains et d'une opération mentale. Ces vérités se confirment par l'observation d'un fait.

Dans les diverses branches de la religion réformée, cette communion s'est plus ou moins rapprochée du beau, selon qu'elle s'est plus ou moins éloignée de la religion catholique. En Angleterre où la hiérarchie ecclésiastique s'est maintenue, les lettres ont eu leur siècle classique. Le luthéranisme conserve des étincelles d'imagination que cherche à éteindre le calvinisme, et ainsi de suite en descendant jusqu'au quaker, qui voudroit réduire la vie sociale à la grossièreté des manières et à la pratique des métiers.

Shakespeare, selon toutes les probabilités, étoit catholique; Milton a visiblement imité quelques parties des poëmes de Sainte-Avite et de Masenius; Klopstock a emprunté la plupart des croyances romaines. De nos jours en Allemagne, la haute imagination ne s'est manifestée que quand l'esprit du protestantisme s'est affoibli et dénaturé : les Goethe et les Schiller ont retrouvé leur génie en traitant des sujets catholiques; Rousseau et madame de Staël font une illustre exception à la règle; mais étoient-ils protestants à la manière des premiers disciples de Calvin? C'est à Rome que les peintres, les architectes et les sculpteurs des cultes dissidents viennent aujourd'hui chercher des inspirations que la tolérance universelle leur permet de recueillir. L'Europe, que dis-je? le monde est couvert de monuments de la religion catholique. On lui doit cette architecture gothique qui rivalise par les détails et qui efface par la grandeur les monuments de la Grèce. Il y a trois siècles que le protestantisme est né; il est puissant en Angleterre, en Allemagne, en Amérique; il est pratiqué par des millions d'hommes : qu'a-t-il élevé? Il vous montrera les ruines qu'il a faites, parmi lesquelles il a planté quelques jardins, ou établi quelques manufactures. Rebelle à l'autorité des traditions, à l'expérience des âges, à l'antique sagesse des vieillards, le protestantisme se détacha du passé pour planter une société sans racines. Avouant pour père un moine allemand du seizième siècle, le réformé renonça à la magnifique généalogie qui fait remonter le catholique par une suite de saints et de grands hommes jusqu'à Jésus-Christ, de là jusqu'aux patriarches et au berceau de l'univers. Le siècle protestant dénia à sa première heure toute parenté avec le siècle de ce Léon, protecteur du monde civilisé contre Attila, et avec le siècle de cet autre Léon qui, mettant fin au monde barbare, embellit la société lorsqu'il n'étoit plus nécessaire de la défendre.

Si la réformation rétrécissoit le génie dans l'éloquence, la poésie et les arts, elle comprimoit les grands cœurs à la guerre : l'héroïsme est l'imagination dans l'ordre militaire. Le catholicisme avoit produit les chevaliers; le protestantisme fit des capitaines, braves et vertueux comme La Noue, mais sans élan; souvent cruels à froid, et austères moins de mœurs que d'esprit : les Châtillon furent toujours effacés par les Guise. Le seul guerrier de mouvement et de vie que les protestants comptassent parmi eux, Henri IV, leur échappa. La réformation ébaucha Gustave Adolphe, Charles XII et Frédéric; elle n'auroit pas fait Buonaparte, de même qu'elle avorta de Tillotson et du ministre Claude, et n'enfanta pas Fénelon et Bossuet, de même qu'elle éleva Inigo Jones et Webb, et ne créa point Raphaël et Michel-Ange.

On a dit que le protestantisme avoit été favorable à la liberté politique, et avoit émancipé les nations. Les faits parlent-ils comme les personnes ?

Il est certain qu'à sa naissance la réformation fut républicaine, mais dans le sens aristocratique, parce que ses premiers disciples furent des gentilshommes. Les calvinistes rêvèrent pour la France une espèce de gouvernement à principautés fédérales, qui l'auroient fait ressembler à l'empire germanique : chose étrange ! on auroit vu renaître la féodalité par le protestantisme. Les nobles se précipitèrent par instinct dans ce culte nouveau, et à travers lequel s'exhaloit jusqu'à eux une sorte de réminiscence de leur pouvoir évanoui. Mais, cette première ferveur passée, les peuples ne recueillirent du protestantisme aucune liberté politique.

Jetez les yeux sur le nord de l'Europe, dans les pays où la réformation est née, où elle s'est maintenue ; vous verrez partout l'unique volonté d'un maître : la Suède, la Prusse, la Saxe, sont restées sous la monarchie absolue ; le Danemarck est devenu un despotisme légal. Le protestantisme échoua dans les pays républicains ; il ne put envahir Gênes, et à peine obtint-il à Venise et à Ferrare une petite église secrète qui mourut : les arts et le beau soleil du Midi lui étoient mortels. En Suisse, il ne réussit que dans les cantons aristocratiques, analogues à sa nature, et encore avec une grande effusion de sang. Les cantons populaires ou démocratiques, Schwitz, Ury et Underwald, berceau de la liberté helvétique, le repoussèrent. En Angleterre il n'a point été le véhicule de la constitution, formée bien avant le seizième siècle dans le giron de la foi catholique. Quand la Grande-Bretagne se sépara de la cour de Rome, le parlement avoit déjà jugé et déposé des rois, les trois pouvoirs étoient distincts; l'impôt et l'armée ne se levoient que du consentement des lords et des communes; la monarchie représentative étoit trouvée et marchoit; le temps, la civilisation, les lumières croissantes, y auroient ajouté les ressorts qui lui manquoient encore, tout aussi bien sous l'influence du culte catholique que sous l'empire du culte protestant. Le peuple anglois fut si loin d'obtenir une extension de ses libertés par le renversement de la religion de ses pères, que jamais le sénat de Tibère ne fut plus vil que le parlement de Henri VIII : ce parlement alla jusqu'à décréter que la seule volonté du tyran fondateur de l'Église anglicane avoit force de loi. L'Angleterre fut-elle plus libre sous le sceptre d'Élisabeth que sous celui de Marie ? La vérité est que le protestantisme n'a rien changé aux institutions : là où il a trouvé une monarchie représentative ou des républiques aristocratiques, comme en Angleterre et en Suisse, il les a adoptées; là où il a rencontré des gouvernements militaires, comme dans le nord de l'Europe, il s'en est accommodé, et les a même rendus plus absolus.

Si les colonies angloises ont formé la république

plébéienne des États-Unis, elles n'ont point dû leur émancipation au protestantisme; ce ne sont point des guerres religieuses qui les ont délivrées; elles se sont révoltées contre l'oppression de la mère-patrie, protestante comme elles. Le Maryland, état catholique et très peuplé, fit cause commune avec les autres États, et aujourd'hui la plupart des États de l'Ouest sont catholiques; les progrès de cette communion dans ce pays de liberté passent toute croyance, parce qu'elle s'y est rajeunie dans son élément naturel populaire, tandis que les autres communions y meurent dans une indifférence profonde. Enfin, auprès de cette grande république des colonies angloises protestantes, viennent de s'élever les grandes républiques des colonies espagnoles catholiques : certes celles-ci, pour arriver à l'indépendance, ont eu bien d'autres obstacles à surmonter que les colonies anglo-américaines, nourries au gouvernement représentatif, avant d'avoir rompu le foible lien qui les attachoit au sein maternel.

Une seule république s'est formée en Europe à l'aide du protestantisme, la république de la Hollande; mais il faut remarquer que la Hollande appartenoit à ces communes industrielles des Pays-Bas qui, pendant plus de quatre siècles, luttèrent pour secouer le joug de leurs princes, et s'administrèrent en forme de républiques municipales, toutes zélées catholiques qu'elles étoient. Philippe II et les princes de la maison d'Autriche ne purent étouffer dans la Belgique cet esprit d'indépendance; et ce sont des prêtres catholiques qui viennent aujourd'hui même de la rendre à l'état républicain.

Il faut conclure de l'étroite investigation des faits que le protestantisme n'a point affranchi les peuples : il a apporté aux hommes la liberté philosophique, non la liberté politique; or la première liberté n'a conquis nulle part la seconde, si ce n'est en France, vraie patrie de la catholicité. Comment arrive-t-il que l'Allemagne, très philosophique de sa nature et déjà armée du protestantisme, n'ait pas fait un pas vers la liberté politique dans le dix-huitième siècle, tandis que la France, très peu philosophique de tempérament et sous le joug du catholicisme, a gagné dans le même siècle toutes ses libertés ?

Descartes, fondateur du doute raisonné, auteur de la *méthode* et des *méditations*, destructeur du dogmatisme scolastique Descartes qui soutenoit que pour atteindre à la vérité il falloit se défaire de toutes les opinions reçues, Descartes fut toléré à Rome, pensionné du cardinal de Mazarin, et persécuté par les théologiens de la Hollande.

L'homme de théorie méprise souverainement la pratique : de la hauteur de sa doctrine jugeant les choses et les peuples, méditant sur les lois générales de la société, portant la hardiesse de ses recherches jusque dans les mystères de la nature divine, il se sent et se croit indépendant, parce qu'il n'a que le corps d'enchaîné. Penser tout et ne faire rien, c'est à la fois le caractère et la vertu du génie philosophique : ce génie désire le bonheur du genre humain; le spectacle de la liberté le charme, mais peu lui importe de le voir par les fenêtres d'une prison. Comme Socrate, le protestantisme a été un accoucheur d'esprits; malheureusement les intelligences qu'il a mises au jour n'ont été jusqu'ici que de belles esclaves.

Au surplus, la plupart de ces réflexions sur la religion réformée ne se doivent appliquer qu'au passé : aujourd'hui les protestants, pas plus que les catholiques, ne sont ce qu'ils ont été; les premiers ont gagné en imagination, en poésie, en éloquence, en raison, en liberté, en vraie piété, ce que les seconds ont perdu. Les antipathies entre les diverses communions n'existent plus; les enfants du Christ, de quelque lignée qu'ils proviennent, se sont resserrés au pied du Calvaire, souche commune de la famille. Les désordres et l'ambition de la cour romaine ont cessé; il n'est plus resté au Vatican que la vertu des premiers évêques, la protection des arts et la majesté des souvenirs. Tout tend à recomposer l'unité catholique; avec quelques concessions de part et d'autre, l'accord seroit bientôt fait. Je répéterai ce que j'ai déjà dit dans cet ouvrage : pour jeter un nouvel éclat, le christianisme n'attend qu'un génie supérieur venu à son heure et dans sa place. La religion chrétienne entre dans une ère nouvelle; comme les institutions et les mœurs, elle subit la troisième transformation; elle cesse d'être politique; elle devient philosophique sans cesser d'être divine; son cercle flexible s'étend avec les lumières et les libertés, tandis que la croix marque à jamais son centre immobile.

HENRI II.

De 1547 à 1559.

Les douze années du règne d'Henri II ne furent que l'avant-scène de cette nouvelle société qui se forma sous les derniers Valois, et qui ne ressemble plus à la société commencée sous Louis XI et achevée sous François Ier. Comme événements, vous remarquerez : la bataille de Saint-Quentin perdue par le maréchal de Saint-André; la levée du siége de Metz défendu par le duc de Guise; la prise de Thionville et de Calais par ce même prince, ce qui mit fin aux conquêtes d'Édouard III, et constitua nos frontières militaires; la ligue pour la défense de la liberté germanique entre Henri II, l'électeur de Saxe et le marquis de Brandebourg. La paix de Cateau-Cambrésis, ouvrage du connétable de Montmorency, fit perdre à Henri II les avantages qu'il commençoit à reprendre sur les armes espagnoles.

Les autres événements sont : le mariage de Jeanne d'Albret, héritière de Navarre, avec Antoine de Bourbon, père de Henri IV; le mariage de Marie Stuart avec François, dauphin; l'avénement de Marie au trône d'Angleterre, laquelle rétablit un moment la religion catholique et laissa sa couronne à une autre femme, la fameuse Élisabeth; l'abdication et la mort de Charles-Quint.

Dans l'intérieur de la France, la persécution contre les réformés s'étendit et se régularisa par l'intervention de la loi : l'édit d'Escouen les punit de mort, avec défense d'amoindrir la peine. Henri II fit arrêter (1559) cinq conseillers du parlement de Paris, accusés d'être fauteurs d'hérésie : parmi ces conseillers se trouvoient Louis Faure et Anne Dubourg, qui osèrent reprocher à Henri ses adultères, attaquer les vices de la cour de Rome, et annoncer que la puissance des clefs penchoit vers sa ruine. L'estrapade, ou les baptêmes de feu, consistoit à suspendre un protestant au-dessus d'un bûcher, à le plonger à différentes reprises dans la flamme en abaissant et en relevant la corde : Henri II et Diane de Poitiers assistèrent au spectacle de ce supplice, comme passe-temps. L'amiral de Coligny paroissoit; les trois factions des Montmorency, des Châtillon et des Guise s'organisoient. Alors que l'esprit humain avoit un instrument pour multiplier la parole et répandre la pensée dans les masses; quand tout se pénétroit de lumière et d'intelligence, la monarchie, prête à vaincre les dernières libertés aristocratiques, se donnoit par tous les abus et par tous les vices l'avant-goût du pouvoir absolu.

Henri II mourut d'une blessure à l'œil qu'il reçut de Montgomery dans une joute, et le règne de ce prince s'ouvrit par le duel de Jarnac et de la Châtaigneraie.

FRANÇOIS II.

De 1559 à 1560.

Le règne de François II, de Charles IX, d'Henri III, et une partie du règne d'Henri IV, jusqu'à la reddition de Paris, ne forment qu'un seul drame dont les principales figures sont, pour les femmes : Catherine de Médicis, Marguerite de Valois, Marie Stuart, Jeanne d'Albret, la duchesse de Nemours, madame de Montpensier, madame d'Aumale, madame de Noirmoutiers, Gabrielle d'Estrées et quelques autres; pour les hommes, parmi les princes, les prélats et les guerriers : les deux premiers Guise, François de Guise et le cardinal de Lorraine; la seconde génération des Guise, Henri dit le Balafré, le cardinal de Guise et le duc de Mayenne; le duc de Nemours, le connétable Anne de Montmorency, l'amiral de Coligny et les Châtillon; les princes du sang, Antoine roi de Navarre, son fils Henri de Béarn, et les deux princes de Condé; pour les magistrats : l'Hospital, le premier Molé, Harlay, Brisson, de Thou.

Dans le second plan du tableau, les personnages sont : les filles d'honneur de Catherine de Médicis, les mignons de Henri III et de son frère le duc d'Alençon, les satellites des Guise; Maugiron, Saint-Mesgrin, Joyeuse, d'Espernon, Bussy; les grands massacreurs de la Saint-Barthélemy, Maurevert, Besme, Coconnas, Thomas, le parfumeur de Catherine de Médicis, sans oublier Poltrot, Jacques

13.

Clément, et enfin Ravaillac qui ferma plus tard la liste de ces assassins.

Les gens de lettres et les savants ne doivent point être oubliés dans cette scène, parce que chacun d'eux y joue un rôle selon la religion qu'il professoit : Jean de Bellai, cardinal; Melanchthon, Beauvais, gouverneur de Henri IV; Jean Calvin, Charles Étienne, Étienne Jodelle, Charles Dumoulin, Henri d'Oysel, Pierre Ramus, du Tillet, Belleforest, Jean de Montluc, évêque de Valence; Pibrac, Ronsard, Saint-Gelais, Amyot, Bodin, Charron, Cujas, Fauchet, Garnier, du Haillan, Lipse, de Mesme, Miron, Montaigne, Nicot, d'Ossat, Passerat, Pitou, Scaliger, de Serres. Alors le Tasse racontoit à l'Italie la gloire des anciens chevaliers, à laquelle Cervantes alloit donner une autre espèce d'immortalité en Espagne; le Camoëns chantoit l'Orient retrouvé; le génie du moyen-âge, apparu sur la terre avec le Dante, descendoit glorieux dans la tombe avec Shakespeare; Tycho-Brahé, tout en abandonnant le vrai système du monde dévoilé par Copernic, acquéroit le titre de restaurateur de l'astronomie dans ces régions dont les Romains n'avoient entendu parler que comme la patrie inconnue des barbares destructeurs de leur empire.

Sur les trônes étrangers, les personnages à remarquer sont, Sixte V, Élisabeth et Philippe II. Des quatre rois qui gouvernèrent la France dans ces troubles, François II, Charles IX, Henri III et Henri IV, le premier n'est célèbre que par la beauté et les malheurs de sa veuve, cette Marie Stuart qui transmit à son fils un nom funeste et un sang d'échafaud.

Le gouvernement, sous François II, tomba aux mains des oncles maternels de ce jeune monarque, François de Guise et le cardinal de Lorraine. Le cardinal avoit des liaisons intimes avec Catherine de Médicis : « Un de mes amis non huguenot, dit « l'Estoile, m'a conté qu'étant couché avec un valet « de chambre du cardinal dans une chambre qui « entroit en celle de la reine-mère, il vit sur le « minuit ledit cardinal avec une robe de nuit seule- « ment sur ses épaules, qui passoit pour aller voir « la reine, et que son ami lui dit, que s'il avenoit « jamais de parler de ce qu'il avoit vu, il en per- « droit la vie. »

Le connétable de Montmorency et la duchesse de Valentinois voient tomber leur crédit. Antoine de Bourbon et le cardinal son frère sont envoyés en Espagne sous le prétexte d'y conduire Élisabeth de France à Philippe II. La conspiration d'Amboise contre les Guise éclate ; elle étoit dirigée secrètement par le prince de Condé.

Édit de Romorentin par lequel les évêques sont investis de la connoissance du crime d'hérésie. L'Hospital fut malheureusement l'auteur de cet édit ; il ne le rédigea que pour empêcher l'établissement de l'inquisition.

Convocation des états à Orléans, où sont mandés le roi de Navarre et le prince de Condé ; le prince de Condé est arrêté comme chef d'une conspiration nouvelle ; il est jugé, condamné à perdre la tête, et délivré par la mort de François II (1559, 1560).

CHARLES IX.

De 1560 à 1574.

Les états d'Orléans de 1560 se voulurent séparer à la mort du roi, disant que leurs pouvoirs étoient expirés; ils furent retenus d'après le principe que le mort saisit le vif, et que l'autorité royale ne meurt point. Ils rendirent l'ordonnance sur les matières ecclésiastiques, le règlement de la justice, et les substitutions réduites à deux degrés. Les ordonnances ou décrets des états lioient si peu l'autorité royale, que Charles IX révoqua par sa déclaration de Chartres, 1562, l'article 1er de l'ordonnance d'Orléans qui rétablissoit la pragmatique.

Catherine de Médicis, sans être régente du royaume sous la minorité de Charles IX, jouit d'une autorité qui se prolongea pendant tout le règne de ce prince et celui de Henri III. On a tant de fois peint le caractère de cette femme, qu'il ne présente plus qu'un lieu commun usé; une seule remarque reste à faire: Catherine étoit Italienne, fille d'une famille marchande élevée à la principauté dans une république; elle étoit accoutumée aux orages populaires, aux factions, aux intrigues, aux empoisonnements, aux coups de poignard; elle n'avoit et ne pouvoit avoir aucun des préjugés de l'aristocratie et de la monarchie françoise, cette morgue des grands, ce mépris des petits, ces prétentions de droit divin, cet amour du pouvoir absolu en tant qu'il étoit le monopole d'une race; elle ne connoissoit pas nos lois et s'en soucioit peu : elle vouloit faire passer la couronne à sa fille. Elle étoit incrédule et superstitieuse ainsi que les Italiens de son temps; elle n'avoit en sa qualité d'incrédule aucune aversion contre les protestants; elle les fit massacrer par politique. Enfin, si on la suit dans toutes ses démarches, on s'aperçoit qu'elle ne vit jamais dans le vaste royaume dont elle étoit souveraine qu'une Florence agrandie, que les émeutes de sa petite république, que les soulèvements d'un quartier de sa ville natale contre un autre quartier, la querelle des Pazzi et des Médicis dans la lutte des Guise et des Châtillon.

Triumvirat du duc de Guise, du connétable de Montmorency et du maréchal Saint-André. Le roi de Navarre fortifie ce triumvirat. Colloque de Poissy, où le cardinal de Lorraine plaida pour les catholiques, et Théodose de Bèze pour les huguenots. Le prince de Condé est absous par arrêt du parlement, de la conjuration d'Amboise, au fond de laquelle il étoit pourtant. Marie Stuart retourne en Écosse. Elle eut un secret pressentiment de ses adversités.

« Icelle n'étant quasi, par manière de dire, que
« née, et étant aux mamelles tettant, les Anglois
« vindrent assaillir l'Écosse, et fallut que sa mère
« l'allât cacher par crainte de cette furie de terre
« en terre d'Écosse......... Et ce nonobstant la
« fallut mettre sur les vaisseaux et l'exposer aux

« vagues, orages et vents de la mer; alla passer en
« France pour sa plus grande sûreté. . . . . . . La
« male fortune la laissa, et la bonne la prit par la
« main. » (*Brantôme.*)

Ce ne fut pas pour long-temps. Veuve de François II, il lui fallut retourner dans une contrée demi-sauvage, le cœur plein de l'image du jeune époux qu'elle avoit perdu; elle portoit le deuil en blanc, chantoit les élégies qu'elle composoit elle-même, en s'accompagnant du luth :

> Si je suis en repos,
> Sommeillant sur ma couche,
> J'oy qu'il me tient propos,
> Je le sens qui me touche :
> En labeur, en reçoy,
> Toujours est près de moy.

Elle s'embarqua à Calais dans les premiers jours de septembre 1561, au commencement du printemps; elle vit périr un vaisseau en sortant du port. Appuyée sur la poupe de sa galère, et les yeux attachés au rivage, elle fondit en larmes quand la terre s'éloigna; elle demeura cinq heures entières dans cette attitude, répétant sans cesse : *Adieu, France ! adieu, France !* Lorsque la nuit fut venue : « *Adieu donc, ma chère France, que je perds de* « *vue,* redisoit-elle, *je ne vous verrai jamais plus.* » Elle refusa de descendre dans la chambre de la galère; on étendit un tapis sur le château de poupe; elle s'y coucha sans prendre aucune nourriture. Elle commanda au timonier de l'éveiller au point du jour, si l'on apercevoit encore les côtes de

France. En effet, la terre restoit visible au lever de l'aurore, et Marie Stuart la salua de ces derniers mots : *Adieu la France ! cela est fait ; adieu la France ! je pense ne vous voir jamais plus.* (*Brantôme.*) Une autre exilée, plus malheureuse encore, a pu prononcer les mêmes paroles en allant demander un abri solitaire au palais de Marie Stuart.

Premier édit en faveur des huguenots ; le parlement refuse d'abord de l'enregistrer. Première guerre civile à la suite du massacre de Vassy. Le prince de Condé, déclaré chef des protestants, s'empare de la ville d'Orléans. Rouen tombe au pouvoir des huguenots : Antoine, roi de Navarre, père de Henri IV, blessé devant cette place, le 16 octobre 1562, meurt, par intempérance, des suites de cette blessure ; il avoit été protestant, et s'étoit fait catholique. Jeanne d'Albret, sa femme, de catholique qu'elle avoit été, s'étoit changée en *huguenote très forte,* dit Brantôme.

Bataille de Dreux que perdent les huguenots. Les deux généraux des deux armées furent faits prisonniers, le prince de Condé chef de l'armée protestante, et le connétable de Montmorency, chef de l'armée catholique. Le maréchal de Saint-André fut tué. Le duc de Guise décida la victoire, et le soir partagea son lit avec le prince de Condé, son prisonnier : le prince de Condé ne put dormir ; le duc de Guise ne fit qu'un somme (1562).

Le duc de Guise est assassiné devant Orléans par Poltrot. Il est probable que l'amiral de Coligny connut les projets du meurtrier. Les dernières paroles de Guise à Poltrot, bien que connues de tous, ne doivent jamais être omises; il les faut redire en vers pour rappeler à la fois la mémoire de deux grands hommes :

> Des Dieux que nous servons connois la différence :
> Le tien t'a commandé le meurtre et la vengeance ;
> Le mien, lorsque ton bras vient de m'assassiner,
> M'ordonne de te plaindre et de te pardonner.

François de Guise fut supérieur à son fils Henri, quoique non appelé à jouer un aussi grand rôle. Il faut remonter jusqu'aux Romains pour retrouver cette hérédité de gloire et de génie dans une même famille. C'est ici le point le plus élevé de la seconde aristocratie; elle jeta en expirant autant d'éclat que la première; elle étoit moins morale, mais plus civilisée et plus intelligente.

Le 19 mars 1563, première paix entre les catholiques et les huguenots. Ceux-ci donnent les premiers l'exemple d'appeler les étrangers à leur secours; ils livrent aux Anglois le Havre-de-Grâce, qui est repris par Charles IX. Clôture du concile de Trente : ses décrets de police et de réformation ne furent point reçus dans le royaume.

En 1564, l'ordonnance du château de Roussillon, en Dauphiné, fixa le commencement de l'année au 1er janvier. L'année s'ouvroit auparavant le samedi-saint, après vêpres, ce qui, par la mobilité de ce jour, produisoit des aberrations chronologiques. La société moderne étant née du christianisme, l'année en avoit pris l'ère; elle renaissoit avec le Christ.

L'histoire des monuments et des arts veut que

l'on parle des premiers travaux de 1564, pour la construction du palais des Tuileries; élégante architecture que gâtent les ouvrages lourds dont elle a été élargie et écrasée.

C'est en 1565 qu'eut lieu à Bayonne l'entrevue du roi et de Catherine de Médicis avec Isabelle de France, femme de Philippe II, et le duc d'Albe. On a dit que le massacre des chefs huguenots fut confirmé dans cette entrevue, après avoir été conçu au concile de Trente en 1563, par le cardinal Charles de Lorraine. La reine, en levant des troupes après le voyage de Bayonne, alarma les protestants régnicoles et étrangers, fit naître la deuxième guerre civile en France, et commencer les troubles des Pays-Bas.

On remarque à peine dans ces temps l'abandon du siége de Malte par les Turcs; de même que, sous Louis XIV, on ne fait guère attention au siége de Candie que par la mort du héros de la Fronde. Pourtant les infidèles étoient plus formidables que jamais, mais l'esprit des croisades n'existoit plus. D'Aubusson, l'Isle-Adam et La Valette, représentants de la chevalerie, étoient comme ces rois sans états, non sans gloire, qui survivent à leur puissance.

Une première ordonnance de Moulins réunit et assimile les domaines possédés par le roi aux domaines de la couronne. Autre ordonnance de Moulins, pour la réformation de la justice : elle fait encore aujourd'hui le fond du droit commun dans le nouveau Code (1566).

L'association des *gueux*, pour s'opposer à l'établissement de l'inquisition, soulève les Pays-Bas. Le prince d'Orange fuit; l'année d'après, le duc d'Albe fait trancher la tête au comte de Horn et au comte d'Aiguemont.

La bataille de Saint-Denis signala la seconde guerre civile. Le connétable, Anne de Montmorency, commandoit l'armée royale; l'armée protestante marchoit sous la conduite du prince de Condé et de l'amiral de Coligny. Le connétable reçut huit blessures, et cassa du pommeau de son épée les dents de Jacques Stuart, qui lui tira le dernier coup de pistolet. Il avoit vécu sous quatre rois, et étoit âgé de soixante-quatorze ans. C'est ce connétable, homme borné, grossier et rigide, qui fait en partie la gloire nationale des Montmorency. Cette maison étoit un débris de la première aristocratie, resté au milieu de la seconde (1567).

Voici une anecdote qui peint l'homme et les temps : le connétable, *grand rabroueur de personnes,* étoit à Bordeaux; Strozzi lui demanda la permission de dépecer un vaisseau de trois cents tonneaux, appelé *le Mont-Réal,* qu'il disoit vieux, pour en chauffer les gardes du roi. Le connétable y consentit : les jurats de la ville et les conseillers de la cour réclamèrent, disant que le vaisseau étoit bon et pouvoit encore servir.

« Et qui êtes-vous, messieurs les sots, s'écria le
« connétable, qui me voulez controller et me remon-
« strer? Vous êtes d'habiles veaux d'estre si hardis
« d'en parler. Si je faisois bien, j'envoyerois tout à
« cette heure dépecer vos maisons, au lieu du navire. »

Brantôme, dans un transport d'admiration, s'écrie : « Qui furent estonnez, ce furent ces galands « qui tous rougirent de honte. Et le navire fut dé- « fait dans une après-dînée, qu'on ne vit jamais si « grande diligence de soldats et de goujats. »

A qui appartenoit le vaisseau? A l'État ou à des particuliers? Voilà les idées qu'on avoit alors de la propriété publique ou privée, de l'autorité des lois et des magistrats. On sent, dans les paroles du connétable, le mélange des deux époques, l'insolence aristocratique et le despotisme monarchique.

Seconde paix de 1568, appelée *la petite paix*, suivie immédiatement de la troisième guerre civile. Aventures et mort tragique de don Carlos, et d'Élisabeth de France. La reine Élisabeth fait arrêter Marie Stuart, réfugiée en Angleterre. Le chancelier de l'Hospital se retire de la cour.

Bataille de Jarnac, gagnée le 13 mars 1569, par le duc d'Anjou, depuis Henri III, sur Louis Ier, prince de Condé, tué après le combat par Montesquiou. L'amiral de Coligny et le prince de Béarn (Henri IV), déclaré chef du parti, rassurent les huguenots.

Bataille de Moncontour, du 3 octobre de la même année, perdue par l'amiral de Coligny.

Troisième paix, conclue à Saint-Germain, au mois d'août 1570. En 1571, le mariage de Henri de Bourbon, prince de Béarn, est proposé avec Marguerite, sœur de Charles IX et de Henri III.

Ces batailles de nos guerres civiles religieuses, qui firent tant de bruit, disparoissent aujourd'hui entre les grandes batailles de l'aristocratie sous la féodalité, presque toutes perdues contre les étrangers, et les grandes batailles de la démocratie pendant la révolution, presque toutes gagnées sur les étrangers.

De l'époque des Valois, il ne reste qu'une seule bataille dont le souvenir soit européen; c'est celui de la bataille de Lépante : là se retrouvèrent en présence les deux religions qui, depuis neuf siècles, n'avoient pu terminer leur querelle. La Grèce esclave vit du moins humilier ses tyrans; elle put avoir un pressentiment du dernier combat naval qui lui devoit rendre à Navarin la liberté qu'elle avoit jadis conquise à Salamine.

L'année 1572, sortie des entrailles du temps toute sanglante, garda et n'essuya point le sang de l'enfantement maternel. Jeanne d'Albret, reine de Navarre, vient à Paris marier son fils Henri avec Marguerite de Valois. L'amiral de Coligny et les seigneurs protestants s'y rendent pour assister à ces noces et pour conférer de la guerre des Pays-Bas. La reine de Navarre meurt, peut-être empoisonnée : « Reine, n'ayant de femme que le sexe,
« l'âme entière aux choses viriles, l'esprit puissant
« aux affaires, le cœur invincible aux adversités. »
(D'AUBIGNÉ.)

« Le roi l'appeloit sa grand'tante, son tout, sa
« mieux aimée....... Le soir, en se retirant, il dit
« à la reine sa mère. en riant : Et puis, madame,
« que vous en semble ? joué-je pas bien mon rollet ? »
(L'ESTOILE.)

Henri, roi de Navarre, épouse Marguerite de Valois. « Après que le roi eut fait la Saint-Barthé-
« lemy, il disoit en riant et en jurant Dieu à sa ma-
« nière accoutumée, et avec des paroles que la pu-
« deur oblige de taire, que sa grosse *Margot*, en se
« mariant, avoit pris tous ses rebelles huguenots à
« la pipée. » (L'ESTOILE.)

Maurevert blesse l'amiral d'un coup d'arquebuse; les huguenots sont massacrés le jour de la Saint-Barthélemy.

Coligny est tué le premier: « Besme, Haustefort,
« Hattain, trouvent l'admiral sur pied en l'appré-
« hension de la mort; les admoneste d'avoir pitié
« de sa vieillesse; se sentant leurs épées glacées
« dans son corps, il prolonge sa vie, embrasse la
« fenestre pour n'être pas jeté en bas, où tombé il
« assouvit les yeux du fils dont il avoit fait tuer le
« père. » (TAVANNES.)

Le même historien ajoute : « Le roi de Navarre
« et le prince de Condé sont menés au roi. Il leur
« propose la messe ou la mort, menace le prince
« de Condé, qui ne se pouvoit feindre. La résolu-
« tion de tuer seulement les chefs est enfreinte :
« plusieurs femmes et enfants tués à la furie popu-
« laire; il demeure deux mille massacrés. »

Tavannes avoit voulu que le massacre ne tombât que sur les chefs des huguenots, et que *l'on gagnât la bataille dans Paris*, soutenant « que cette exé-
« cution devoit être netté de toute répréhension,
« ayant été faite par contrainte, enfilée d'un acci-
« dent à l'autre; que les enfants, ces princes et ma-

« réchaux de France (le roi de Navarre, le prince
« de Condé, les maréchaux de Montmorency et de
« Danville), et pauvres personnes, et ne devoient
« pas pâtir pour les coupables les jeunes princes
« innocents. . . . . . . »

Le maréchal de Retz maintenoit le contraire ;
il disoit : « Qu'il falloit tout tuer; que ces jeunes
« princes, nourris en la religion, cruellement offen-
« sés de la mort de leur oncle et de leurs amis, s'en
« ressentiroient; qu'il ne falloit point offenser à demi;
« qu'en ces desseins extraordinaires il falloit con-
« sidérer premièrement s'il estoit nécessaire, con-
« traint ou juste; les ayant jugez tels, il ne les falloit
« rien laisser qui peust causer la ruine du but de
« paix où l'on tendoit; que, s'il estoit juste en un
« chef, il l'estoit en tous; puisque des parties jointes
« dépendoit l'effet principal de l'action, il les falloit
« couper, à ce que les racines ne restassent; aussi,
« s'il n'estoit juste, il falloit s'en distraire du tout,
« et n'entreprendre rien ; au contraire que si on
« rompoit les lois, il falloit les violer entièrement
« pour sa seureté, le péché étant aussi grand pour
« peu que pour beaucoup. L'opinion du sieur de
« Tavannes subsista pour être plus juste, et que
« l'on croyoit celle du maréchal de Retz ambitieuse
« des états qu'il vouloit faire à son profit. »

Voilà la doctrine des assassinats nettement expo-
sée; elle ne date pas de nos jours.

Depuis le massacre de la Saint-Barthélemy[1]

---

[1] Je ne donne presque aucun détail sur la Saint-Barthélemy ;
en voici la raison : Buonaparte avoit fait transporter à Paris les

Charles IX *parut tout changé, et disoit-on qu'on ne lui voyoit plus au visage cette douceur qu'on avoit accoutumé de lui voir.* (BRANTOME.)

Cette exécrable journée ne fit que des martyrs ; elle donna aux idées philosophiques un avantage qu'elles ne perdirent plus sur les idées religieuses, et en rendant les catholiques odieux elle augmenta la force des protestants. En 1573, une quatrième guerre civile éclata par le soulèvement de la ville de Montauban. Le sénéchal de Périgord, André de Bourdeille, écrivoit au duc d'Alençon, le 13 mars 1574 : « Si le roi, la reine et vous, ne pour-
« voyez aux troubles de l'État autrement que par
« le passé, je crains de vous voir aussi petits com-
« pagnons que moi. »

Le siége fut mis devant La Rochelle par le duc d'Anjou. Quatrième paix, avantageuse aux huguenots. Le duc d'Anjou (depuis Henri III) alla prendre la couronne de Pologne, et raconter dans les forêts de la Lithuanie à son médecin Miron, les meurtres dont la pensée l'empêchoit de dormir :
« Je vous ai fait venir ici pour vous faire part de
« mes inquiétudes et agitations de cette nuit, qui

---

archives du Vatican; immense et précieux trésor qui, bien fouillé, pourroit changer en grande partie l'histoire moderne. Quoi qu'il en soit, quelques recherches dans ce dépôt sur l'époque de la Saint-Barthélemy m'ont mis en possession des dépêches de Salviati, alors chargé d'affaires de la cour de Rome à Paris. Ces dépêches, tantôt en *chair*, tantôt *chiffrées* avec la traduction interlinéaire, sont d'un grand intérêt. Je les publierai peut-être un jour, en y joignant, par forme d'introduction l'histoire complète de la Saint-Barthélemy.

« ont troublé mon repos, en repensant à l'exécution
« de la Saint-Barthélemy. » En quittant la France, le
duc d'Anjou avoit été moins poursuivi du souvenir
de ses crimes que de celui de ses amours ; il écrivoit
avec son sang à Marie de Clèves, première femme
de Henri I*er*, prince de Condé.

Dans l'année 1574 se forma le parti des *politiques*
ou des centres, qui l'emportèrent à la fin, comme
dans toutes les révolutions, parce que c'est celui
des hommes raisonnables, et que la raison est une
des conditions de l'existence sociale. Les *politiques*
avoient pour chefs le duc d'Alençon et les Montmorency : la faction la plus foible, celle des huguenots, s'attacha naturellement aux *politiques*. La
Mole et Coconas furent décapités pour intrigues ;
le premier étoit aimé de la reine Marguerite, le
second d'Henriette de Clèves, duchesse de Nevers.

Charles IX languissoit depuis deux années ; il se
félicitoit de n'avoir point de fils, de crainte que ce
fils n'eût été aussi malheureux que lui. Ayant appris
un soulèvement des princes : « Au moins, dit-il,
« s'ils eussent attendu ma mort ; c'est trop m'en
« vouloir. » Il mourut au château de Vincennes le
30 mai 1574. Deux jours avant qu'il expirât, les
médecins avoient fait retirer toutes les personnes
de sa chambre, « hormis trois, savoir : La Tour,
« Saint-Pris et sa nourrice, que sa majesté aimoit
« beaucoup, encore qu'elle fût huguenote. Comme
« elle se fut mise sur un coffre, elle commençoit
« à sommeiller ; ayant entendu le roi se plaindre,
« pleurer et soupirer, s'approche tout doucement

« du lit, et, tirant sa custode, le roi commença à
« lui dire, jetant un grand soupir, et larmoyant si
« fort que les sanglots lui coupoient la parole : Ah,
« ma nourrice! ma mie, ma nourrice, que de sang
« et que de meurtres ! *Ah! que j'ai suivi un mé-*
« *chant conseil! O mon Dieu! pardonne-les-moi,*
« *s'il te plaît...... Que ferai-je? je suis perdu, je le*
« *vois bien.* Alors la nourrice lui dit : Sire, les meur-
« tres soyent sur ceux qui vous les ont fait faire!
« mais de vous, sire, vous n'en pouvez mais; et
« puisque vous n'y prêtez pas consentement et en
« avez regret, croyez que Dieu ne vous les impu-
« tera jamais, et les couvrira du manteau de la jus-
« tice de son fils, auquel seul faut qu'ayiez votre
« recours; mais pour l'honneur de Dieu, que votre
« majesté cesse de larmoyer. Et sur cela lui ayant
« été quérir un mouchoir pour ce que le sien étoit
« tout mouillé de larmes, après que sa majesté l'eut
« pris de sa main, lui fit signe qu'elle s'en allât et
« le laissât reposer. »

Ce roi, qui tiroit par les fenêtres de son palais sur ses sujets huguenots, ce monarque catholique, se reprochant ses meurtres, rendant l'âme au milieu des remords en vomissant son sang, en poussant des sanglots, en versant des torrents de larmes, abandonné de tout le monde, seulement secouru et consolé par une nourrice huguenote! N'y aura-t-il pas quelque pitié pour ce monarque de vingt-trois ans, né avec des talents heureux, le goût des lettres et des arts, un caractère naturellement généreux, qu'une exécrable mère s'étoit plu à dépraver par tous les abus de la débauche et de la puissance ? Charles IX avoit dit à Ronsard, dans des vers dont Ronsard auroit dû imiter le naturel et l'élégance :

> Tous deux également nous portons des couronnes ;
> Mais, roi, je la reçois ; poëte, tu la donnes.

Heureux si ce prince n'avoit jamais reçu une couronne doublement souillée de son propre sang et de celui des François, ornement de tête incommode pour s'endormir sur l'oreiller de la mort !

Le corps de Charles IX fut porté sans pompe à Saint-Denis, accompagné par quelques archers de la garde, par quatre gentilshommes de la chambre et par Brantôme, raconteur cynique qui mouloit les vices des grands comme on prend l'empreinte du visage des morts.

HENRI III.

De 1574 à 1589.

Aussitôt que Henri III apprit le décès de son frère, il s'évade de la Pologne comme d'une prison, se dérobe à la couronne des Jagellons, qu'il trouvoit trop légère, et vient se faire écraser sous celle de saint Louis. « Quand on lui mit la couronne sur « la tête (à son sacre à Reims, le 15 février 1574), « il dit assez haut qu'elle le blessoit, et lui coula « pour deux fois, comme si elle eût voulu tomber. » (L'ESTOILE.)

On avoit conseillé à Henri III, à Vienne et à Venise, de conclure la paix avec les huguenots; il n'écouta point ce conseil; il détestoit, à l'égal les uns des autres, les protestants et les Guise; le règne des mignons commença (1574).

La première génération des Guise finit cette année même avec le cardinal de Lorraine (26 décembre 1574). « Le jour de sa mort, et la nuit sui-
« vante, s'éleva en Avignon, à Paris, et quasi par
« toute la France, un vent si impétueux, que de
« mémoire d'homme il n'en avoit été ouy un tel. Les
« catholiques lorrains disoient que la véhémence de
« cet orage portoit indice du courroux de Dieu sur
« la France, d'un si bon, si grand et si sage prélat;
« et les huguenots, au contraire, que c'estoit le
« sabbat des diables qui s'assembloient pour le venir
« quérir; qu'il faisoit bon mourir ce jour-là pour
« ce qu'ils étoient bien empêchés. Ils disoient en-
« core que, pendant sa maladie, quand on pensoit
« lui parler de Dieu, il n'avoit en la bouche que des
« vilainies. . . . .
« dont l'archevêque de Reims, son neveu, le voyant
« tenir tel langage, avoit dit, en se riant : Je ne vois
« rien en mon oncle pour en désespérer, et qu'il avoit
« encore toutes ses paroles et actions naturelles. »
(L'ESTOILE.) Catherine le crut voir après sa mort.

Le duc d'Alençon se met à la tête des mécontents, et Élisabeth lui envoie des secours. Lesdiguières conduit les protestants du Dauphiné, en place de Montbrun, pris et décapité. Ce partisan avoit coutume de dire que le jeu et les armes rendent les hommes égaux (1575).

Henri, roi de Navarre, s'échappe de la cour, et devient le chef des huguenots; il abjure la religion catholique qu'il avoit embrassée de force. Cinquième paix ou cinquième édit de pacification, qui accorde aux protestants l'exercice public de leur religion. Il leur donnoit, dans les huit parlements du royaume, des chambres mi-parties; il légitimoit les enfants des prêtres et des moines mariés, et réhabilitoit, par une confusion injurieuse, la mémoire de l'amiral, de La Mole et de Coconnas. C'étoit une grande conquête des opinions nouvelles sur les anciennes opinions, et un étrange, mais naturel résultat de la Saint-Barthélemy; ce résultat ne fut pas durable, parce que la révolution n'étoit pas descendue dans les classes populaires. Le cinquième édit de pacification amena une réaction qui fut la *Ligue*.

L'idée de la Ligue avoit été conçue par le génie des Guise; elle étoit venue au cardinal de Lorraine au concile de Trente; la mort de François de Guise l'avoit fait abandonner; elle fut reprise par le Balafré. Les gentilshommes de Picardie et les magistrats de Péronne signèrent, en 1576, une confédération; c'est la première pièce officielle de la Ligue.

Les gentilshommes du Béarn, de la Guienne, du Poitou, du Dauphiné, de la Bourgogne, étant devenus les capitaines et l'armée des protestants, les gentilshommes de la Picardie et des autres provinces devinrent les capitaines et l'armée des catholiques. Henri III, inspiré par sa mère, qui prenoit des révolutions pour des intrigues, crut déjouer les projets des Guise, en se déclarant le chef de la Ligue; il s'associoit à une faction qui le détestoit, et dont son nom légalisa les fureurs.

Sous la Ligue, le peuple ne marchoit point à la tête de ses affaires; il étoit à la suite des grands; il n'avoit point formé un gouvernement à part, il avoit pris ce qui étoit; seulement il se faisoit servir par le parlement, et avoit transformé ses curés en tribuns. Quand Mayenne le jugeoit à propos, il ordonnoit de pendre qui de droit, parmi le peuple et les Seize, Comité du Salut public de ce temps.

Au surplus, la Ligue, quels que furent ses crimes, sauva la religion catholique en France, dans ce sens qu'elle donna des soldats et un chef à de vieux principes et de vieilles idées, qu'attaquoient des principes nouveaux et des idées nouvelles. La royauté se trouvoit combattue et par la Ligue, qui vouloit changer la dynastie, et par les protestants, qui tendoient à dénaturer la constitution de l'État. Ce double assaut, qui devoit emporter la couronne, la sauva, lorsque Henri IV, abandonnant les protestants, dont il protégea le culte, se réunit aux catholiques, auxquels il donna un roi.

Sixième édit de pacification moins favorable que le cinquième (1577).

A cette année se rapporte l'expédition de dom Sébastien en Afrique. Ce prince, que quelques montagnards du Portugal attendent peut-être encore, périt dans un combat contre le roi de Maroc. Camoëns, étendu sur son lit de mort, à peine nourri des aumônes qu'un fidèle esclave javanois alloit mendier pour lui dans les rues de Lisbonne, s'écria en apprenant le sort de son roi : « La patrie est perdue ; mais du moins je meurs avec elle ! » Et le Tasse, presque aussi infortuné que le Camoëns, félicitoit dans de beaux vers Vasco de Gama d'avoir été chanté *par le noble génie dont le vol glorieux avoit dépassé celui des vaisseaux qui retrouvèrent les régions de l'aurore.*

Combien auprès du grand navigateur, du grand roi portugais et des deux grands poëtes, semblent ignobles et petits ces mignons de la fortune, et ces princes si peu dignes de leur haut rang ! C'étoit alors que les duellistes Caylus, Maugiron et Livarot, se battoient contre d'Entragues, Riberac et Schomberg ; qu'Henri III faisoit élever à Caylus, Maugiron et Saint-Mégrin, des statues et des tombeaux que n'avoient pas dom Sébastien dans les déserts de l'Afrique, Gama sur les rives de l'Inde, les chantres de la Jérusalem et des Lusiades au bord du Tage et du Tibre.

« Or, pour célébrer la mémoire de Caylus, et
« Maugiron, à cause des rares et détestables pail-
« lardises et blasphèmes estant en eux, Henry de
« Valois les feit superbement eslever en marbre
« blanc, posez sur une base, à l'entour de laquelle
« estoient plusieurs descriptions comme de person-
« nages généreux, dont ceux du siècle sçavoient bien
« le contraire, et les catholiques estoient fort faschez
« qu'il souillast un lieu sainct (qui estoit l'église de
« Sainct-Paul à Paris) des effigies de tels libertins

« et renieurs de Dieu. » (*Vie et mort de Henry de Valois.*)

Le duc d'Alençon, devenu duc d'Anjou, appelé par les catholiques des Pays-Bas, s'y montre indigne de la souveraineté qu'on lui vouloit déférer : « *Prince*, disoit le roi de Navarre, depuis Henri IV, « *qui a si peu de courage, le cœur si double et si* « *malin, le corps si mal basti.* » Marguerite de Valois, qui l'avoit beaucoup aimé, déclaroit que *si l'infidélité étoit bannie de la terre, il la pourroit repeupler* (1578).

L'ordre du Saint-Esprit, créé en 1579, ou plutôt renouvelé de l'ordre *du Saint-Esprit* ou *du Droit-Désir* de Louis d'Anjou, fut d'abord assez mal accueilli. Henri III, élu roi de Pologne le jour de la Pentecôte, et parvenu à la couronne de France l'anniversaire du même jour, institua son ordre en mémoire de ce double avénement. On a dit que cet ordre avoit une origine plus mystérieuse, indiquée dans l'entrelacement des chiffres. Ces chiffres, prétendoit-on, désignoient les mignons du roi et sa maîtresse, Marguerite sa sœur. Selon Brantôme, l'ordre ne se devoit pas soutenir, parce qu'*il étoit allé en cuisine*, ayant été donné à Combaut, premier maître d'hôtel du roi. Les réflexions que nous avons faites à propos de la chevalerie de la Jarretière, s'appliquent également à la chevalerie du Saint-Esprit. Les traces du sang de Louis XVI sont effacées sur le pavé de Paris, les cendres de Napoléon sont cachées sous le roc d'une île déserte, et le ruban de Henri III a reparu dans ce palais de Catherine de Médicis, devant lequel tomba la tête du roi-martyr et où reposa celle du vainqueur de l'Europe; enfin, il couvre encore dans le château des Stuarts le sein de l'exilé, qui, en abdiquant la couronne (comme je l'ai déjà dit dans l'avant-propos de ces *Études*), a vraisemblablement fait abdiquer avec lui tous ces rois, grands vassaux du passé sous la suzeraineté des Capets.

Une ordonnance rétrograde, rendue en conséquence des cahiers présentés par les états de Blois de 1576, porte que les « roturiers et non nobles « achetant fiefs nobles, ne seront pour ce anoblis « ni mis au degré des nobles. » La noblesse s'apercevoit que ses rangs étoient envahis. Comme il arrive toujours à la veille des grandes révolutions, on vouloit ressaisir par les actes du pouvoir ce que le temps avoit enlevé.

Le Portugal tombe aux mains de Philippe II, après la mort du cardinal Henri qui avoit succédé à dom Sébastien. Élisabeth, reine d'Angleterre, flatte le duc d'Anjou de l'espoir de l'épouser. Les États de Hollande ôtent la souveraineté des Pays-Bas à Philippe II, et la confèrent au duc d'Anjou. La comté de Joyeuse et la baronnie d'Espernon sont érigées en duchés-pairies pour les deux favoris de Henri III, qui dépensa 1200 mille écus aux noces du duc de Joyeuse, en lui en promettant 400 mille autres. Les tailles, élevées à 32 millions, dépassoient de 23 millions celles du dernier règne (1580, 1581).

Le calendrier grégorien est réformé (1582).

Le duc d'Anjou, jaloux du prince d'Orange, se veut emparer d'Anvers : les François sont repoussés par les bourgeois; quatre cents gentilshommes et douze cents soldats périrent dans cette échauffourée. Méprisé et abandonné, le prince françois se retira à Termonde. « Deux jours après ce désastre, comme « on discouroit de la mort du comte de Saint-« Aignan, brave officier et fort fidèle à son service, « lequel s'étoit noyé en cette occasion : Je crois, dit-« il, que qui auroit pu prendre le loisir de contem-« pler à cette heure Saint-Aignan, on lui auroit vu « faire une plaisante grimace. Ce disoit-il, parce « que le comte avoit coutume d'en faire. » Ainsi étoient payés le sang et les services. Le duc d'Anjou mourut l'année suivante, à l'âge de trente ans. Par cette mort, le roi de Navarre devenoit héritier de la couronne, Henri III n'ayant point d'enfants.

Le duc de Guise saisit cette occasion pour mettre en mouvement la Ligue, dont il est déclaré le chef; il s'agissoit, selon lui, d'éloigner du trône un prince hérétique : Guise convoitoit cette couronne, et ne l'osa prendre. Le prince d'Orange est assassiné à Delft, par Balthasar Gérard; les Pays-Bas se veulent donner à Henri III qui les refuse; la France, par une destinée constante, manque encore l'occasion de porter ses frontières aux rives du Rhin (1584).

Le cardinal de Bourbon, dans un manifeste, prend le titre de premier prince du sang, et demande que la couronne soit maintenue dans la branche catholique : le pape et presque tous les princes de l'Europe appuient cette déclaration, qui venoit à la suite d'un traité fait avec le roi d'Espagne pour le soutien de la Ligue. Le roi reste passif au milieu de ces désordres; la Ligue commence la guerre pour son propre compte contre les huguenots.

Sixte-Quint, qui rappeloit les grands pontifes des temps passés, avoit succédé à Grégoire XIII : il désapprouve la Ligue et excommunie néanmoins le roi de Navarre, qu'il déclare indigne de succéder à la couronne. Henri IV en appelle au parlement et au concile général, et fait afficher cet appel jusqu'aux portes du Vatican. Les Seize commencent à gouverner Paris. Guerre des trois Henris, Henri III, Henri roi de Navarre, Henri duc de Guise (1585, 1586).

Marie Stuart, après dix-neuf ans de captivité, a la tête tranchée au château de Fotheringuay, le 18 février 1587. Les couronnes n'étoient pas inviolables. « La veille de sa mort, elle beut sur la fin
« du souper, à tous ses gens, leur commandant de
« la pléger. A quoy obéissants, ils se mirent à ge-
« nouil, et meslant leurs larmes avecques leur vin,
« beuvent à leur maistresse. Le jour de la mort,
« elle commanda à l'une de ses filles de lui bander
« les yeux du mouchoir qu'elle avoit expressément
« dédié pour cet effet. Bandée, elle s'agenouille,
« s'acoudoyant sur un billot, estimant devoir être
« exécutée avecques une espée à la françoise; mais
« le bourreau, assisté de ses satellites, luy fit mettre
« la tête sur ce billot, et la luy coupa avec une do-

« loire. » (PASQUIER.) Quelles que fussent les années d'Elisabeth et de Marie, il est probable qu'une rivalité de femme et une supériorité de talent, et de beauté coûtèrent la vie à la dernière.

Les Seize songent à s'emparer de la personne du roi et à le faire descendre du trône. La Sorbonne rend un arrêt dans lequel il étoit dit que l'on pouvoit ôter le gouvernement au prince que l'on ne trouvoit pas tel qu'il falloit, comme on ôte l'*administration au tuteur qu'on avoit pour suspect.* Les doctrines des temps de l'ancienne monarchie respectoient-elles davantage la majesté des rois et le *droit divin* que les doctrines de la monarchie constitutionnelle? Henri III se consoloit en recevant l'ordre de la Jarretière et en établissant les Feuillants à Paris.

Henri de Navarre gagne la bataille de Coutras, où le duc de Joyeuse est tué de sang-froid, comme François de Guise devant Orléans, le prince de Condé à Jarnac, le maréchal de Saint-André à Dreux, le connétable de Montmorency à Saint-Denis. Le Béarnois, au lieu de profiter de sa victoire, retourne auprès de Corisandre. Maintes fois ce prince joua sa couronne contre ses amours, et ce sont peut-être ses foiblesses, unies à sa vaillance et à ses malheurs, qui l'ont rendu si populaire.

Henri Ier, prince de Condé, meurt empoisonné à Saint-Jean-d'Angely; Charlotte de la Trémoille, sa femme, accusée de l'empoisonnement, fut déclarée innocente huit ans après, par arrêt du parlement, sur l'ordre exprès de Henri IV. La veuve de Condé, demeurée grosse, accoucha d'un fils qui fut Henri II du nom, et aïeul du grand Condé. Cette race héroïque étoit comme une flamme toujours prête à s'éteindre : elle s'est enfin évanouie.

An 1588 : Journée des barricades.

Les Seize s'étant concertés avec le duc de Mayenne, en l'absence du duc de Guise qui se tenoit éloigné de Paris dans la crainte d'être surpris par le roi, avoient résolu de s'emparer de la Bastille après avoir tué, s'ils le pouvoient, le chevalier du Guet, le premier président, le chancelier, le procureur général, MM. de Guesle et d'Espesses, et quelques autres. Ils comptoient se saisir de l'Arsenal, au moyen d'un fondeur gagné par leur parti, et qui leur en ouvriroit les portes. Des commissaires et des sergents, feignant de mener de nuit des prisonniers, étoient chargés d'occuper le grand et le petit Châtelet. Une autre bande de conjurés se tenoit prête à se jeter dans le Temple, l'Hôtel-de-Ville et le Palais-de-Justice, à l'heure où l'on avoit coutume d'en permettre l'entrée au public. Quant au Louvre, il devoit être assiégé et bloqué à la fois par les rues y aboutissant : les gardes égorgés, on arrêteroit le roi.

Dans le conseil secret où l'on dressoit le plan de cette insurrection des ligueurs, un des conjurés représenta qu'il y avoit à Paris beaucoup de voleurs, et six ou sept mille ouvriers à qui l'on ne pouvoit faire part de l'entreprise; que ceux-ci s'étant mis une fois à piller, et grossissant comme une boule de neige, feroient avorter le dessein. D'après cette observation, qui parut juste, on s'arrêta à l'idée d'élever des barricades : elles consistoient à tendre des chaînes à l'entrée des rues, et à placer contre ces chaînes des tonneaux remplis de terre. Les barricades formées, on ne permettroit à personne de les franchir sans prononcer les mots d'ordre, et sans montrer une marque convenue. Quatre mille hommes seulement auroient l'entrée des retranchements, pour aller au Louvre attaquer les gardes du roi, et aux postes où se trouvoient les forces militaires. La noblesse logée en divers quartiers de la ville étant égorgée avec les *politiques* et les *suspects,* on crieroit : *Vive la messe!* tous les bons catholiques prendroient les armes, et le même jour les villes de la Ligue imiteroient Paris. Aussitôt qu'on se seroit rendu maître de Henri, on tueroit les membres du conseil; on donneroit d'autres ministres au roi, en épargnant sa personne, à charge à lui de ne se mêler dorénavant d'aucune affaire.

Henri III averti de ces menées n'en voulut rien croire, trompé par Villequier qui lui répétoit que le peuple l'aimoit trop pour rien entreprendre contre sa couronne. La Bruyère, La Chapelle, Rolland, Le Clerc, Crucé, Compan, principaux chefs des Seize, se réunirent de nouveau dans la maison de Santeul, auprès de Saint-Gervais. Nicolas Poulain, qui redisoit tout au roi, s'y trouvoit aussi; on lut une lettre du duc de Guise qui promettoit merveille. La Chapelle déploya une grande carte de gros papier, où Paris et ses faubourgs étoient figurés : les seize quartiers de la capitale furent réunis en cinq quartiers qui eurent chacun pour chefs un colonel et un capitaine. Le dénombrement fait, on trouva que l'on pouvoit promettre au duc de Guise trente mille hommes bien armés.

Le Balafré envoya de son côté des capitaines expérimentés qui se cachèrent dans Paris ; la porte Saint-Denis, dont il avoit les clefs, devoit être livrée à d'Aumale qui s'introduiroit dans la capitale la nuit du dimanche de Quasimodo, avec cinquante cavaliers ; le duc d'Espernon faisoit pour le roi la ronde militaire, depuis dix heures du soir jusqu'à quatre heures du matin : deux de ses gens, vendus aux ligueurs, s'étoient chargés de le dépêcher.

Incrédule comme la foiblesse qui redoute d'agir, Henri auroit pu vingt fois faire arrêter Le Clerc et ses complices, dans les conciliabules que lui indiquoit Nicolas Poulain ; mais il avoit fini par soupçonner ce fidèle serviteur d'être attaché au parti des huguenots et intéressé à grossir le mal : la pusillanimité prend en haine celui qui lui montre le danger.

Le roi ne trouva rien de mieux à faire, au milieu de ces périls, que d'aller paisiblement à Saint-Germain conduire le duc d'Espernon, et de revenir huit jours après. Madame de Montpensier avertit les Seize que la mine étoit éventée, et qu'elle avoit prié Henri III de recevoir le duc de Guise, son frère, qui viendroit seul se justifier auprès de sa majesté des projets dont on l'accusoit *à tort*. Henri interdit au duc de Guise l'entrée de Paris ; l'ordre fut mal donné ou mal exécuté, et l'on ne trouva pas quelques écus au trésor pour faire partir un courrier. A travers ces mille complots, madame de Montpensier avoit remarque que le roi s'alloit promener presque sans escorte au bois de Vincennes; vite elle conçoit le projet de l'enlever, de mettre cet enlèvement sur le compte des huguenots, et de procéder au massacre des *politiques*. Le coup manqua, toujours par les révélations de Poulain. Le duc de Guise vint à Paris malgré la défense du roi, rassuré qu'il étoit par Catherine de Médicis qui lui promettoit d'arranger tout à son avantage. La reine-mère, négligée de son fils, vouloit reprendre son empire en brouillant les affaires et les intérêts.

L'entrée du Balafré à Paris fut un triomphe; la foule se précipita sur ses pas, criant : *Vive Guise! vive le pilier de l'Église!* baisant ses habits, et lui faisant toucher des chapelets comme un saint. De toutes les fenêtres les femmes lui jetaient des feuillages et des fleurs. Louise de l'Hospital-Vitry, montée sur une boutique dans la rue Saint-Honoré, baissa son masque et s'écria : « Bon prince, puisque tu es ici, nous sommes tous sauvés. » Le chef de la Ligue alla descendre à l'hôtel de Soissons, chez la reine-mère. Catherine fut troublée; mais, bientôt raffermie, elle conduisit son hôte chez le roi. Elle étoit portée dans sa chaise, et le duc marchoit à pied auprès d'elle : arrivés au Louvre, ils trouvèrent la garde doublée, les Suisses rangés en haie, les archers dans les salles, les gentilshommes dans les chambres. Dans ce moment même Henri III délibéroit s'il ne feroit pas tuer son ennemi à ses pieds : Alphonse, Corse, dit Ornano, avoit été mandé, et se proposoit pour exécuteur des hautes œuvres du roi. Le duc de Guise entre avec Catherine dans le cabinet du monarque, qui lui reproche d'avoir violé ses ordres. Le duc balbutie quelques excuses, profite d'un moment d'hésitation de Henri, et se retire sans être arrêté. Une seconde entrevue eut lieu à l'hôtel de Soissons, mais alors Guise étoit gardé par le peuple.

Cependant le roi fait entrer, le jeudi 4 mai, quatre mille Suisses dans Paris. Le peuple les vit défiler en silence, et paroissoit assez tranquille, lorsqu'un *rodomont de cour*, c'est l'expression de Pasquier, se croyant assuré de la victoire, dit tout haut : qu'*il n'y avoit femme de bien qui ne passât par la discrétion d'un Suisse*. Ce mot prononcé sur le pont Saint-Michel produisit l'explosion, comme l'étincelle qui tombe sur de la poudre : dans un moment les rues sont dépavées, les pierres portées aux fenêtres, les chaînes tendues, renforcées de meubles, de planches, de solives, de tonneaux pleins de terre; le tocsin sonne, les troupes royales, laissées sans ordre, sont renfermées dans les retranchements, et les dernières barricades poussées jusqu'aux guichets du Louvre.

Le duc de Guise ne parut point dans les premières heures : retiré dans son hôtel, il se ménageoit des moyens de retraite. Lorsqu'il apprit le plein succès de l'insurrection, il se montra; on cria : Vive Guise! et *lui, baissant son grand cha-*

peau, disoit : *Mes amis, c'est assez; messieurs, c'est trop; criez vive le roi!* Le poste des Suisses au Marché-Neuf, attaqué à coups de pierres et d'arquebuses, eut une trentaine d'hommes tués et blessés. Ces étrangers, dont le sort étoit de jouer un si triste rôle dans nos troubles domestiques, ne se défendirent point; ils tendoient les mains à la foule, montroient leurs chapelets, et crioient : *Bons catholiques,* comme ils auroient crié aux dernières barricades : *Bons libéraux!* Le duc de Guise les délivra; il permit aux soldats du roi de se retirer, faisant ouvrir les barrières qui se refermoient derrière eux. Des négociations entamées par Catherine n'aboutirent à rien. Les prédicateurs déclarèrent qu'il *falloit aller prendre frère Henri de Valois dans son Louvre.* Sept ou huit cents écoliers et trois ou quatre cents moines se proposoient d'assaillir le palais du côté de Paris, tandis qu'une quinzaine de mille hommes menaçoient de l'investir du côté de la campagne. Le roi, n'ayant pas un moment à perdre, sortit à pied tenant une baguette à la main. Arrivé aux Tuileries où étoient les écuries, *il monta à cheval avec ceux de sa suite qui eurent moyen d'y monter; Duhalde le botta, et lui mettant son éperon à l'envers :* « *C'est tout un,* dit le roi, *je ne vais pas voir ma maîtresse.* » . . . . . . *Étant à cheval, il se retourna vers la ville, et jura de n'y rentrer que par la brèche.* Il ne vit plus Paris que des hauteurs de Saint-Cloud, et n'y rentra jamais.

Un gardeur de troupeau, devenu pape, faisoit

alors réparer Saint-Jean-de-Latran, et relevoit le grand obélisque des pharaons : ses courriers lui annoncent que le duc de Guise est entré presque seul dans Paris; il s'écrie : *O l'imprudent!* Bientôt il apprend que Henri a laissé échapper sa proie, et il s'écrie : *O le pauvre homme!* Henri séjourna à Chartres; il y reçut en députation une procession de pénitents. « A la tête paroissoit un homme à
« grande barbe sale et crasseuse, couvert d'un ci-
« lice, et par-dessus un large baudrier, d'où pendoit
« un sabre recourbé. D'une vieille trompette rouil-
« lée il tiroit par intervalles des sons aigres et dis-
« cordants. . . . .
« Après eux venoit frère Ange de Joyeuse. . . . . .
« Il représentoit le Sauveur montant au Calvaire.
« Il s'étoit laissé lier et peindre sur la figure des
« gouttes de sang qui sembloient découler de sa
« tête couronnée d'épines. Il paroissoit ne traîner
« qu'avec peine une longue croix de carton peinte,
« et se laissoit tomber par intervalles, poussant des
« gémissements lamentables. »

L'histoire vivante a rapetissé ces faits de l'histoire morte, si fameux autrefois. Qu'est-ce en effet que la journée des barricades, que la Saint-Barthélemy même, auprès de ces grandes insurrections du 7 octobre 1789, du 10 août 1792, des massacres du 2, du 3 et du 4 septembre de la même année, de l'assassinat de Louis XVI, de sa sœur et de sa femme, et, enfin, de tout le règne de la terreur ? Et, comme je m'occupois de ces barricades qui chassèrent un roi de Paris, d'autres barricades faisoient disparoître en quelques heures trois générations de rois. L'histoire n'attend plus l'historien; il trace une ligne, elle emporte un monde.

La journée des barricades ne produisit rien, parce qu'elle ne fut point le mouvement d'un peuple cherchant à conquérir sa liberté; l'indépendance politique n'étoit point encore un besoin commun. Le duc de Guise n'essayoit point une subversion pour le bien de tous, il convoitoit seulement une couronne; il méprisoit les Parisiens tout en les caressant, et n'osoit trop s'y fier. Il agissoit si peu dans un cercle d'idées nouvelles, que sa famille avoit répandu des pamphlets qui le faisoient descendre de Lother, duc de Lorraine; il en résultoit que la race des Capets n'avoit d'autre droit que l'usurpation; que les Lorrains étoient les légitimes héritiers du trône, comme derniers rejetons de la lignée carlovingienne. Cette fable venoit un peu tard. Les Guise représentoient le passé; ils luttoient dans un intérêt personnel contre les huguenots révolutionnaires de l'époque, qui représentoient l'avenir : or, on ne fait point de révolution avec le passé.

Les peuples, de leur côté, ne regardoient le duc de Guise que comme le chef d'une sainte ligue, accouru pour les débarrasser des édits bursaux, des mignons et des réformés; ils n'étendoient pas leur vue plus loin : le duc de Guise leur paroissoit d'une nature supérieure à la leur, un homme fait pour être leur maître en place et lieu de leur tyran. Si la Sorbonne, si les curés, si les moines prêchoient la désobéissance à Henri III et les principes du tyrannicide; c'est que l'Église romaine n'avoit jamais admis le pouvoir absolu des rois; elle avoit toujours soutenu qu'on les pouvoit déposer en certain cas et pour certaine prévarication. Ainsi tout s'opéroit sans une de ces grandes convictions de doctrine politique, sans cette foi à l'indépendance, qui renversent tout; il y avoit matière à trouble; il n'y avoit pas matière à transformation, parce que rien n'étoit assez édifié, rien assez détruit. L'instinct de liberté ne s'étoit pas encore changé en raison; les éléments d'un ordre social fermentoient encore dans les ténèbres du chaos; la création commençoit, mais la lumière n'étoit pas faite.

Même insuffisance dans les hommes; ils n'étoient assez complets ni en défauts, ni en qualités, ni en vices, ni en vertus, pour produire un changement radical dans l'État. A la journée des barricades, Henri de Valois et Henri de Guise restèrent au-dessous de leur position; l'un faillit de cœur, l'autre de crime. La partie fut remise aux états de Blois.

Profondément dissimulé comme les esprits de peu d'étendue, le Balafré se servoit, avec le pape, avec le roi d'Espagne, avec le duc de Lorraine, avec le cardinal de Bourbon, d'un langage différent approprié à chacun; il cachoit bien ses desseins, et, quand tout étoit mûr pour agir, il temporisoit, et ne se pouvoit résoudre à faire le dernier pas. Plus d'orgueil que d'audace, plus de présomption que de génie, plus de mépris pour le roi que d'ardeur pour la royauté, voilà ce qui apparoît dans la conduite du duc de Guise. Il intriguoit à cheval comme

Catherine dans son lit. Libertin sans amour, ainsi que la plupart des hommes de son temps, il ne rapportoit du commerce des femmes qu'un corps affoibli et des passions rapetissées ; il avoit toute une religion et toute une nation derrière lui, et des coups de poignard firent le dénoûment d'une tragédie qui sembloit devoir finir par des batailles, la chute d'un trône et le changement d'une race.

La journée des barricades, si infructueuse, lui resta cependant à grand honneur dans son parti. « Mais quels miracles avons-nous veu depuis dix-« huit mois qu'il a faits à l'aide de Dieu! Qui est-« ce qui peut parler de la journée des barricades « sans grande admiration, voyant un grand peuple, « qui jamais n'a sorty des portes, de sa ville pour « porter armes, ayant veu à l'ouverture de sa bou-« tique les escadrons royaux, tous armez, dressez « par toutes les grandes et fortes places de la ville, « se barricader en si grande diligence, qu'il rem-« barra tous ces escadrons jusque dans le Louvre « sans grande effusion de sang ? » (*Oraison funèbre des duc et cardinal de Guise.*)

La ressemblance des éloges et des mots avec ce que nous lisons tous les jours donne seule quelque prix à ce passage oublié dans un pamphlet de la Ligue.

Catherine qui, sans égard à la loi salique, vouloit faire tomber la couronne à sa fille, mariée au duc de Lorraine, hâta à Rouen (11 juillet 1588) l'édit d'union. Cet édit rétablissoit la paix, en accordant d'immenses avantages à la Ligue, en entassant les honneurs et les charges sur le duc de Guise, et en excluant tout prince non catholique de la couronne : le roi le signa en pleurant. Alors Philippe II d'Espagne perdoit son invincible *armada,* comme Henri III de France perdoit son honneur. Mais ce qui advint fit voir que, de la part de Henri, il entroit dans cet abandon de toute dignité moins de lâcheté que de vengeance. Les états se devoient assembler à Blois au mois d'octobre, pour sanctionner l'édit d'union. Guise et Henri méditoient, chacun dans leur cœur, d'y terminer leur querelle.

Le roi se mit d'abord en mesure d'agir, en congédiant ses ministres Bellièvre, Cheverny, Villeroi, Pinart et Brulart; il nomma à leur place Montholon, Ruzé et Revol. On fit peu d'attention à ce changement qui ne laissoit pourtant dans le conseil aucun homme capable, par sa position ou son expérience, de s'opposer au dessein du maître. La reine-mère arriva malade au château de Blois, avec son fils. Les états s'ouvrirent le 16 d'octobre (1588). « *Les députés étant entrés et la porte fermée, le duc de Guise, assis en sa chaire, habillé d'un habit de satin blanc, la cape retroussée à la bigearre, perçant de ses yeux toute l'épaisseur de l'assemblée, pour reconnoître et distinguer ses serviteurs, et d'un seul élancement de sa vue les fortifier en l'espérance de l'avancement de ses desseins, de sa fortune et de sa grandeur, et leur dire sans parler,* JE VOUS VOIS, *se leva, et après avoir fait une révérence, suivi de deux cents gentilshommes et capitaines des gardes, alla quérir le roi, lequel entra plein de majesté, portant son grand ordre au col.* » (Mathieu.)

« *La harangue du roi, prononcée avec une grande éloquence et majesté, ne fut guère agréable à ceux de la Ligue; le duc de Guise en changea de couleur et perdit contenance, et le cardinal encore plus, qui suscita le clergé à en aller faire grande plainte à sa majesté.* » (L'Estoile.) Le roi fut obligé de faire des changements à son discours, avant de le livrer au public. Lorsqu'il le corrigeoit, survint un orage noir qui obligea de recourir à des flambeaux : sur quoi « on dit que Henri venoit de faire son testa-
« ment et celui de la France, et qu'on avoit allumé
« des torches funèbres pour voir rendre au roi son
« dernier soupir. »

Les députés des trois ordres étoient presque tous du parti Guise. Henri, dans les lettres qu'il adressa aux souverains étrangers, pour se justifier du meurtre des deux frères, assure : « Qu'en l'assemblée des
« trois états, ils n'ont épargné aucuns moyens par
« le ministère de plusieurs auxquels ils auroient pra-
« tiqué par les provinces de faire tomber les élec-
« tions, pour ôter toute autorité et obéissance à sa
« majesté, et la rendre odieuse à ses sujets. »

Voici quel étoit le plan du duc de Guise : offrir au roi sa démission de lieutenant général du royaume, demander à se retirer afin d'obtenir des états l'épée de connétable; alors, devenu maître de toutes les forces du royaume, déposer Valois et l'enfermer dans un couvent. Le cardinal de Guise juroit qu'il ne vouloit pas mourir *avant d'avoir mis et tenu la tête de ce tyran entre ses jambes pour lui faire la couronne avec la pointe d'un poignard.* C'étoit un propos de famille : madame de Montpensier portoit, suspendus à son côté, des ciseaux d'or *pour faire, disoit-elle, la couronne monacale à Henri, quand il seroit confiné dans un cloître.* Cette femme ne pardonna jamais à Henri III ou des faveurs offertes et dédaignées, ou quelques paroles échappées à ce monarque sur des infirmités secrètes. Ces petits détails seroient peu dignes de la gravité des fastes de l'espèce humaine, si en France l'histoire de l'amour-propre n'étoit trop souvent liée à celle des crimes [1].

Toutes les batteries étoient dressées pour briser le sceptre dans les mains de Henri de Navarre, héritier légitime, mais protestant. Le duc de Guise faisoit très peu de cas du Béarnois, par un souvenir de jeunesse et de l'humble condition où il l'avoit vu. « La veille de la Toussaint (1572), dit l'Estoile, « le roi de Navarre jouoit avec le duc de Guise à la « paume, où le peu de compte qu'on faisoit de ce « petit prisonnier de roitelet, qu'on galopoit à tous « propos de paroles et brocards, comme on eût fait « un simple page ou laquais de cour, faisoit bien « mal au cœur à beaucoup d'honnêtes hommes, qui « les regardoient jouer. »

Reste à savoir si les états auroient adjugé la couronne au duc de Guise ; la reine-mère la vouloit

---

[1] Les moqueries d'Henri III pouvoient avoir aussi pour objet quelque imperfection visible. Lorsque madame de Montpensier apprit l'assassinat de ce prince, elle dit à ses femmes : « *Hé bien, « que vous en semble? ma tête ne tient-elle pas bien à cette heure?* Il

faire passer à la branche aînée de Lorraine ; le vieux cardinal de Bourbon revendiquoit de prétendus droits, et Philippe II mêloit ses intrigues et ses armes à toutes ces prétentions et à toutes ces discordes.

Quoi qu'il en soit, Henri III, poussé à bout, se réveille pour la vengeance : il se conduisit avec une profondeur de dissimulation qui ne sembloit plus possible dans une âme aussi énervée et un homme aussi avili.

Il commença par habituer le cardinal de Guise à venir fréquemment au château, sous le prétexte de lui parler du maréchal de Matignon. Le roi vouloit maintenir ce maréchal en sa charge de lieutenant général en Guienne ; le cardinal de Guise, qui désiroit obtenir cette charge pour lui-même, poussoit les états à demander le rappel de Matignon. Le roi flattoit doublement les passions du cardinal, en s'adressant à lui pour modérer les états, et en lui laissant l'espérance d'obtenir la place qu'il ambitionnoit.

Henri feignit ensuite un redoublement de ferveur ; il fit construire au-dessus de sa chambre de petites cellules, afin d'y loger des capucins, résolu qu'il étoit, disoit-il, de quitter le monde et de se livrer à la solitude. *En un temps où il s'agissoit de sa vie et de sa couronne, il paroissoit à vue presque privé de mouvement et de sentiment.* Il écrivit de sa

---

« *m'est avis qu'elle ne branle plus comme elle branloit auparavant.* ». Ne pourroit-on pas conclure de ces paroles de madame de Montpensier qu'elle avoit un hochement de tête, qu'elle faisoit allusion à quelques railleries de Henri III ?

propre main un mémoire *pour faire dépêcher des parements d'autel et autres ornements d'église aux capucins*. Le duc de Guise fut tellement trompé à ces marques d'une imbécile foiblesse, qu'il ne vouloit croire à aucun projet du roi : *Il est trop poltron*, disoit-il à la princesse de Lorraine ; *il n'oseroit*, disoit-il à la reine-mère, qui sembloit l'avertir, en conseillant peut-être sa mort.

Henri régla d'avance tout ce qu'il feroit dans la semaine de Noël, semaine qu'il avoit fixée pour la catastrophe, y compris le vendredi, jour auquel il annonçoit un pèlerinage à Notre-Dame de Cléry. Les plus zélés serviteurs de ce prince, le voyant se livrer à ces soins et le croyant sincère, désespéroient de sa sûreté. De même que le duc de Guise recevoit de continuels renseignements des desseins du roi, Henri ne cessoit d'être averti des machinations du duc de Guise : le duc d'Espernon lui en mandoit les détails dans ses lettres, et, ce qu'il y a de plus étrange, le duc de Mayenne et le duc d'Aumale étoient au nombre des dénonciateurs : l'un dépêcha à Blois un gentilhomme, et le second sa femme, pour instruire le roi de tout. On ne sauroit douter de ce fait, puisque Henri III le relate dans sa déclaration publique du mois de février 1589 contre le duc de Mayenne : il affirme que ce duc lui avoit fait dire que, s'il ne venoit pas lui-même révéler le crime projeté de son frère, c'est qu'étant à Lyon il craignoit de ne pouvoir arriver assez tôt ; ce fait est encore confirmé par le duc de Nevers dans son *Traité de la prise des armes*. Et pourtant, malgré la déclaration d'Henri III, la Ligue, faute de mieux, mit Mayenne à sa tête. Ce même Mayenne avoit refusé d'entrer dans les complots contre la vie du roi, notamment dans celui qui devoit être exécuté le jour du service funèbre de la reine d'Écosse, et il avoit voulu une fois se battre contre son frère, duc de Guise.

Quant à la duchesse d'Aumale, elle s'étoit engagée, dès la naissance de la Ligue, à avertir le roi de tout ce qui se trameroit contre lui; malheureusement Villequier, qui trahissoit Henri III, avoit souvent reçu les confidences de cette femme. Le 10 de novembre 1588, elle écrivit à la reine-mère; Catherine envoya chercher son fils, qui lui dépêcha Miron son médecin pour prendre ses ordres. « Dites « au roi, répondit-elle, que je le prie de descendre « dans mon cabinet, pour ce que j'ai chose à lui dire « qui importe à sa vie, à son honneur et à son État. » Le roi descendit accompagné d'un de ses familiers et de Miron. Catherine et son fils se retirèrent dans l'embrasure d'une fenêtre. Quand le roi sortit, les deux témoins, qui se tenoient à l'écart à l'autre bout du cabinet, entendirent la reine-mère prononcer distinctement ces paroles : « Monsieur mon fils, il « s'en faut dépêcher; c'est trop long-temps attendre; « mais donnez si bon ordre que vous ne soyez plus « trompé comme vous le fûtes aux barricades de « Paris. » D'autres ont cru que Catherine ignora le projet de Henri, et qu'elle s'y seroit opposée par ce système de contre-poids qu'elle employoit pour conserver son autorité, au milieu des factions; mais il faut préférer à cette version le récit d'un témoin auriculaire (Miron).

On remarqua que le duc, qui avoit eu connoissance de la conférence, se promena plus de deux heures à pas agités, en donnant des marques d'impatience, au milieu des *pages* et des *laquais*, sur la terrasse du donjon du château, appelée *la Perche-au-Breton*.

Ce château de Blois étoit joint à la ville par un chemin pratiqué dans le roc, vaste édifice où étoit empreinte la main de divers siècles, depuis les bâtisses féodales des Châtillons et la tour du Château-Renaud, jusqu'aux ouvrages demi-grecs et demi-gothiques de Louis XII, de François Ier et de ses successeurs : c'est là qu'eut lieu une des catastrophes les plus tragiques de l'histoire.

Trois jours avant, le Balafré avoit invité à souper le cardinal son frère, l'archevêque de Lyon, le président de Neuilly, La Chapelle-Marteau, prevôt des marchands de Paris, et Mendreville, tous de sa faction. Le duc, par un de ces pressentiments vagues qui avertissent du péril, avoit quelque intention de faire un voyage à Orléans; il dit à ses convives qu'on l'avertissoit d'une entreprise du roi sur sa personne, et il leur demanda conseil.

L'archevêque de Lyon s'éleva avec force contre tout projet de retraite; c'étoit, selon lui, manquer une occasion qui ne se retrouveroit jamais, après avoir eu le bonheur d'avoir fait convoquer les états, et d'y avoir réuni tant de membres de la sainte-union; il soutint que le duc de Guise disposoit du

DE L'HISTOIRE DE FRANCE. 239

tiers-état, du clergé et de plus du tiers des membres de la noblesse. Le président de Neuilly étoit tout alarmé; La Chapelle-Marteau prétendoit qu'il n'y avoit rien à craindre; mais Mendreville déclara, en jurant, que l'archevêque de Lyon parloit du roi comme d'un prince sensé et bien conseillé, mais que le roi étoit un fou, qu'il agiroit en fou; qu'il n'auroit ni appréhension ni prévoyance; que s'il avoit conçu un dessein, il l'exécuteroit mal ou bien. Qu'ainsi il se falloit lever en force devant lui, ou qu'autrement il n'y avoit nulle sûreté.

Le duc de Guise trouva que Mendreville avoit plus raison qu'eux tous; mais il ajouta : « Mes affaires « sont réduites en tels termes que, quand je verrois « entrer la mort par la fenêtre, je ne voudrois pas « sortir par la porte pour la fuir. »

Le roi, de son côté, avoit assemblé son conseil, composé des seigneurs de Rieux, d'Alphonse Ornano et des secrétaires d'État. « Il y a long-temps, « leur dit-il, que je suis sous la tutelle de messieurs « de Guise. J'ai eu dix mille arguments de me méfier « d'eux, mais je n'en ai jamais eu tant que depuis « l'ouverture des états. Je suis résolu d'en tirer « raison, mais non par la voie ordinaire de justice; « car M. de Guise a tant de pouvoir dans ce lieu, que « si je lui faisois faire son procès, lui-même le feroit « à ses juges. Je suis résolu de le faire tuer présen- « tement dans ma chambre; il est temps que je sois « seul roi : qui a compagnon a maître. » (PASQUIER.)

Le roi ayant cessé de parler, un ou deux membres du conseil proposèrent l'emprisonnement légal et le procès en forme; tous les autres furent d'une opinion contraire, soutenant qu'en matière de crime de lèse-majesté la punition devoit précéder le jugement.

Le roi confirma cette opinion : « Mettre le *Guisard* « en prison, dit-il, ce seroit mettre dans les filets le « sanglier qui seroit plus puissant que nos cordes. » (L'Estoile).

On délibéra sur le jour où le coup seroit frappé; le roi déclara qu'il feroit tuer le duc de Guise au souper que l'archevêque de Lyon lui devoit donner, le dimanche avant la Saint-Thomas. Ensuite l'exécution fut retardée jusqu'au mercredi suivant, jour même de la Saint-Thomas, et enfin renvoyée au 23, avant-veille de Noël.

Le 22, le duc de Guise, se mettant à table pour dîner, trouva sous sa serviette un billet ainsi conçu : « *Donnez-vous de garde, on est sur le point de vous* « *jouer un mauvais tour.* » Il écrivit au bas au crayon : *on n'oseroit;* et il jeta le billet sous la table. Le même jour, le duc d'Elbeuf lui dit qu'on attenteroit le lendemain à sa vie. « *Je vois bien, mon cousin,* répondit « le Balafré, *que vous avez regardé votre almanach,* « *car tous les almanachs de cette année sont farcis* « *de telles menaces.* » (L'Estoile).

Le roi avoit annoncé qu'il iroit le lendemain 23 à la Noue, maison de campagne au bout d'une longue allée sur le bord de la forêt de Blois, afin de passer la veille de Noël en prières. Rassuré par le projet de ce prétendu voyage, le cardinal de Guise pressa son frère de partir pour Orléans, disant qu'il étoit assez fort, lui cardinal, pour enlever Henri et le conduire à Paris. Une fois remis aux mains des Parisiens, les états l'auroient déposé comme incapable de régner, puis confiné dans un château avec une pension de 200,000 écus; le duc de Guise eût été proclamé roi à sa place : c'étoit le dernier plan, car les plans varioient. Catherine avoit elle-même songé à priver son fils de la couronne, mais en lui donnant dans sa retraite des femmes au lieu d'or, comme chaînes plus sûres; elle eût alors demandé le trône pour le duc de Lorraine, son petit-fils par sa fille. Deux grands conspirateurs cherchoient donc à se devancer pour s'arracher mutuellement le pouvoir et la vie; leurs complots respectifs étoient connus de l'un et de l'autre : le plus dissimulé l'emporta sur le plus vain.

Le 22, le roi, après avoir soupé, se retira dans sa chambre vers les sept heures; il donna l'ordre à Liancourt, premier écuyer, de faire avancer un carrosse à la porte de la galerie des Cerfs, le lendemain matin, 23 décembre, à quatre heures, toujours sous prétexte d'aller à la Noue. En même temps il envoya le sieur de Marle inviter le cardinal de Guise à se rendre au château à six heures, parce qu'il désiroit lui parler avant de partir. Le maréchal d'Aumont, les sieurs de Rambouillet, de Maintenon, d'O, le colonel Alphonse Ornano, quelques autres seigneurs et gens du conseil, les quarante-cinq gentilshommes ordinaires, furent requis de se trouver à la même heure dans la chambre du roi.

A neuf heures du soir le roi mande Larchant, capitaine des gardes-du-corps; il lui enjoint de se tenir le lendemain, à sept heures du matin, avec quelques-uns des gardes, sur le passage du duc de Guise, quand celui-ci viendroit au conseil ; Larchant et les siens présenteroient à ce prince une supplique tendant à les faire payer de leurs appointements. Aussitôt que le duc seroit entré dans la chambre du conseil qui formoit l'antichambre de la chambre du roi, Larchant se saisiroit de l'escalier et de la porte, ne laisseroit ni entrer, ni sortir, ni passer personne. Vingt autres gardes seroient placés par lui Larchant à l'escalier du vieux cabinet, d'où l'on descendoit à la galerie des Cerfs.

Tout étant disposé de la sorte, Henri rentra dans son cabinet avec de Termes; c'étoit Roger de Saint-Lary de Belgarde, si connu depuis. A minuit Valois lui dit : « Mon fils, allez vous coucher, et dites à « Duhalde qu'il ne faille de m'esveiller à quatre « heures, et vous trouverez ici à pareille heure. Le « roi prend son bougeoir et s'en va dormir avec « la reine. » (MIRON.)

Le duc de Guise veilloit alors auprès de Charlotte de Beaune, petite-fille de Semblançai, mariée d'abord au seigneur de Sauve, et en secondes noces à François de la Trémoille, marquis de Noirmoutiers. Aussi belle que volage, elle alloit, selon l'expression libre du Laboureur, coucher d'un parti chez l'autre. Liée jadis avec le duc d'Alençon et le roi de Navarre, les secrets qu'elle déroboit au plaisir, elle les redisoit à Catherine de Médicis et au duc de Guise. Cette fois elle essaya de l'éclairer sur les dangers qu'il couroit ; elle le conjura de fuir ; mais il crut moins à ses conseils qu'à ses caresses, et il resta : il ne rentra chez lui qu'à quatre heures du matin ; on lui remit cinq billets qui tous l'admonestoient de se précautionner contre le roi. Le duc mit ces billets sous son chevet. Le Jeune, son chirurgien, et beaucoup d'autres clients qui l'environnoient, le supplioient de tenir compte de cet avis : « Ce ne seroit jamais fini, répondit-il ; «dormons, et vous, allez coucher. » (MIRON.)

Le 23, à quatre heures du matin, Duhalde vint heurter à la porte de la chambre de la reine ; la dame de Piolant, première femme de chambre, accourt au bruit : « Qui est là ? » dit-elle. « C'est «Duhalde, répond celui-ci ; dites au roi qu'il est «quatre heures. » — « Il dort, et la reine aussi, » répliqua la dame de Piolant. « Éveillez-le, dit Du-«halde, ou je heurterai si fort que je les réveillerai «tous deux. »

Le roi ne dormoit point, ses inquiétudes étoient trop vives. Ayant appris la venue de Duhalde, il demande ses bottines, sa robe de chambre et son bougeoir ; il se lève, et, laissant la reine tout émue, se rend dans son cabinet où l'attendoient déjà de Termes et Duhalde. Il prend les clefs des cellules destinées aux capucins ; il monte éclairé par de Termes qui portoit le bougeoir devant lui ; il ouvre une cellule, et y enferme Duhalde effrayé ; il redescend, et à mesure que les quarante-cinq gentilshommes de sa garde se présentent, il les conduit aux cellules, dans lesquelles il les incarcère un à un, comme Duhalde. Les personnages convoqués au conseil commençoient d'arriver au cabinet du roi; on y pénétroit à travers un passage étroit et oblique qu'Henri avoit fait pratiquer exprès dans un coin de sa chambre à coucher, laquelle précédoit ce cabinet. La porte ordinaire de la chambre avoit été bouchée. Lorsque les ministres et les seigneurs sont entrés, le roi va mettre en liberté ses prisonniers, les ramène en silence dans sa chambre, leur recommandant de ne faire aucun bruit, à cause de la reine-mère qui étoit malade et logée au-dessous.

Ces précautions prises, le roi revient au conseil, et redit aux assistants ce qu'il leur avoit déjà dit sur la nécessité où il se trouvoit réduit de prévenir les complots du duc de Guise. Le maréchal d'Aumont hésitoit, parce que le roi avoit promis et juré le 4 décembre, sur le saint sacrement de l'autel, parfaite réconciliation et amitié avec le duc de Guise : « Mon cousin, lui avoit-il dit, croyez-vous « que j'aye l'âme si meschante que de vous vouloir « mal? au contraire, je déclare qu'il n'y a personne « en mon royaume que j'ayme mieux que vous, et « à qui je sois plus tenu, comme je le feray paroistre « par bons effects d'icy à peu de temps. . . . . . . « . . . . Cet athéiste Henri de Valois cacheta sa « trahison avec une cire du corps de Notre Sei- « gneur Jésus-Christ. » (*Vie et mort de Henri de Valois.*)

On calma les scrupules du maréchal d'Aumont

en s'efforçant de lui prouver que le duc de Guise avoit manqué le premier à sa parole.

Le roi passa du cabinet du conseil dans la chambre où étoient assemblés les gentilshommes, et il leur parla de la sorte :

« Il n'y a aucun de vous qui ne soit obligé de
« reconnoître combien est grand l'honneur qu'il a
« reçu de moi, ayant fait choix de vos personnes
« sur toute la noblesse de mon royaume, pour con-
« fier la mienne à leur valeur, vigilance et fidélité.
« Vous avez été mes obligés, maintenant je veux être
« le vôtre en une urgente occasion, où il y va de
« mon honneur, de mon État et de ma vie. Vous
« savez tous les insultes que j'ai reçues du duc de
« Guise, lesquelles j'ai souffertes, jusqu'à faire dou-
« ter de ma puissance et de mon courage, pensant
« par ma douceur allentir ou arrêter le cours de cette
« violente et furieuse ambition. Il est résolu de faire
« son dernier effort sur ma personne, pour dispo-
« ser après de ma couronne et de ma vie. J'en suis
« réduit à telle extrémité, qu'il faut que je meure
« ou qu'il meure, et que ce soit ce matin. Ne voulez-
« vous pas me servir et me venger ? »

Tous ensemble s'écrièrent qu'ils étoient prêts à tuer le rebelle; et Sariac, gentilhomme gascon, frappant de sa main la poitrine du roi, lui dit :
Cap de Diou, sire, iou lou bous rendis mort!

Henri les pria de modérer les témoignages de leur zèle, de peur d'éveiller la reine-mère. « Voyons, dit-il ensuite, qui de vous a des poignards ? » Huit d'entre eux en avoient : le poignard de Sariac étoit d'Écosse. Ces huit gentilshommes, pourvus de l'arme des assassins, furent particulièrement choisis pour demeurer dans la chambre et porter les premiers coups; le roi leur adjoignit un autre garde nommé Loignac, qui n'avoit qu'une épée. Douze autres des quarante-cinq furent placés dans le vieux cabinet où le roi devoit demander le duc; ils reçurent l'ordre de le tuer ou de l'achever de tuer à coups d'épée lorsqu'il lèveroit la portière de velours pour entrer dans le cabinet. Le reste des gardes prit poste à la montée qui communiquoit du cabinet à la galerie des Cerfs. Nambu, huissier de la chambre, ne devoit laisser entrer ni sortir personne que par le commandement exprès du roi. Le maréchal d'Aumont s'assit au conseil pour s'assurer du cardinal de Guise et de l'archevêque de Lyon, après la mort du duc.

Le roi se retira dans un appartement qui avoit vue sur les jardins, ayant tout ordonné avec le sang-froid d'un général qui va donner une bataille décisive : il ne s'agissoit que d'un assassinat et de la mort d'un homme ; mais cet homme étoit le duc de Guise. Henri, demeuré seul, ne garda pas cette tranquillité; il alloit, venoit, ne pouvoit demeurer en place, se présentoit à la porte de son cabinet. Plein d'intérêt et de pitié pour les meurtriers, il les invitoit à bien se prémunir contre le courage et la force de cet autre Henri qu'ils étoient chargés d'immoler. « Il est grand et puissant, leur disoit-il; s'il vous endommageoit j'en serois marry. » On lui vint apprendre que le cardinal de Guise étoit entré au conseil; mais son frère n'arrivoit pas, et le roi étoit cruellement travaillé de ce retard.

Le duc dormoit; il cherchoit dans le sommeil le renouvellement de ses forces épuisées aux voluptés de cette même nuit qui vit préparer sa mort : il alloit entrer dans une nuit plus longue où il auroit le temps de se reposer, prêt à tomber qu'il étoit des bras d'une femme entre les mains de Dieu. Ses valets de chambre ne l'éveillèrent qu'à huit heures, en lui disant que le roi étoit près de partir. Il se lève à la hâte, revêt un pourpoint de satin gris, et sort pour se rendre au conseil.

Arrivé sur la terrasse du château, il est accosté par un gentilhomme d'Auvergne nommé La Salle, qui le supplie de ne passer outre : « Mon bon ami, lui répond-il, il y a long-temps que je suis guéri d'appréhensions. » Quatre ou cinq pas plus loin, il rencontre un Picard appelé d'Aubencourt qui cherche à le retenir; il le traite de sot. Ce matin même il avoit reçu neuf billets qui lui annonçoient son sort; et il avoit dit, en mettant le dernier dans sa poche : « Voilà le neuvième. » Au pied de l'escalier du château, le capitaine Larchant lui présenta, comme il en étoit convenu avec le roi, une requête, afin d'obtenir le paiement des gardes; et c'étoient ces mêmes gardes qui alloient assassiner celui dont ils imploroient la bonté : on profitoit du généreux caractère du duc pour lui ôter les soupçons qu'il eût pu concevoir à la vue des soldats.

Arrivé dans la chambre du conseil, il parut cependant étonné de la présence du maréchal d'Aumont; car on ne devoit traiter que de matières de finances. Il s'assit, et dit un moment après : « J'ai froid, le cœur me fait mal, qu'on fasse du feu. ». Quelques gouttes de sang lui churent du nez, et quelques larmes des yeux, affoiblissement qu'on attribua plutôt à une débauche qu'à un pressentiment. S'étant établi devant le feu, il laissa tomber son mouchoir, et mit le pied dessus comme par mégarde. Fontenai ou Mortefontaine, trésorier de l'épargne, le releva; sur quoi le duc de Guise pria Fontenai de le porter à Péricart, son secrétaire, pour en avoir un autre, et de dire en même temps à ce secrétaire de le venir promptement trouver. « C'étoit, comme plusieurs ont cru, dit Pasquier, « afin d'avertir ses amis du danger où il pensoit « être. » Saint-Prix, premier valet de chambre du roi, présenta au duc quelques fruits secs qu'il avoit demandés au moment de sa défaillance.

Henri, ayant appris l'arrivée du duc de Guise, envoya Révol l'inviter à lui venir parler dans le vieux cabinet. L'huissier de la chambre, Nambu, refusa, d'après sa consigne, le passage à Révol, celui-ci revint vers son maître avec un visage effaré : « Mon Dieu! qu'avez-vous, dit le roi; qu'y a-t-il? « Que vous êtes pâle! Vous me gâterez tout. Frottez « vos joues; frottez vos joues, Révol. » La cause du retour de Révol expliquée, Henri ouvre la porte du cabinet, et ordonne à Nambu de laisser passer Révol.

Marillac, maître des requêtes, rapportoit une affaire des gabelles, quand Révol parut dans la salle du conseil. « Monsieur, dit-il au duc de Guise,

« le roi vous demande ; il est en son vieux cabinet ; »
et Révol se retire. Le duc de Guise se lève, enferme quelques fruits secs dans son drageoir, répand le reste sur le tapis en disant : « Qui en veut? »
Il jette sur ses épaules son manteau, qu'il tourne, comme en belle humeur, tantôt d'un côté, tantôt de l'autre; il le retrousse sous son bras gauche, met ses gants, tenant son drageoir de la main du bras qui relevoit son manteau. « Adieu, messieurs, », dit-il aux membres du conseil ; et il heurte aux huis de la chambre du roi. Nambu les lui ouvre, sort incontinent, tire et ferme la porte après lui.

Guise salue les gardes qui étoient dans la chambre; les gardes se lèvent, s'inclinent, et accompagnent le duc comme par respect. Un d'eux lui marcha sur le pied : étoit-ce le dernier avertissement d'un ami ?

Guise traverse la chambre : comme il entroit dans le corridor étroit et oblique qui menoit à la porte du vieux cabinet, il prend sa barbe de la main droite, se retourne à demi pour regarder les gentilshommes qui le suivoient. Montléry, l'aîné, qui étoit près de la cheminée, crut que le duc vouloit reculer pour se mettre sur la défensive : il s'élance, le saisit par le bras, et lui enfonçant le poignard dans le sein, s'écrie : « Traître, tu en
« mourras ! » Effranats se jette à ses jambes, Sainte-Malines lui porte un autre grand coup de poignard de la gorge dans la poitrine ; Loignac lui enfonce l'épée dans les reins.

Le duc, à tous ces coups, disoit : « *Eh ! mes amis ! Eh ! mes amis !* » Frappé du stylet de Sariac

par-derrière, il s'écrie à haute voix : « *Miséricorde!* »
« Et, bien qu'il eût son épée engagée dans son man-
« teau et les jambes saisies, il ne laisse pourtant de
« les entraîner, tant il étoit puissant, d'un bout de
« la chambre à l'autre. » Il marchoit les bras tendus,
les yeux éteints, la bouche ouverte, comme déjà
mort. Un des assassins ne fit que le toucher, et il
tomba sur le lit du roi : jamais lit plus honteux ne
vit mourir tant de gloire. Le cardinal de Guise,
assis au conseil avec l'archevêque de Lyon, entendit
la voix de son frère qui crioit merci à Dieu : « Ah,
« dit-il, on tue mon frère! » Il recule sa chaise pour
se lever; mais le maréchal d'Aumont, la main sur
son épée : « *Ne bougez pas, morbleu, monsieur! le
« roi a affaire de vous.* » L'archevêque de Lyon,
joignant les mains, s'écria : « Notre vie est entre
les mains de Dieu et du roi. » Le cardinal et l'archevêque furent d'abord enfermés dans les cellules des capucins, et de là transférés à la tour de
Moulins.

Henri, informé que la chose étoit faite, sortit de
son cabinet pour voir la victime : il lui donna un
coup de pied au visage, comme le duc de Guise en
avoit donné un à l'amiral de Coligny, lors du massacre de la Saint-Barthélemy. Il contempla un moment le Lorrain, et dit : « Mon Dieu, qu'il est grand!
« il paroît encore plus grand mort que vivant. »
(L'Estoile.) Derechef, il le poussa du pied, et parlant à Loignac : « Te semble-t-il qu'il soit mort,
Loignac ? » Alors Loignac, le prenant par la teste,
répondit à Henri de Valois : « Je croy qu'ouy : car

il a la couleur de mort, sire. » Ainsi, Henri de Valois, traistre, couard et poltron, fait mourir ce magnanime prince................
Et croy que si M. de Guise eût seulement respiré, lorsqu'il le poussa du pied, il fût tombé de frayeur auprès de luy. » (*Vie et mort de Henri III.*)

Les courtisans abondoient en moqueries, insultant à l'homme qu'ils avoient flatté; ils l'appeloient *le beau roi de Paris*, nom que lui avoit donné Henri.

L'un des secrétaires d'État, Beaulieu, eut ordre de fouiller le duc : il lui trouva autour du bras une petite clef attachée à des chaînons d'or, dans les poches de son haut-de-chausse une bourse qui contenoit douze écus d'or, et un billet sur lequel étoient écrits ces mots de la main du duc : « *Pour entretenir la guerre en France, il faut* 700 *mille livres tous les mois.* » Un cœur de diamants fut pris par d'Entragues à son doigt (MIRON). « Les qua-
« rante-cinq lui ôtèrent son épée, ses pendants
« d'oreilles et anneaux fort précieux qu'il avoit aux
« doigts. » (*Vie et mort d'Henri III.*) Beaulieu ayant achevé sa recherche, et s'apercevant que l'illustre massacré respiroit encore : « Monsieur, lui dit-il,
« cependant qu'il vous reste un peu de vie, deman-
« dez pardon à Dieu et au roi. » C'étoit le roi qui auroit dû demander pardon à Dieu et au duc de Guise; l'homme le lui eût accordé. « Alors le prince
« de Lorraine, sans pouvoir parler, jetant un grand
« et profond soupir comme d'une voix enrouée,
« il rendit l'âme, fut couvert d'un manteau gris,
« et au-dessus mis une croix de paille. » (MIRON.)

On trouve dans un pamphlet du temps une anecdote peu connue. Il est dit que le roi ayant fait arrêter les principaux seigneurs catholiques, commanda de les amener en sa présence, leur montra le corps du duc de Guise, et leur dit: « Messieurs, « voilà votre roi de Paris habillé comme il le mé- « rite. . . . . Cela faict, l'on amène le jeune « prince de Ginville (Joinville), auquel semblable- « ment le roi monstre le corps mort estendu sur la « place, dudict sieur de Guise : laquelle veüe saisit « tellement le cœur du jeune prince, qu'il cuida « tomber pasmé sur le corps de son père, quand « le roy le retint; et à l'instant le jeune prince, « ne pouvant baiser son père pour lui dire le der- « nier adieu, commence à vomir une infinité de pa- « roles injurieuses contre les massacreurs de son « père : occasion que le roy commanda que l'on « le mist à mort, ce qui eût été exécuté si Charles « Monsieur, présent, qui ayme naturellement le- « dict prince de Ginville, ne se fût jeté à genoux « devant le roy, le priant de lui vouloir donner en « garde ledict prince, à la charge de le représenter « quand il en seroit requis. » (*Les cruautés sanguinaires exercées envers feu monseigneur le cardinal de Guise, etc.*)

Deux heures après, le corps du duc de Guise fut livré à Richelieu, prevôt de France, aïeul de ce cardinal, qui n'épargna pas les grands, mais qui les fit mourir par la main du bourreau.

Le lendemain, le cardinal de Guise fut tué dans la tour de Moulins à coups de hallebarde. Il se mit à genoux, se couvrit la tête, et dit aux meurtriers : « Faites votre *commission*. » Ils étoient quatre, au salaire de cent écus chaque. Les *bons* des Septembriseurs étoient de cinq francs : le prix de main-d'œuvre avoit baissé. Le cardinal de Guise étoit plus méchant, avoit plus de résolution et autant de courage et d'ambition que le duc ; mais il l'avoit mise au service de son aîné. Quinze jours auparavant, la duchesse de Guise étoit allée à Paris pour y faire ses couches ; elle y avoit été suivie de madame de Montpensier.

Richelieu, accompagné de ses archers, se transporta dans la salle du tiers-état, se saisit du président de Neuilly, de Marteau, prevôt des marchands, de Compans et de Cotteblanche, échevins de Paris ; mais il n'avoit point reçu l'ordre de faire sauter l'assemblée par les fenêtres.

Henri avoit épuisé ce qui lui restoit de vigueur dans l'assassinat des deux frères : il n'appela point son armée de Poitou pour marcher immédiatement sur Paris, et ne se saisit point d'Orléans. Quand il alla voir sa mère après le meurtre, et qu'il lui dit : « Madame, je suis maintenant seul roi, je n'ai « plus de compagnon, » elle lui répondit : « Que « pensez-vous avoir fait ? Avez-vous donné ordre à « l'assurance des villes ? C'est bien coupé, mon fils, « mais il faut coudre. » Catherine étoit mourante ; elle expira le 5 janvier 1589, « à Blois, où elle « étoit adorée et révérée comme la Junon de la « cour. Elle n'eut pas plus tôt rendu le dernier sou-

« pir, qu'on n'en fit pas plus de compte que d'une
« chèvre morte. » (L'Estoile.)

Le jour et le lendemain de la mort des Guise, Henri III fit arrêter le cardinal de Bourbon, la duchesse de Nemours, le duc de Nemours son fils, le prince de Joinville, le duc d'Elbeuf et l'archevêque de Lyon; les autres seigneurs de la Ligue qui se trouvoient à Blois se sauvèrent de vitesse. Toutes les boutiques furent fermées; il tomba des torrents de pluie. Les corps du duc et du cardinal de Guise, transportés dans une des salles basses du château, furent découpés par le maître des hautes-œuvres, puis brûlés en lambeaux pendant la nuit, et leurs cendres enfin jetées dans le fleuve. Un roi de France couchoit au-dessus de cette boucherie; il pouvoit entendre les coups de hache qui dépeçoient les corps de ses grands sujets, et sentir l'odeur de la chair des victimes. Selon une autre version beaucoup moins authentique que celle de Miron et de L'Estoile, les corps des deux frères auroient été mis dans de la chaux vive. Madame de Montpensier attendoit à Paris le moine qui devoit sortir de ses bras pour aller planter son couteau dans le ventre de Henri III, comme le duc de Guise étoit sorti des bras de madame de Noirmoutiers pour tomber sous le poignard des gardes de ce monarque.

En 1807, revenant de la Terre-Sainte, je passai à Blois, et visitai le château; il étoit rempli de prisonniers de guerre. Ce fut un soldat polonois qui me montra les salles des états, la chambre où le duc de Guise avoit été assassiné, et sur le pavé de laquelle on avoit cru voir long-temps des traces de sang. Qu'étoit devenu Henri III, roi de Pologne? Où étoit alors la race des monarques françois? Où est aujourd'hui celui qui avoit poussé ses soldats au-delà de la Vistule, celui qui, changeant la face de l'Europe, avoit fait oublier les plus grandes époques de notre histoire? La Loire a roulé les cendres du duc de Guise à cet Océan qui emprisonne celles de Napoléon de l'autre côté de la terre. Ainsi les siècles se vont effaçant les uns les autres. Il ne reste que Dieu pour rendre compte de toutes ces vanités des sociétés humaines.

Lorsque la nouvelle de la mort des deux frères parvint dans la capitale, le premier moment fut de la stupeur et de l'effroi; mais bientôt les ligueurs se soulèvent; le duc d'Aumale, créé gouverneur de Paris, fait fouiller les maisons des *royaux* et des *politiques*, et emprisonner les suspects. Le prédicateur Lincestre déclare que le *vilain Hérode* (anagramme du nom Henri de Valois) n'étoit plus roi des François. Il oblige ses auditeurs à jurer de répandre jusqu'à la dernière goutte de leur sang, d'employer jusqu'à la dernière obole de leur bourse pour venger la mort des princes. Le premier président de Harlay étoit assis devant la chaire; Lincestre l'apostrophant, lui crie : « Levez la main, « monsieur le président, levez-la bien haut; encore « plus haut, afin que le peuple la voye. »

Le peuple arracha partout les armoiries du roi, les brisa, les foula aux pieds, les jeta dans le ruisseau, et détruisit les beaux monuments élevés dans l'église de Saint-Paul, à Saint-Mesgrin, Caylus et Maugiron. Le parlement presque tout entier fut mis à la Bastille et à la Conciergerie par Bussy Le Clerc. On obligea le président Brisson à tenir audience, Édouard Molé, conseiller en la cour, à remplir les fonctions de procureur général, Jean Lemaître et Louis d'Orléans à accepter la place d'avocats du roi. Brisson déposa, le 21 janvier, devant deux notaires, une protestation secrète contre tout ce qu'il pourroit être obligé de faire ou de dire contre les intérêts du roi; précaution et pressentiment d'un homme foible qui ne se sentoit pas capable de remplir tous ses devoirs, et qui cependant se sentoit le courage de mourir.

Un héraut, dépêché par Henri aux Parisiens, fut renvoyé sans réponse et avec ignominie. La faculté de théologie (c'est-à-dire, selon le sieur de L'Estoile, huit ou dix soupiers et marmitons) déclara les sujets déliés du serment de fidélité et d'obéissance à Henri de Valois, naguère roi.

Primum quod populus hujus regni solutus est et liberatus a sacramento fidelitatis et obedientiæ præfato Henrico regi præstito. Deinde, etc.

Sur la requête de la duchesse douairière de Guise, le parlement rendit un arrêt dans la forme suivante :

Arrests de la court souveraine des pairs de France, donnez contre les meurtriers et assassinateurs de messieurs les cardinal et duc de Guyse.

« Vèu par la court, toutes les chambres assem-
« blées, la requeste à elle présentée par dame Cathe-

DE L'HISTOIRE DE FRANCE. 257

« rine de Clèves, duchesse douairière de Guyse,
« tant en son nom que comme tutrice naturelle de
« ses enfants mineurs : contenant que le feu sei-
« gneur, duc de Guyse, pair et grand maistre de
« France, son mary, estoit fils d'un prince qui a
« remply toute la terre du renom de ses vertus, si
« utiles à la France, que l'ayant estendue du côté
« d'Allemaigne, par la conservation de Metz, il l'a
« rejointe, du côté de l'Angleterre, à la grande mer,
« son ancienne borne, par la prise de Calais, et
« d'un autre endroit, il l'a délivrée de la terreur
« d'une place par avant réputée inexpugnable, par
« la ruine de Thionville. Puis ayant heureusement
« travaillé à purger ce royaume du venin contagieux
« de l'hérésie, qui l'avoit quasi tout infecté, et se
« voyant prest d'en venir à bout, il fut proditoire-
« ment meurtry et assassiné par les ennemys de
« Dieu et de son Église, délaissant trois enfants qui
« se sont toujours montrés vrais héritiers des ver-
« tus de leur père, même de son zèle ardent en
« la religion catholique, apostolique et romaine.
« . . . .
« . . . . Ceux qui veulent tou-
« jours continuer la dissolution de leur première
« vie et préparer le chemin à la domination des
« hérétiques, n'en peuvent imaginer un plus propre
« moyen que le massacre des princes qui s'estoient
« toujours montrez les plus affectionnez au soulage-
« ment du peuple et à la conservation de la pure
« religion catholique. Pour l'exécution duquel des-
« seing ayant rejuré l'édit d'union, et renouvelé les

« autres promesses d'assurance tant par sermens
« solennels que par toutes autres simulations de
« bienveillance, voires jusques à se dévouer par
« imprécations pleines d'horreur, après avoir prins
« la sainte Eucharistie. Enfin, le vingt-troisième dé-
« cembre, le duc de Guyse, qui estoit assis au con-
« seil, ayant esté mandé de la part du roy, et s'estant
« levé et acheminé pour y aller seul, nud, et sans
« autres armes que l'espée nec avec sa qualité,
« comme celui qui ne se fust jamais défié d'une si
« indigne perfidie, est cruellement massacré par
« plusieurs meurtriers expressément disposés à cet
« effect. . . . .
« . . . . . La suppliante désireroit en reformer de
« l'ordonnance d'icelle, requéroit à cette cause com-
« mission de la dicte court luy estre octroyée pour
« informer des faicts susdits, circonstances et dé-
« pendances, et ce, par tels des conseillers de la
« dicte court qu'il lui plairoit commettre pour l'in-
« formation veue et rapportée estre décrétée contre
« ceux qui se trouveroient chargez et coupables, et
« autrement procéder comme de raison. Oy sur ce
« le procureur général, qui l'auroit requis. Et tout
« considéré la dicte court, toutes les chambres as-
« semblées, a ordonné et ordonne commission d'icelle
« estre délivrée à la dicte suppliante. »

Cet arrêt fait revivre le pouvoir souverain de la *cour des pairs* même sur un roi, et ce roi est le roi *légitime*, le roi de France; l'information doit être faite *contre ceux qui se trouveront chargés et coupables;* ces coupables sont les assassins, et *leur chef Henri de Valois :* enfin le parlement se prétend la cour des pairs : voilà l'aristocratie entière ressuscitée, appuyée de la fougue populaire et recommençant sa vie d'un moment par le JUGEMENT d'un roi : qu'a fait de plus la démocratie de 1793?

D'un autre côté, Henri III, en faisant mourir les deux Guise, avoit agi selon les principes de la monarchie d'alors : toute justice émanoit du roi; le roi étoit le souverain juge; il étoit aussi le pouvoir constituant; il étoit aussi le pouvoir exécutif; il faisoit la loi et l'appliquoit; il portoit le glaive et la main de justice; il avoit droit de prononcer l'arrêt et de frapper; un meurtre de sa part pouvoit être inique, mais il étoit légal. Le despotisme est fondé sur les mêmes principes que la démocratie : les spoliations et les massacres sont légaux par le peuple souverain; les confiscations et les assassinats sont également légaux par le monarque absolu.

Vous voyez ici face à face l'ancienne aristocratie et l'ancienne monarchie avec tous leurs principes et tous leurs inconvénients.

Un service solennel fut fait à Notre-Dame pour le duc et le cardinal de Guise. On exposoit partout leurs portraits ou leurs images en cire, percés de grands poignards. Passoient et repassoient des processions où hommes et femmes, garçons et filles, marchoient pêle-mêle et demi-nus d'église en église. « Ce bon religieux de chevalier d'Aumale s'y trou- « voit ordinairement, jetant au travers d'une sar- « bacane des dragées musquées aux demoiselles

« auxquelles il donnoit des collations, auxquelles
« la sainte Beuve n'étoit oubliée, qui, seulement
« couverte d'une fine toile et d'un point coupé à la
« gorge, se laissa une fois mener par-dessous le bras
« au travers de l'église de Saint-Jean, et muguetter
« au scandale de plusieurs. » (L'Estoile.)

Mais rien ne fut plus remarquable qu'une procession générale de petits enfants des deux sexes, au nombre de cent mille, portant des cierges ardents qu'ils éteignoient sous leurs pieds, en disant : « Dieu permette qu'en bref la race des Valois soit « entièrement éteinte ! »

Les prédicateurs redoubloient d'invectives contre le roi. « Ce teigneux, disoit le docteur Boucher, est
« toujours coiffé à la turque, d'un turban, lequel on
« ne lui a jamais vu ôter, même en communiant,
« pour faire honneur à Jésus-Christ; et quand ce
« malheureux hypocrite sembloit d'aller contre les
« Reîtres, il avoit un habit d'Allemand fourré et des
« crochets d'argent qui signifioient la bonne intel-
« ligence et accord qui étoient entre lui et ces dia-
« bles noirs enpistoletés; bref, c'est un Turc par
« la tête, un Allemand par le corps, une harpie par
« les mains, un Anglois par la jarretière, un Polo-
« nois par les pieds, et un vrai diable en l'âme. »

Lincestre, curé de Saint-Gervais, déclara, le mercredi des Cendres, qu'il ne prêcheroit point l'Évangile, mais qu'il prêcheroit « la vie, gestes et faits
« abominables de ce perfide tyran Henri de Va-
« lois...... Il tira de sa poche un des chandeliers
« du roi que les Seize avoient dérobé aux capucins,

« et auquel il y avoit des satyres engravés, lesquels
« il affirmoit être les démons du roi, et que ce tyran
« adoroit pour ses dieux. » (L'Estoile.)

Henri III avoit été un des massacreurs de la Saint-Barthélemy ; il étoit religieux jusqu'à la superstition : il aimoit les moines ; il en avoit établi d'une nouvelle sorte à Paris, les Feuillants ; il passoit une partie de sa vie à visiter les églises, à faire des processions et des pèlerinages pieds nus, en habits de pénitent. Il étoit grand ennemi des réformés ; il avoit gagné contre eux, avec beaucoup de vaillance, les deux batailles de Jarnac et de Moncontour ; enfin il s'étoit déclaré le chef de la Ligue : rien de tout cela ne lui valut, parce qu'il avoit contre lui la haine des prêtres, qui lui préféroient les Guise. La manière dont ils parvinrent à lui enlever l'opinion populaire est un chef-d'œuvre d'industrie et de calomnie : prédications, libelles, gravures, tout fut employé. Dans une oraison funèbre du duc de Guise, Muldrac de Senlis compare Henri de Valois au mauvais riche, « lequel Henri, dit-il,
« nous avons vu non-seulement estre habillé de
« pourpre et d'escarlate, mais avec ses mignons,
« habillés de mesme, et encore plus richement que
« lui, mener une vie dissolue, danser tout nud avec
« une *femme*[1] publique qu'il a fait exprès venir de
« loing pays. »

« Il n'étoit plus question, dit un autre écrit, par-
« lant du roi et du duc d'Espernon, il n'étoit plus
« question que de vivre selon la sensualité ; chassant

[1] Je change le mot du texte.

« la vertu bien arrière d'eux, aujourd'hui (en secret
« néanmoins) ils usoient d'une sorte de libertinage[1],
« et demain d'une autre : ores se faisant servir à table
« dans le cabinet par des femmes toutes nues, et
« par après faisant un nouveau mesnage. »

De méchantes gravures représentoient la Loire roulant des noyés, avec cette explication : *Figure des cruautés que Henry de Valois avoit exécutées contre les gens de bien qui ne trouvoient bons ses mauvais déportements.* Dans une autre gravure, on voyoit une grande main marquée de trois fleurs de lis, saisissant par les cheveux, avec des doigts crochus, une religieuse à genoux devant un crucifix. L'inscription portoit : *Figure de la Vierge religieuse, violée à Poissy par Henry de Valois.*

Une autre main, se glissant à travers les barreaux, s'étendoit sur une croix enrichie de diamants et couchée sur un coussin de velours ; on lisoit au-dessous de l'image : *Pourtraict du sacrilége fait par Henry de Valois en la Sainte-Chapelle à Paris.* Ce prince étoit accusé d'avoir dit, en regardant la couronne d'épines de la Sainte-Chapelle : « Jésus-
« Christ avoit la tête bien grosse. »

Le duc de Mayenne, pressé par sa sœur la duchesse de Montpensier, étoit arrivé à Paris : le conseil de l'union le déclara lieutenant général de l'État royal et couronne de France. Paris, bien différent alors de ce qu'il étoit sous le roi Jean aux temps féodaux, commençoit à prendre sur la France compacte et nationalisée cet ascendant qu'il a conservé :

[1] Je change le mot du texte.

le reste du royaume catholique l'imita, et se révolta contre l'autorité de Henri III.

Ce prince avoit fait à Blois la clôture des états le 16 janvier 1589; de là, après avoir manqué Orléans, il s'étoit retiré à Tours presque sans troupes. Il appela auprès de lui les membres fugitifs du parlement de Paris, de la chambre des comptes et de la cour des aides, et il entama des négociations avec le roi de Navarre.

Le Béarnois, pendant la tenue des états de Blois, avoit présidé l'assemblée des églises réformées à La Rochelle; il faisoit la guerre en Poitou et dans la Saintonge, ayant en tête le duc de Nevers, qui commandoit les troupes royales : par le conseil de Mornay, il publia un manifeste qui tendoit à le rapprocher de Henri III et de la nation; on y trouve ses sentiments, son caractère et son style : « Plût à « Dieu que je n'eusse jamais été capitaine, puisque « mon apprentissage devoit se faire aux dépens de « la France! Je suis prêt à demander au roi, mon « seigneur, la paix, le repos de son royaume et le « mien.......... On m'a souvent sommé de « changer de religion; mais comment ? la dague à la « gorge...... Si vous désirez simplement mon « salut, je vous remercie; si vous ne désirez ma « conversion que par la crainte que vous avez qu'un « jour je vous contraigne, vous avez tort. »

Le roi de France craignoit de se joindre au roi de Navarre : sa répugnance auroit été fondée en politique, s'il eût été le chef de l'opinion catholique; mais c'étoit le duc de Mayenne qui étoit alors à la tête de cette opinion, comme frère et successeur du duc de Guise. Néanmoins l'accord fut fait entre les deux rois par l'entremise de Diane, légitimée de France, sœur naturelle de Henri III. On stipula une trêve d'un an, avec clause de déclarer conjointement la guerre au duc de Mayenne. Le duc se présenta avec une armée, et fut sur le point d'enlever Henri dans la ville qui lui servoit d'asile. L'entrevue de Henri III et du Béarnois eut lieu au Plessis-les-Tours, le dernier jour du mois d'avril 1589. Le roi de France attendoit le roi de Navarre dans les jardins du château de Louis XI. Il n'y avoit alors ni chausse-trapes, ni broches, ni grilles de fer, ni gibets, mais une grande foule de capitaines et de soldats curieux de ce spectacle d'union au milieu des haines si vives qui divisoient la France.

Le Béarnois arriva : « De toute sa troupe, nul « n'avoit de manteau et de panache que lui ; tous « avoient l'écharpe, et lui vêtu en soldat, le pour- « point usé sur les épaules et aux côtés de porter « la cuirasse. Le haut-de-chausse de velours feuille « morte, le manteau d'écarlate, le chapeau gris, « avec un grand panache blanc. »

Les deux Henri se virent long-temps sans se pouvoir approcher, à cause de la foule. Enfin, le premier Bourbon se jeta aux pieds du dernier Valois, qui le releva et l'embrassa en l'appelant son frère.

Henri de Navarre écrivit à Mornay : « La glace « a été rompue, non sans nombre d'avertissements, « que, si j'y allois, j'étois mort : j'ai passé l'eau en « me recommandant à Dieu. » C'étoit à peu près la position du duc de Guise à Blois; mais la confiance du Balafré vint du mépris et du désespoir, et celle du Béarnois d'une conscience sans reproche.

Les rois s'avancèrent vers Paris. La réunion de l'armée protestante et de l'armée catholique, sous le même étendard, changea la nature des événements. Jusque-là il avoit été possible que ces guerres civiles religieuses devinssent une véritable révolution. Tant que les réformés eurent un drapeau à part, leur marche vers l'avenir, et l'indépendance de leurs principes, pouvoient amener un changement dans la constitution de l'État; mais aussitôt que les catholiques et les huguenots se rangèrent sous un commun chef, l'esprit aristocratique républicain se perdit; la monarchie triompha; les troubles de la France ne furent plus qu'une vulgaire question de personnes et de malheurs stériles.

Divers petits combats eurent lieu. Les soldats de l'armée de Mayenne forçoient les prêtres de baptiser les veaux, les moutons, les cochons et de leur donner les noms de carpes, de brochets et de barbots.

Henri, excommunié par le pape, reçut la nouvelle de cette excommunication à Étampes. « Le re-
« mède à cela, lui dit le Béarnois, c'est de vaincre,
« et vous serez absous. » Un gentilhomme, envoyé de la part du roi à madame de Montpensier, lui déclara, de la part de son maître, qu'elle entretenoit le feu de la sédition, et que, si elle tomboit jamais entre les mains du roi, il la feroit brûler

vive. Elle répondit : « Le feu est pour les sodomites « comme lui. » Les rois vinrent asseoir leurs camps devant Paris ; leurs armées réunies, en y comprenant les dix mille Suisses amenés par Sancy, s'élevoient à plus de quarante mille hommes. Henri III prit son logement à Saint-Cloud, dans la maison de Gondy. Contemplant la capitale de la France du haut des collines, il disoit : « Paris, tête trop grosse « pour le corps, tu as besoin d'une saignée pour te « guérir. » (DAVILA.) Jacques Clément mit fin à ses menaces et à ses espérances ; il tua le roi d'un coup de couteau à Saint-Cloud, le 1er août 1589. « Vous « pouvez juger, monsieur, écrit un témoin oculaire, « quel étoit ce piteux et misérable spectacle de voir « d'un côté le roi ensanglanté, tenant ses boyaux « entre ses mains, de l'autre ses bons serviteurs qui « arrivoient à la file, pleurant, criant, se déconfor- « tant. » (*Lettre de* LA GUESLE.)

Charles de Valois, fils naturel de Charles IX et de Marie Touchet, comte d'Auvergne et duc d'Angoulême, avoit rencontré Jacques Clément en allant chez le roi. « Je trouvai ce monstre de moine, dit-il « dans ses trop courts Mémoires, que la nature avoit « fait de si mauvaise mine, que c'étoit un visage de « démon plutôt que de forme humaine. »

La sœur du duc de Guise, la fière Montpensier, n'avoit pas craint de se livrer à ce démon pour lui mettre le poignard à la main.

Henri fit dresser un autel vis-à-vis de son lit ; son chapelain y dit la messe ; au moment des élévations Henri prononça ces paroles : « Seigneur Dieu, si tu

« connois que ma vie soit utile et profitable à mon
« peuple et à mon État, conserve-moi et me pro-
« longe mes jours, sinon prends mon corps et sauve
« mon âme ; ta volonté soit faite ! » (*Certificats de
plusieurs seigneurs.*)

Le roi de Navarre arriva; Henri III lui tendit
la main : « Mon frère, lui dit-il, vous voyez comme
« vos ennemis et les miens m'ont traité; *il faut que
« vous preniez garde qu'ils ne vous en fassent au-
« tant.* » Henri déclara que le roi de Navarre étoit
son légitime successeur; il invita les seigneurs présents à le reconnoître.

« Je ne regrette point d'avoir peu vécu, puisque
« je meurs en Dieu; je sais que la dernière heure
« de ma vie sera la première de mes félicités; mais
« je plains ceux qui me survivent, mes bons et
« fidèles serviteurs. . . . .
« . . . .
« Je vous conjure tous, par l'inviolable fidélité que
« vous devez à votre patrie, et par les cendres de
« vos pères, que vous demeuriez fermes et constants
« défenseurs de la liberté commune, et que vous
« ne posiez les armes que vous n'ayez entièrement
« nettoyé le royaume des perturbateurs du repos
« public; et d'autant que la division seule sape les
« fondements de cette monarchie, avisez d'être unis
« et conjoints en une même volonté. Je sais, et j'en
« puis répondre, que le roi de Navarre, mon beau-
« frère, légitime successeur de cette couronne, est
« assez instruit ès-lois de bien régner, pour bien
« savoir commander choses raisonnables ; et je me

« promets que vous n'ignorez pas la juste obéis-
« sance que vous lui devez. Remettez les diffé-
« rents de la religion à la convocation des états
« du royaume, et apprenez de moi que la piété
« est un devoir de l'homme envers Dieu, sur le-
« quel le bras de la chair n'a point de puissance.
« Adieu, mes amis; convertissez vos pleurs en orai-
« sons, et priez pour moi. » (*Histoire des derniers
troubles*, livre v.) Henri III expira le mercredi 2
août, deux heures après minuit, ayant pardonné
à ceux *qui avoient pourchassé sa blessure.* (Certificat
des seigneurs.)

S'il y avoit douleur à Saint-Cloud, il y avoit joie
à Paris : maudit ici, béni là ; admiré dans un parti,
ravalé dans l'autre ; grand ou petit personnage en
deçà ou au-delà d'une limite et d'un jour, traîné
du mausolée à l'égout, ou transporté de l'égout au
mausolée : tel est le sort de tout homme qui s'est
fait un nom dans les temps de factions. Les véritables paroles de Henri III, sur son lit de mort,
furent graves et courageuses ; les ligueurs lui prê-
tèrent d'autres discours ; ainsi les révolutionnaires
falsifièrent les *Mémoires* de Cléry, et mirent dans
la bouche de Louis XVI à l'échafaud des expres-
sions ignobles. On vendoit dans les rues de Paris,
en 1589, *les propos lamentables de Henri de Valois :* « O Satan ! tu m'as versé au commencement
« de bon vin. . . . .
« Déjà ma sentence est prononcée, mon sépulcre
« et tombeau jà prest et appareillé aux ténèbres,
« pour me recevoir à cause de mes péchés. Où est

« maintenant la grandeur de mes richesses ? la mul-
« titude de mes barons et gentilshommes ? Où sont
« mes gendarmes et l'ordre de mes armées ? Où
« est l'appareil de mes délices ? Où sont mes
« chiens de chasse ? Où sont mes chevau-légers ?
« Où sont mes oiseaux si bien chantants ? Où sont
« mes grandes salles, si richement peintes et tapis-
« sées ?. . . . .
« O mes péchés et délices, me rendez-vous ce que
« vous m'aviez promis ?. . . . . Oh! qui sera
« mon loyal ami, mon féable secours à ce mien
« dernier besoin, à cette étroite heure de ma dé-
« partie ! . . . . Je suis tourmenté très âpre-
« ment par la véhémente chaleur du feu, par la
« très furieuse rigueur du froid, par les ténèbres,
« fumée, grand'faim, grand'soif, puantise, par hor-
« rible vision des diables, et leurs cris perpétuels
« et épouvantables, et par le ver de ma méchante
« et malheureuse conscience. . . . . . . Mes mains
« mollettes, qui, pour chasser le froid et l'ardeur
« du soleil, étoient jadis couvertes de gants, et mes
« bras, beaux et jolis, ornés de bracelets, mes pieds
« semblablement, en somme tout mon corps en-
« dure tourment. Je suis laid, vilain, passible, pe-
« sant, obscur ; choses tristes, déconfortées, me
« sont exhibées et représentées. . . . .
« En tourments demeurerai et en privation éternelle
« de la vision de Dieu. »

Les ligueurs faisoient de Henri III un ennemi de
Dieu ; et les révolutionnaires faisoient de Louis XVI
un ennemi de la liberté.

L'effet de la mort de Henri, dans le camp des deux rois, étoit représenté aux Parisiens avec un mélange d'exaltation, de raillerie et de vérité propre à agir sur la foule. « Les nouvelles de cette
« prompte mort furent incontinent semées par tout
« le camp ; et d'Espernon de se contrister et pleurer
« comme un veau, et messieurs de la garde de se
« regarder l'un et l'autre les bras croisés, et les po-
« litiques qui avoient fait saler leurs états pour les
« mieux conserver, de demeurer étonnés, et les
« Suisses de boire, et ceux qui pensent de succéder
« à la couronne, de rire en cœur, et faire bonne
« mine et mauvais jeu, maudissant les ligueurs et
« encore plus le pauvre jacobin, qui, tout mort, est
« tiré à quatre chevaux et brûlé par après. Je vous
« laisse à penser le mal qu'il enduroit, étant traité
« ainsi après sa mort. Son âme cependant ne laisse
« de monter au ciel avec les bienheureux ; de celle
« de Henri de Valois, je m'en rapporte à ce qui en
« est. » (*Discours véritable de l'étrange et subite mort de Henri de Valois.*)

Lorsque madame de Montpensier reçut la première nouvelle de l'assassinat, elle sauta au cou du messager : « Ah ! mon ami, soyez le bienvenu !
« Mais est-il vrai au moins ? ce méchant, ce perfide,
« ce tyran est-il mort ? Dieu, que vous me faites
« aise ! Je ne suis marrie que d'une chose, c'est
« qu'il n'ait pas su avant de mourir que c'est moi
« qui l'ai fait faire. » Elle courut chez madame de Nemours, sa mère, monta avec elle en carrosse, et s'en alla de rue en rue, distribuant des écharpes

vertes, couleur d'une espèce de deuil dérisoire consacré aux fous : « Bonne nouvelle! mes amis! « s'écrioit-elle, bonne nouvelle! le tyran est mort; « il n'y a plus de Henri de Valois en France ! » (L'ESTOILE.)

Madame de Nemours, du haut des degrés du grand hôtel des Cordeliers, harangua le peuple. On fit des feux de joie; les prédicateurs canonisèrent Jacques Clément; on publia les actes du *Martyre de frère Jacques Clément, de l'ordre de saint Dominique*. On vendoit à la foule le portrait du moine, avec des vers dignes du héros :

> Un jeune jacobin, nommé Jacques Clément,
> Dans le bourg de Saint-Cloud une lettre présente
> A Henri de Valois, et vertueusement
> Un couteau fort pointu dans l'estomac lui plante.

Sixte-Quint, en plein consistoire, déclara que le régicide Jacques Clément étoit comparable, pour le salut du monde, à l'Incarnation et à la Résurrection, et que le courage du religieux jacobin surpassoit celui d'Éléazar et de Judith. Ce pape avoit trop peu de conviction politique et trop de génie pour être sincère dans ces comparaisons sacriléges; mais il lui importoit d'encourager des fanatiques prêts à tuer des rois au nom du pouvoir papal. Le parlement de Toulouse ordonna qu'une procession solennelle auroit lieu tous les ans, le jour de l'assassinat du roi. (DUPLEIX.)

Au reste, jamais coup de poignard n'a produit plus grand effet et révolution plus subite; il dis-

persa une armée formidable qui assiégeoit Paris;
il coupa une branche sur l'arbre de saint Louis, et
fit pousser un autre rameau royal : une couronne
catholique tomba sur la tête d'un prince huguenot, lequel prince, abandonnant le protestantisme,
priva les religionnaires de leur chef, et anéantit
cette espèce d'avenir qui pouvoit naître de la Réformation.

Coligny, le connétable de Montmorency, le maréchal de Saint-André, François de Guise, et le premier cardinal de Guise, les deux Condé, Henri
de Guise, et le cardinal son frère, Catherine de
Médicis, n'étoient plus; ainsi les personnages les
plus remarquables sous les règnes de Henri II, de
François II, de Charles IX, de Henri III, disparoissent avant et avec le dernier prince de cette
race. Le règne des Valois finit à Saint-Cloud, le
2 août 1589; celui des Bourbons y commença le
même jour, pour y finir le 31 juillet 1830.

Maintenant il est essentiel de dérouler de suite le
tableau des mœurs depuis Henri II jusqu'à Henri IV,
parce qu'il offre des choses qu'on n'avoit point encore vues en France, et qu'on ne reverra jamais.
Les orgies sanglantes de la république révolutionnaire ne reparoîtront pas davantage : les mœurs,
aux deux époques, étoient symptomatiques de faits
épuisés.

La débauche et la cruauté sont les deux caractères distinctifs de l'ère des Valois.

A la Saint-Barthélemy, sans parler du meurtre
général, un nommé Thomas se vantoit d'avoir mas-

sacré quatre-vingts huguenots dans un seul jour. Coconnas épouvanta Charles IX lui-même par son récit : il avoit racheté trente huguenots des mains du peuple, et les avoit tués à petits coups de stylet, après leur avoir fait abjurer leur foi sous promesse de la vie. Le parfumeur de Catherine de Médicis, « homme confit en toutes sortes de cruautés et de « méchancetés, alloit aux prisons poignarder les « huguenots, et ne vivoit que de meurtres, brigan- « dages et empoisonnements. »

On entretenoit des assassins à gages comme des domestiques : les Guise en avoient, les Châtillon en avoient, les rois en avoient ; tous ceux qui les pouvoient payer en avoient, et ces assassins connus n'étoient point, ou étoient rarement punis. Charles IX, son frère, roi de Pologne (et depuis Henri III), Henri, roi de Navarre, et le bâtard d'Angoulême, étant allés dîner chez Nantouillet, prevôt de Paris, lui volèrent sa vaisselle d'argent. Ce jour-là même Nantouillet avoit caché chez lui quatre coupe-jarrets pour commettre un meurtre qu'ils exécutèrent. Ces quatre hommes entendant le fracas que faisoient les rois, et se croyant découverts, furent au moment de sortir de leur repaire le pistolet à la main.

Marguerite de Valois fit poignarder dans son lit Du Gouast, favori de Henri III.

Outre les assassins à gages, on s'attachoit des braves qui se provoquoient entre eux, et qui ressuscitèrent les gladiateurs gaulois. Ces jeunes gentilshommes, qui s'attachoient à des maîtres, passoient les jours, dans les salles basses du Louvre, à tirer des armes, ou dans la campagne, à franchir des fossés, à manier le pistolet et la dague. Les amis se lioient par des serments terribles : quand un ami faisoit une absence, l'ami présent prenoit le deuil, laissoit croître sa barbe, se refusoit à tous plaisirs, et paroissoit plongé dans une mélancolie profonde. Les femmes entroient dans ces associations romanesques : au signal de sa maîtresse, il se falloit précipiter dans une rivière sans savoir nager, se livrer aux bêtes féroces, ou se déchiqueter avec un poignard.

On jouoit avec la mort : Henri III portoit un long chapelet, dont les grains étoient des têtes de mort, et qu'il appeloit *le fouet de ses grandes haquenées.* Il avoit encore de petites têtes de mort peintes sur les rubans de ses souliers. Si on l'eût cru, on auroit transformé le bois de Boulogne en un cimetière, qui seroit devenu ce qu'est aujourd'hui le cimetière de l'Est. Marguerite de Valois et la duchesse de Nevers se firent apporter les têtes de Coconnas et de La Mole, leurs amants décapités; elles les baisèrent, les embaumèrent et les baignèrent de leurs larmes. Villequier tue sa femme parce qu'elle ne se vouloit pas prostituer à Henri III. Simiers tue son frère, chevalier de Malte, que sa femme aimoit. Baleins condamne à mort dans son château un jeune homme qui avoit séduit sa sœur; la sentence est rédigée par un prétendu greffier, dans une moquerie de cour de justice ; Baleins prononce l'arrêt et l'exécute. Le soldat corse San-

Pietro étrangle Vanina sa femme ; menacé d'un jugement, il vient à la cour, et dit : *Qu'importe au roi, qu'importe à la France, la bonne ou la mauvaise intelligence de Pierre avec sa femme ?* Pierre reste estimé et impuni.

Tous les jours il y avoit des rencontres de cent contre cent, de deux cents contre deux cents, comme au moyen âge de l'Italie ; à tous propos des duels d'un contre un, de deux contre deux, de quatre contre quatre : ceux de Caylus, de Maugiron, d'Antragues, de Riberac, de Schomberg et de Livarot sont entre les plus connus.

Bussy d'Amboise avoit aimé Marguerite de Valois, qui ne s'en cache pas dans ses Mémoires. Attaché au duc d'Anjou, Bussy insultoit incessamment les mignons du roi. « Entrant dans la chambre du roi « avec cette belle façon qui lui étoit naturelle, le « roi lui dit qu'il vouloit qu'il s'accordât avec Cay- « lus. . . . . » Bussy lui répond : « Sire, « s'il vous plaît que je le baise, j'y suis tout dis- « posé. » Et accommodant les gestes avec la parole, « lui fit une embrassade à la pantalone. » (MARGUERITE DE VALOIS.)

Bussy avoit une intrigue avec la femme de Charles de Chambres, comte de Montsoreau, grand-veneur du duc d'Anjou ; il en parloit dans une lettre qu'il écrivoit à ce prince, lui disant qu'il tenoit dans ses *filets la biche du grand-veneur.* Le duc d'Anjou montra cette lettre à Henri III, qui, haïssant Bussy, la communiqua au mari offensé. Montsoreau contraignit sa femme de donner un rendez-vous à

Bussy au château de Constancières, et l'y fit assassiner. Bussy, gouverneur d'Anjou, étoit abbé de Bourgueil, et son *messager d'amour* étoit le lieutenant criminel de Saumur. «Telle fut la fin du
« capitaine Bussy, d'un courage invincible, haut à
« la main, fier et audacieux; aussi vaillant que son
« épée.............. mais vicieux et peu
« craignant Dieu; ce qui causa son malheur, n'étant
« parvenu à la moitié de ses jours, comme il advient
« aux hommes de sang tels que lui. » Bussy, grand-massacreur à la Saint-Barthélemy, égorgea ce jour-là Antoine de Clermont, son parent, avec lequel il avoit un procès. «Tous ces spadassins, dit l'Es-
« toile, ne croyoient en Dieu que sous bénéfice
« d'inventaire. »

Le vicomte de Turenne, qui fut depuis le maréchal de Bouillon, ayant pour second Jean de Gontaut, baron de Salignac, se battit, sur la grève d'Agen, contre Jean de Durfort de Duras-Rauzan, et Jacques de Duras, son frère. Le vicomte de Turenne reçut traîtreusement dix-sept blessures. Rauzan fut accusé d'avoir porté une cotte de mailles sous ses vêtements, ou d'avoir aposté dix ou douze hommes qui assaillirent, pendant le combat, le vicomte de Turenne.

Comme dans les proscriptions romaines, on tuoit pour confisquer les biens, sans jugement, et sans qu'il y eût des vaincus et des vainqueurs. «En ce
« temps, la bonne dame Catherine, en faveur de
« son mignon de Retz, qui vouloit avoir la terre de
« Versailles, fit étrangler aux prisons Loménie, secré-

« taire du roi, auquel cette terre appartenoit, et fit
« mourir encore quelques autres pour récompenser
« ses serviteurs de confiscations. » (L'Estoile.)

Cette cruauté des mœurs privées se retrouvoit
à la guerre : Alphonse Ornano, fils du corse San-
Pietro, exécutoit lui-même les sentences de mort
qu'il prononçoit contre ses soldats. Un de ses neveux, ayant manqué à quelque devoir militaire,
vint pour dîner avec son oncle : Alphonse se lève,
le poignarde, demande à laver ses mains, et se remet à table.

Montluc, du parti catholique, dit dans ses Mémoires : « Je recouvrai deux bourreaux, lesquels
« on appela depuis mes laquais, parce qu'ils étoient
« souvent avec moi. On pouvoit connoître par où
« j'avois passé, car, par les arbres sur les chemins,
« on trouvoit les enseignes. » — « Il apprenoit à ses
« enfants à être tels que lui, et à se baigner dans
« le sang dont l'aîné ne s'épargna pas à la Saint-
« Barthélemy. » Cet homme farouche fut blessé à
l'assaut de Rabasteins d'une arquebusade qui lui
perça les deux joues et lui enleva une partie du
nez; il cacha sous un masque, le reste de sa vie,
ces traits déchirés à la guise de ses victimes. Il eut
l'intention de finir ses jours dans un ermitage au
haut des Pyrénées, comme les ours.

Son rival de férocité chez les calvinistes étoit
le baron des Adrets : « Au regard farouche, au nez
« aquilin, au visage maigre et décharné, et marqué
« de taches de sang noir. » (De Thou.) A Montbrison, il s'amusoit à faire sauter du haut d'une

tour les prisonniers qu'il avoit faits. Un d'entre eux hésite ; il prend deux fois son élan ; des Adrets s'écrie : « *C'est trop de deux fois.* » — « Je vous le « donne en dix, » répond le prisonnier. On reconnoît le soldat françois.

La ville de Niort est surprise par les Réformés. « Passant toute barbarie et cruauté, après avoir « prins tous les prestres de la ville, et voyant que « l'un d'iceux, pour quelque tourment qu'ils lui « fissent, ne vouloit se divertir de sa religion, le « prindrent, et, après l'avoir lié comme bourreaux, « l'ouvrirent tout vif par le ventre, en la présence « des autres prestres, et lui firent tirer par leurs « goujats les parties nobles, desquelles ils en bat- « toient la face des autres, afin de les intimider et « leur faire renier Dieu. . . . .

« . . . . Ils exercèrent la plus grande « cruauté qu'on sçaurait excogiter en la personne « d'une femme qui méprisoit leurs cruautez, la- « quelle ayant veu tuer son mary, qui combattoit « pour la foy catholique, et les voulant reprendre « des cruautez qu'ils commettoient, ils la prindrent « et lièrent et l'ayant menacée de la faire mourir, « si elle ne vouloit renier la messe. . . . .

« . . . . Ces bourreaux, voyant sa constance, « excogitèrent une mort de laquelle les diables « mêmes ne sçauroient adviser, qui est qu'ils luy « emplirent par la nature le ventre de poudre à « canon et y mirent le feu, la faisant, par ce moyen, « crever et jaillir les boyaux, la laissant mourir en « un tel martyre. »

Le connétable de Montmorency rendoit le mal pour le mal : « On disoit aux armées qu'il se falloit « garder des patenôtres de monsieur le connétable, « car en les disant ou murmurant, il disoit : Allez-« moy pendre un tel ; attachez celui-là à un arbre ; « faites passer celui-là par les picques tout à cette « heure, ou les harquebusez tous devant moy ; « taillez-moy en pièces tous ces marauts qui ont « voulu tenir ce clocher contre le roy ; bruslez-moy « ce village ; boutez-moy le feu partout à un quart « de lieue à la ronde. »

Les mœurs de Henri III et de sa cour ne ressemblent en rien à ce que nous avons vu jusqu'ici dans l'histoire de France ; on retrouve avec étonnement, au milieu de la société moderne, une espèce d'Élagabale chrétien. Les petits chiens, les perroquets, les habillements de femmes, les mignons, les processions de pénitents, remplissent, avec les duels, les assassinats et les faits d'armes, les pages de ce règne d'un monarque, si loin des rois féodaux.

« Henri III *faisoit joutes, ballets et tournois, et force mascarades, où il se trouvoit ordinairement habillé en femme, ouvroit son pourpoint et découvroit sa gorge, y portoit un collier de perles et trois collets de toile, deux à fraise et un renversé, ainsi que lors le portoient les dames de la cour.* »

Dans un festin somptueux les femmes, vêtues en habits d'hommes, firent le service, et dans un autre festin les *plus belles et honnêtes de la cour, étant à moitié nues, et ayant leurs cheveux épars comme épousées, furent employées à faire le service.*

« Nonobstant toutes les affaires de la guerre et
« de la rébellion que le roi avoit sur les bras, il
« alloit ordinairement en coche avec la reine, son
« épouse, par les rues et les maisons de Paris,
« prendre les petits chiens qui leur plaisoient;
« alloient aussi par tous les monastères des femmes,
« aux environs de Paris, faire pareilles quêtes de
« petits chiens, au grand regret des dames qui les
« avoient, se faisoient lire la grammaire et appren-
« dre à décliner. »

« Le nom de Mignon, dit L'Estoile, commença
« alors à trotter sur la bouche du peuple (1576), à
« qui ils étoient fort odieux, tant pour leurs façons
« de faire badines et hautaines, que par leurs ac-
« coustrements efféminés et les dons immenses qu'ils
« recevoient du roy : ces beaux mignons portoient
« les cheveux longuets, frisés et refrisés, remontants
« par dessus leurs petits bonnets de velours, comme
« font les femmes, et leurs fraises de chemises de
« toile d'atour empesées et longues de demi-pied,
« de façon que voir leurs têtes dessus leurs fraises,
« il sembloit que ce fût le chef de saint Jean en
« un plat. »

Thomas Arthus nous représente Henri III couché
dans un lit large et spacieux, se plaignant qu'on
le réveille trop tôt à midi, ayant un linge et un
masque sur le visage, des gants dans les mains,
prenant un bouillon et se replongeant dans son lit.
Dans une chambre voisine, Caylus, Saint-Mesgrin
et Maugiron se font friser, et achèvent la toilette la
plus correcte : on leur arrache le poil des sourcils,

on leur met des dents, on leur peint le visage, on passe un temps énorme à les habiller et à les parfumer. Ils partent pour se rendre dans la chambre de Henri III, « branlant tellement le corps, la tête
« et les jambes, que je croyois à tout propos qu'ils
« dussent tomber de leur long..... Ils trouvoient
« cette façon-là de marcher plus belle que pas une
« autre. »

Henri embrassoit ses favoris devant tout le monde; il leur mettoit des colliers et des pendants d'oreilles : il passoit les jours avec eux dans des appartements secrets; la nuit il couchoit avec eux dans une vaste salle, autour de laquelle étoient des lits séparés par une petite cloison, comme dans un dortoir; le favori du jour partageoit la couche de son roi. Ce fut dans cette chambre commune que Saint-Luc essaya de réveiller les remords dans l'âme de son maître, en lui parlant dans le tuyau d'une sarbacane.

Les femmes jouoient un rôle principal dans toutes ces intrigues : Catherine de Médicis avoit entretenu un commerce intime avec le premier cardinal de Guise, *comme nièce de deux papes* (Léon X et Clément VII), disoient les huguenots. Elle fut accusée d'avoir corrompu à dessein son fils Charles IX : « Au lieu de teindre cette royale jeunesse
« en toute vertu....... elle laisse approcher de sa
« personne des maîtres de jurements et de blas-
« phèmes, des moqueurs de toute religion; elle le
« fait solliciter par des pourvoyeurs, qu'elle pose
« comme en sentinelle à l'entour de lui-même; perd

« tellement toute honte, qu'elle lui sert de pour-
« voyeuse [1] » (*Discours merveilleux*). On prétendit
qu'elle avoit essayé d'empoisonner l'armée du prince
de Condé tout entière.

Madame de la Bourdaisière, aïeule de Gabrielle,
remplissoit la cour de ses aventures : « Aussi belle
« en ses vieux jours, dit Brantôme, que l'on eût dit
« qu'elle eût été en ses jeunes ans, si bien que ses
« cinq filles, qui ont été des belles, ne l'effaçoient
« en rien. »

La jeune duchesse de Nevers ne conserva pas
long-temps le souvenir de la fin tragique de Coconnas; elle fut surprise dans d'autres rendez-vous,
ce qui donna lieu au titre d'un des prétendus ouvrages de l'ingénieuse satire intitulée : *Bibliothèque
de madame de Montpensier*. Ce titre étoit : *La manière d'arpenter les prés brièvement, par madame de
Nevers.*

J'ai déjà parlé de la belle de Sauve, femme en
secondes noces de François de la Trémoille, marquis de Noirmoutiers.

Anne d'Estrées, marquise de Cœuvres, fille de
madame la Bourdaisière et mère de Gabrielle,
avoit quitté son mari pour s'attacher au marquis
d'Allègre. Elle fut massacrée dans Issoire, lorsque
cette ville fut prise d'assaut par les catholiques,
le 28 mai 1577 ; son corps dépouillé apprit une
singulière parure de ces temps de libertinage.

De plus hautes dames, telles que la duchesse de
Guise, entretenoient des liaisons qui se terminoient

---

[1] Je change le mot du texte.

presque toujours par des meurtres. Saint-Mesgrin fut assassiné à onze heures du soir, en sortant du Louvre, par une trentaine d'hommes, à la tête desquels on crut reconnoître le duc de Mayenne. La nouvelle en étant parvenue en Gascogne au roi de Navarre, il dit : « Je sais bon gré au duc de Guise, « mon cousin, de n'avoir pu souffrir qu'un mignon « de couchette le déshonorât ; c'est ainsi qu'il fau- « droit accoutrer tous ces petits galants de la cour, « qui se mêlent d'approcher les princesses pour les « muguetter. » (L'ESTOILE.)

Marguerite de Valois se consoloit à Usson de la perte de ses grandeurs et des malheurs du royaume *par la seule vue de l'ivoire de son bras;* selon le père La Coste, elle avoit triomphé du marquis de Canillac qui la gardoit dans ce château. Elle faisoit semblant d'aimer la femme de Canillac. « Le bon « du jeu, dit d'Aubigné, fut qu'aussitôt que son mari « (Canillac) eut le dos tourné pour aller à Paris, « Marguerite la dépouilla de ses beaux joyaux, la « renvoya comme une péteuse avec tous ses gardes, « et se rendit dame et maîtresse de la place. Le mar- « quis se trouva bête, et servit de risée au roi de « Navarre. »

Marguerite pleuroit les objets de son attachement lorsqu'elle les avoit perdus, faisoit des vers à leur mémoire, et déclaroit qu'elle leur seroit toujours fidèle :

Atys, de qui la perte attriste mes années ;
Atys, digne des vœux de tant d'âmes bien nées,

Que j'avois élevé pour montrer aux humains
Une œuvre de mes mains!
. . . .
Si je cesse d'aimer, qu'on cesse de prétendre :
Je ne veux désormais être prise, ni prendre.

Et dès le soir même Marguerite étoit prise, et mentoit à son amour et à la muse. La Mole ayant été décapité, elle soupira ses regrets *au beau Hyacinthe*. « Le pauvre diable d'Aubiac, en allant à la « potence, au lieu de se souvenir de son âme et de « son salut, baisoit un manchon de velours raz bleu « qui lui restoit des bienfaits de sa dame. » Aubiac, en voyant Marguerite pour la première fois, avoit dit : « Je voudrois *avoir été aimé d'elle* [1], à peine « d'être pendu quelque temps après. » Martigues portoit aux combats et aux assauts un petit chien que lui avoit donné Marguerite. D'Aubigné prétend que Marguerite avoit fait faire à Usson les lits de ses dames extrêmement hauts, « afin de ne plus « s'écorcher, comme souloit, les épaules en s'y « fourrant à quatre pieds pour y chercher Pominy, » fils d'un chaudronnier d'Auvergne, et qui, d'enfant de chœur qu'il étoit, devint secrétaire de Marguerite. Le même historien la prostitue dès l'âge de onze ans à d'Antragues et à Charin ; il la livre à ses deux frères, François, duc d'Alençon, et Henri III. Mais il ne faut pas croire entièrement d'Aubigné, huguenot, hargneux, ambitieux, mécontent, d'un esprit caustique : Pibrac et Brantôme ne parlent pas comme lui.

[1] Le texte est plus franc.

Marguerite n'aimoit point Henri IV, qu'elle trouvoit sale. « Elle recevoit Champvallon dans un lit « éclairé avec des flambeaux, entre deux linceuls « de taffetas noir. »« Elle avoit écouté M. de Mayenne, « bon compagnon, gros et gras, et voluptueux « comme elle, et ce grand dégoûté de vicomte de « Turenne, et ce vieux rufian de Pibrac, dont elle « montroit les lettres pour rire à Henri IV; et ce « petit chicon de valet de Provence, Date, qu'avec « six aulnes d'étoffe elle avoit anobli dans Usson; et « ce bec-jaune de Bajaumont », dernier amant de la longue liste qu'avoit commencée d'Antragues, et qu'avoient continuée, avec les favoris déjà cités, le duc de Guise, Saint-Luc et Bussy.

Au milieu de ces débordements, il faut donner place à la rigide façon d'être des Réformés et à la vie austère de ces magistrats catholiques qui ressembloient à des Romains du temps de Cincinnatus, transportés à la cour d'Élagabale. Duplessis-Mornay étoit l'exemple du parti protestant. Sa vertu lui conféroit le droit d'avertir Henri IV de ses foiblesses : sur le champ de bataille de Coutras, au moment où l'action alloit commencer, il représente au jeune roi de Navarre qu'il a porté le trouble dans une honnête famille par une liaison criminelle; qu'il doit à son armée la réparation publique de ce scandale, et à Dieu, devant lequel il va peut-être paroître, l'humble aveu de sa faute. Henri se confesse au ministre Chandieu, et dit aux seigneurs de sa cour qui l'en veulent détourner : « On ne peut « trop s'humilier devant Dieu, ni trop braver les

« hommes. » Il tombe ensuite à genoux avec ses soldats protestants; le pasteur prononce la prière. Joyeuse, à la tête de l'armée catholique, les voit, et s'écrie : « Le roi de Navarre a peur ! — Ne le « prenez pas là, répond Lavardin ; ils ne prient « jamais sans qu'ils soient résolus de vaincre ou de « mourir. » Joyeuse perdit la bataille et la vie.

Mornay, comme Sully, resta fidèle à sa religion lorsque Henri IV l'abjura : outragé par un jeune gentilhomme, il en demanda justice à Henri IV, qui lui répondit : « Monsieur Duplessis, j'ai un extrême « déplaisir de l'injure que vous avez reçue, à la- « quelle je participe comme roi et comme votre « ami. Pour le premier, je vous en ferai justice et « à moi aussi; si je ne portois que le second titre, « vous n'en avez nul de qui l'épée fût plus prête à « dégaîner, ni qui y portât sa vie plus gaiement que « moi. » Sous Louis XIII, Mornay toujours considéré, mais tombé dans la disgrâce et obligé de renoncer à son gouvernement de Saumur, vouloit quitter la France : « On gravera sur mon tombeau, disoit-il, « en terre étrangère : *Ci-gît qui, âgé de soixante-* « *treize ans, après en avoir employé sans reproche* « *quarante-six au service de deux grands rois, fut* « *contraint de chercher son sépulcre hors de sa* « *patrie.* »

Les magistrats catholiques offroient encore des mœurs plus graves et plus saintes. Pendant plusieurs siècles ils ne reçurent ni présents, ni visites, ni lettres, ni messages relativement aux procès. Il leur étoit défendu de boire et de manger avec les plaideurs ; on ne leur pouvoit parler qu'à l'audience ; le commerce leur étoit interdit ; ils ne paroissoient jamais à la cour que par ordre du roi. La justice fut d'abord gratuite ; les conseillers au parlement reçoivent cinq sous *parisis* par jour, le premier président mille livres par an, les trois autres présidents cinq cents livres ; on y ajoutoit un manteau d'hiver et un manteau d'été. Il falloit trente ans d'exercice pour obtenir, à titre de pension, la continuation d'un si modique traitement. Lorsque ces magistrats n'étoient point de service, ils n'étoient point payés, et retournoient enseigner le droit dans leurs écoles. Sous Charles VI, le parlement étoit si pauvre, que le greffier ne put dresser le procès-verbal de quelques fêtes données à Paris, parce qu'il n'avoit pas de parchemin, et que sa cour n'avoit pas d'argent pour en acheter. Toutes les dépenses du parlement de Paris, vers le quatorzième siècle, s'élevoient à la somme de onze mille livres, monnoie de ce temps.

Quant à la science, ces anciens magistrats la considéroient comme une partie de leurs devoirs, et depuis l'enfance jusqu'à la vieillesse, leur vie n'étoit qu'une longue étude. « L'an 1545, dit Henri « de Mesmes, fils du premier président de Mesmes, « je fus envoyé à Toulouse pour étudier en lois avec « mon précepteur et mon frère, sous la conduite « d'un vieux gentilhomme tout blanc, qui avoit « voyagé long-temps par le monde. Nous étions « debout à quatre heures, et, ayant prié Dieu, « allions à cinq heures aux études, nos gros livres

« sous le bras, nos écritoires et nos chandeliers à
« la main. »

De Thou rencontra Charles de Lamoignon à
Valence, où Cujas expliquoit Papinien; il accompagna en Italie Paul de Foix et Arnauld d'Ossat. De
Foix se faisoit lire en soupant à l'auberge, et pour
se délasser, quelques pages d'Aristote et de Cicéron
dans leur langue originale, ou les sommaires de
Cujas sur le Digeste : De Thou étoit l'auditoire, et
de Chœsne, qui devint président à Chartres, le
lecteur. Le chancelier d'Aguesseau raconte à peu
près la même chose de l'éducation que lui donna
son père : « Mon père nous menoit presque toujours
« avec lui dans ses fréquents voyages; son carrosse
« devenoit une espèce de classe où nous avions le
« bonheur de travailler sous un aussi grand maître.
« Après la prière des voyageurs, par laquelle ma
« mère commençoit toujours sa marche, nous ex-
« pliquions les auteurs grecs et latins. . . . .
« . . . . . La règle ordinaire de mon père et de ma
« mère étoit de réserver, pour l'exercice continuel
« de leur charité, la dîme de tout ce qu'ils recevoient.
« Ils regardoient les pauvres comme leurs enfants ;
« de sorte que, s'ils avoient 10,000 francs à placer,
« ils n'en plaçoient que huit, et en donnoient deux
« aux pauvres qu'ils regardoient comme leur pro-
« pre sang, par une adoption sainte et glorieuse
« pour eux, qui mettoit Jésus-Christ même au nom-
« bre de leurs enfants. Mais les calamités publiques
« et particulières augmentoient presque toujours la
« part des pauvres bien au-delà de cette proportion. »

A la mort d'un des ancêtres de De Thou, le parlement déclara que non-seulement il assisteroit aux obsèques de son président, mais qu'il en pleureroit la perte aussi long-temps que la justice règneroit dans les tribunaux; déclaration qui fut inscrite sur les registres. En 1588, les litières et les carrosses commençoient à être en usage à la cour; la présidente De Thou n'alloit jamais par la ville qu'en croupe derrière un domestique, pour servir de règle et d'exemple aux autres femmes.

On remarque, sous le règne des Valois, un Chrestien de Lamoignon : il en est de certaines familles comme de certains hommes; elles sont long-temps à chercher leur génie, et restent inconnues jusqu'à ce qu'elles l'aient trouvé. Les Lamoignon, de braves et obscurs chevaliers qu'ils étoient, devinrent des magistrats illustres; mais ils semblèrent retenir quelque chose de leur première destinée ; la robe ne fut que leur cotte d'armes : la Providence réserva à Malesherbes un champ de bataille, un combat glorieux, et la mort par le glaive. Le Chrestien de Lamoignon du seizième siècle avoit étudié sous Cujas, comme son père Charles sous Alciat; il vécut au milieu des guerres civiles. Entre autres aventures, il revint de Bourges à Paris, déguisé en mendiant; il entra dans sa maison comme Ulysse, en demandant l'aumône; il y fut reçu avec des larmes de joie par ses frères et ses sœurs. Bâville n'étoit d'abord qu'une petite gentilhommière contenant à peine deux ou trois chambres à donner aux étrangers; dans la plus grande, on mettoit quatre lits. Dans la suite Bâville devint un château où se rassembloit la meilleure et la plus illustre société : madame de Sévigné y rencontroit, dans une bibliothèque célèbre, « le père Rapin, et Bourdaloue dont l'esprit « étoit charmant et d'une facilité fort aimable. »

Une anecdote fait connoître la simplicité des mœurs de ces anciens magistrats : « Claude de « Bullion, dit le président de Lamoignon dans ses « Mémoires, avoit été nourri avec feu mon père. « Il aimoit à me conter comment on les portoit « tous deux sur un même âne, dans des paniers, « l'un d'un côté, l'autre de l'autre, et qu'on met- « toit un pain du côté de mon père, parce qu'il « étoit plus léger que lui, pour faire le contre- « poids. »

Le premier président Le Maître stipuloit dans les baux de ses fermiers : « Qu'aux veilles des quatre « bonnes fêtes de l'année et au temps des vendan- « ges, ils seroient tenus de lui amener une char- « rette couverte, avec de bonne paille fraîche de- « dans, pour y asseoir Marie Sapi, sa femme, et « sa fille Geneviève, comme aussi de lui amener un « ânon et une ânesse pour montures de leur cham- « brière, pendant que lui, premier président, mar- « cheroit devant, sur sa mule, accompagné de son « clerc, qui iroit à ses côtés. »

Ces hommes si simples, si doctes, si intègres, qui s'avançoient au milieu des générations nouvelles comme les oracles du passé, étoient encore des juges intrépides; non-seulement ils étoient les gardiens des lois, mais ils en étoient les soldats, et savoient mourir pour elles.

Brantôme, parlant du chancelier de l'Hospital : « C'étoit un autre censeur Caton, celui-là, et qui « savoit très bien censurer et corriger le monde « corrompu. Il en avoit du moins toute l'apparence « avec sa grande barbe blanche, son visage pâle, sa « façon grave, qu'on eût dit à le voir que c'étoit « un vrai portrait de saint Jérôme.

« Il ne falloit pas se jouer avec ce grand juge et « rude magistrat; si étoit-il pourtant doux quelque- « fois, là où il voyoit de la raison. . . . . Ces « belles-lettres humaines lui rabattoient beaucoup « de sa rigueur de justice. Il étoit grand orateur et « fort disert, grand historien, et surtout très divin « poëte latin, comme plusieurs de ses œuvres l'ont « manifesté tel. »

L'Hospital, peu aimé de la cour et disgracié, se retira pauvre dans une petite maison de campagne auprès d'Étampes. On l'accusoit de modération en religion et en politique : des assassins lui furent dépêchés lors du massacre de la Saint-Barthélemy. Ses domestiques s'empressoient de fermer les portes de sa maison : « Non, non, dit-il, si la petite « porte n'est bastante pour les faire entrer, ouvrez « la grande. »

La veuve du duc de Guise sauva la fille du chancelier, en la cachant dans sa maison; il dut lui-même son salut aux prières de la duchesse de Savoie. Nous avons son testament en latin; Brantôme le donne en françois.

« Ceux, dit l'Hospital, qui m'avoient chassé, pre-
« noient une couverture de religion, et eux-mêmes
« étoient sans pitié et sans religion; mais je vous
« puis assurer qu'il n'y avoit rien qui les émût da-
« vantage que ce qu'ils pensoient, que tant que je
« serois en charge, il ne leur seroit permis de rom-
« pre les édits du roi, ni de piller ses finances et
« celles de ses sujets.

« Au reste, il y a près de cinq ans que je mène
« ici la vie de Laërte. . . . . et ne veux
« point rafraîchir la mémoire des choses que j'ai
« souffertes en ce département de la cour. »

Les murs de sa maison tomboient; il avoit de la peine à nourrir ses vieux serviteurs et sa nombreuse famille; il se consoloit, comme Cicéron, avec les muses. Mais il avoit désiré voir les peuples rétablis dans leur liberté, et il mourut lorsque les cadavres des victimes du fanatisme n'avoient pas encore été mangés des vers, ou dévorés par les poissons et les corbeaux.

Après la journée des barricades, le duc de Guise alla avec sa suite visiter le premier président Achille de Harlay : « Il se pourmenoit dans son
« jardin, lequel s'étonna si peu de leur venue, qu'il
« ne daigna pas seulement tourner la tête, ni dis-
« continuer sa pourmenade commencée, laquelle
« achevée qu'elle fût et étant au bout de son allée,
« il retourna, et en tournant il vit le duc de Guise
« qui venoit à lui; alors ce grave magistrat levant
« la voix, lui dit : C'est grand'pitié quand le valet
« chasse le maître. Au reste, mon âme est à Dieu,

« mon cœur est à mon roi, et mon corps est entre
« les mains des méchants : qu'on en fasse ce que
« l'on voudra. » Le mépris de la vertu écrasoit l'orgueil de l'ambition.

Mathieu Molé, pendant les troubles de la Fronde, répondoit à des menaces : « Six pieds de terre fe-
« ront toujours raison du plus grand homme du
« monde. »

Ici se termine la peinture des mœurs du seizième siècle; avec celle des siècles féodaux, elle compose toute la galerie des tableaux de notre ancien édifice monarchique.

Au surplus l'histoire, qui dit le bien comme le mal, doit reconnoître aujourd'hui que les Valois n'ont point été traités avec impartialité. C'est de leur règne qu'il faut dater le perfectionnement des lois administratives, civiles et criminelles; on en compte quarante-six sous le règne si court de François II, cent quatre-vingt-huit sous le règne de Charles IX, et trois cent trente sous celui de Henri III : les plus remarquables furent l'ouvrage du chancelier de l'Hospital.

Le siècle des arts en France est celui de François Ier en descendant jusqu'à Louis XIII, nullement le siècle de Louis XIV : le *petit palais* des Tuileries, le vieux Louvre, une partie de Fontainebleau et d'Anet, la chapelle des Valois à Saint-Denis, le palais du Luxembourg, sont ou étoient pour le goût fort au-dessus des ouvrages du grand roi.

La race des Valois fut une race lettrée, spirituelle,

protectrice des arts, qu'elle sentoit bien. Nous lui devons nos plus beaux monuments : jamais, dans aucun pays et à aucune époque, l'application de la statuaire à l'architectonique n'a été poussée plus loin qu'en France au seizième siècle : Athènes n'offre rien de supérieur aux cariatides du Louvre. Louis XIV regardoit les artistes comme des ouvriers, François I*er* comme des amis. Louis XIV, plus véritable souverain que les Valois, leur fut inférieur en intelligence et en courage. Autour de François II, de Charles IX, de Henri III, on aperçoit encore les restes indépendants de l'aristocratie; autour de Louis-le-Grand, les descendants des fiers seigneurs de la Ligue ne sont plus que des courtisans, troquant l'orgueil de leur indépendance contre la vanité de leurs noms, mettant leur honneur à servir, ne tirant plus l'épée que dans la cause d'un maître. Henri IV lui-même a quelque chose de moins royal et de moins noble que les princes dont il reçut la couronne : tous ensemble sont effacés par les Guise, véritables rois de ces temps.

La vérité religieuse, sous le règne des derniers Valois, lutta corps à corps avec la vérité philosophique et la terrassa; il y eut choc entre le passé et l'avenir : le passé triompha, parce qu'il mit les Guise à sa tête.

HENRI IV.

De 1589 à 1610.

Henri III étant mort, l'armée se divisa. Une partie des catholiques resta attachée à Henri IV; une autre, sous la conduite de Vitry et d'Espernon, l'abandonna. Henri IV, obligé de lever le siége de Paris, se retira à Dieppe pour recevoir des secours qu'il attendoit d'Élisabeth. Il étoit alors dans cet état de dénûment qu'il peint à Sully : « Mes che- « mises sont toutes déchirées, mon pourpoint troué « au coude, et depuis deux jours je soupe et dîne « chez les uns et chez les autres. »

Les membres de son conseil étoient d'avis qu'il s'embarquât pour l'Angleterre; Biron s'y opposa : « Sortir de France, s'écria-t-il en colère, seulement « pour vingt-quatre heures, c'est s'en bannir pour « jamais! » Mézeray lui prête un rude et éloquent discours.

Combat d'Arques et du faubourg de Dieppe. Henri IV y reçut maint coup d'épée, et en rendit autant; il disoit en frappant ce que disoient les rois très-chrétiens en touchant les écrouelles : « Le roi « te touche, Dieu te guérisse. » Le champ de bataille inspiroit le Béarnois; sa vaillance étoit son génie. A la terrible prise de Cahors, où il se battit cinq jours entiers dans les rues, blessé en divers endroits, conjuré par ses soldats de se retirer : « Ma « retraite hors de cette ville, leur répondit-il, sans

« l'avoir assurée à mon parti, sera la retraite de ma
« vie hors de mon corps. »

A Coutras, il dit aux officiers qui se trouvoient
devant lui au moment de la charge : « A quartier,
« ne m'offusquez pas, je veux paroître. » Il dit encore au prince de Condé et au comte de Soissons :
« Vous êtes du sang de Bourbon; vive Dieu ! je vous
« ferai voir que je suis votre aîné. »

Attaqué à la fois par le baron de Frinct et par
Château-Renaud, Frontenac abattit le premier d'un
coup de sabre, et Henri, saisissant le second au
corps lui crie : « Rends-toi, Philistin ! »

Dans une chaude affaire qu'il eut près d'Yvetot
avec les ducs de Parme et de Mayenne, il leur tua
trois mille hommes. Tout couvert de sang et de
sueur, après le combat, il disoit aux capitaines qui
l'environnoient : « Vive Dieu ! si je perds le royaume
« de France, je suis en possession de celui d'Yvetot. »

A Ivry, le grand fait d'armes de sa vie, ses mots
prirent le caractère élevé de sa gloire. On lui parloit de se ménager une retraite : « Point d'autre
« retraite, répondit-il brusquement, que le champ
« de bataille. »

Schomberg lui demanda le paiement de ses
troupes : « Jamais homme de cœur, s'écrie Henri,
« n'a demandé de l'argent la veille d'une bataille. »
Le lendemain, se repentant de ce mot dur : « Monsieur de Schomberg, cette journée sera peut-être
« la dernière de ma vie; je ne veux emporter l'honneur d'un brave; je déclare donc que je vous reconnois pour homme de bien, et incapable de

« faire aucune lâcheté : embrassez-moi. » — « Sire,
« repartit Schomberg, Votre Majesté me blessa
« l'autre jour, aujourd'hui elle me tue. » Schomberg
se fit tuer auprès du roi.

Au moment d'aller à la charge, le Béarnois se
tournant vers les siens : « Gardez bien vos rangs ; si
« vous perdez vos enseignes, cornettes ou guidons,
« ce panache blanc que vous voyez en mon armet
« vous en servira tant que j'aurai goutte de sang ;
« suivez-le ; vous le trouverez toujours au chemin
« de l'honneur et de la gloire. »

L'officier qui portoit l'étendard royal ayant reçu
un coup de feu dans l'œil, se retire de la mêlée ;
les troupes royales commencent à fuir. Henri les
arrête et leur crie : « Tournez visage, sinon pour
« combattre, du moins pour me voir mourir. »

Quand il fut paisible maître de la couronne, il
montra un jour au maréchal d'Estrées un des gardes
qui marchoit à la portière de son carrosse : « Voilà,
« lui dit-il, le soldat qui m'a blessé à la journée
« d'Aumale. »

Le vieux cardinal de Bourbon, que l'on appeloit
Charles X, mourut dans sa prison de Fontenay en
Poitou ; il n'aimoit pas les ligueurs, dont il étoit
alors le prétendu roi ; il disoit : « Le roi de Navarre,
« mon neveu, fera sa fortune, et tandis que je suis
« avec eux, c'est toujours un Bourbon qu'ils recon-
« noissent. »

Henri IV, vainqueur de tous ses ennemis, s'approcha de Paris dont il ferma les avenues. Ce siége
est fameux par les dernières folies de la Sainte-

Union, par une effroyable famine, et par la générosité du Béarnois. La *Satire Ménippée* a décrit la grande procession, qu'elle place à l'ouverture de la Ligue, mais qui est de l'année 1590. Les ingénieux auteurs ont seulement ajouté aux moines et au clergé les principaux personnages de ce drame tragi-comique.

« La procession fut telle. Ledit docteur Roze,
« quittant sa capeluche rectorale, prit sa robe de
« maître ès-arts avec le camail et le rochet, et un
« hausse-col dessus, la barbe et la tête rasées tout
« de frais, l'épée au côté et une pertuisane sur
« l'épaule. Les curés Hamilton, Boucher et Lin-
« cestre, un petit plus bizarrement armés, faisoient
« le premier rang, et devant eux marchoient trois
« moynetons et novices, leurs robes troussées, ayant
« chacun le casque en tête dessous leur capuchon,
« une rondache pendue au col, où étoient peintes
« les armoiries et devises desdits seigneurs. Maître
« Julian Pelletier, curé de Saint-Jacques, marchoit
« à côté, tantôt devant, tantôt derrière, habillé de
« violet, en gendarme scholastique, la couronne et
« la barbe faites de frais, une brigandine sur le
« dos, avec l'épée et le poignard, et une hallebarde
« sur l'épaule gauche, en forme de sergent de
« bande, qui suoit, poussoit et haletoit pour mettre
« chacun en rang et ordonnance. Puis suivoient de
« trois en trois cinquante ou soixante religieux, tant
« cordeliers que jacobins, carmes, capucins, mi-
« nimes, bons-hommes, feuillants et autres, tous
« couverts avec leurs capuchons et habits agrafés,

« armés à l'antique catholique, sur le modèle des
« Épitres de saint Paul ; entre autres il y avoit six
« capucins, ayant chacun un morion en tête, et au-
« dessus une plume de coq, revêtus de cottes de
« mailles, l'épée ceinte au côté par dessus leurs ha-
« bits ; l'un portant une lance, l'autre une croix,
« l'un un épieu, l'autre une harquebuse et l'autre
« une arbaleste, le tout rouillé par humilité catho-
« lique ; les autres, presque tous, avoient des piques
« qu'ils branloient souvent, par faute de meilleur
« passe-temps, hormis un feuillant boiteux, qui,
« armé tout à crud, se faisoit faire place avec une
« épée à deux mains et une hache d'armes à sa cein-
« ture, son bréviaire pendu par derrière ; et le fai-
« soit bon voir sur un pied faisant le moulinet
« devant les dames. A la queue il y avoit trois mi-
« nimes, tous d'une parure, sçavoir est, ayant sur
« leurs habits chacun un plastron à corroyes et le
« derrière découvert, la salade en tête, l'épée et
« pistolet à la ceinture, et chacun une harquebuse
« à croc sans fourchette ; derrière étoit le prieur
« des jacobins, en fort bon point, traînant une hal-
« lebarde gauchère, et armé à la légère en morte-
« paye, je n'y vis ni Chartreux, ni Célestins qui s'é-
« toient excusés sur le commerce. Mais tout cela
« marchoit en moult belle ordonnance catholique,
« apostolique et romaine, et sembloient les anciens
« cranequiniers de France. Ils voulurent, en pas-
« sant, faire une salve ou escoupeterie ; mais le
« légat leur défendit, de peur qu'il ne lui mésad-
« vînt, ou à quelqu'un des siens, comme au car-

« dinal Cajetan. Après ces beaux pères marchoient
« les quatre mendians, qui avoient multiplié en
« plusieurs ordres, tant ecclésiastiques que sécu-
« liers; puis les Seize quatre à quatre, réduits au
« nombre des apôtres et habillés de même comme
« on les joue à la Fête-Dieu. Après eux marchoient
« les prevôts des marchands et échevins, bigarrés
« de diverses couleurs; puis la cour de parlement,
« telle quelle; les gardes italiennes, espagnoles et
« wallonnes de M. le lieutenant; puis les cent gen-
« tilshommes de frais gradués par la Sainte-Union,
« et après eux quelques vétérinaires de la confrérie
« de saint Éloy. Suivoient après M. de Lyon, tout
« doucement; le cardinal de Pellevé, tout basse-
« ment; et après eux M. le légat, vrai miroir de
« parfaite beauté; et devant lui marchoit le doyen
« de Sorbonne, avec la croix, où pendoient les
« bulles du pouvoir. *Item* venoit madame de Ne-
« mours, représentant la reine-mère, ou grande-
« mère (*in dubio*) du roi futur; et lui portoit la
« queue mademoiselle de La Rue, fille de noble et
« discrète personne M. de La Rue, ci-devant tailleur
« d'habits sur le pont Saint-Michel, et maintenant
« un des cent gentilshommes et conseillers d'État
« de l'Union; et la suivoient madame la douairière
« de Montpensier, avec son écharpe verte, fort sale
« d'usage, et madame la lieutenante de l'État et
« couronne de France, suivie de mesdames de Blin
« et de Bussy Le Clerc. Alors s'avançoit et faisoit
« voir M. le lieutenant, et devant lui deux massiers
« fourrés d'hermines, et à ses flancs deux Wallons

« portant hoquetons noirs, tout parsemés de croix
« de Lorraine rouges. »

Ces burlesques misères aidèrent quelque temps le peuple à supporter la faim, qui bientôt se fit sentir dans toute son horreur. Après s'être nourri de tous les animaux, chats, chiens et autres, et des peaux de ces animaux; après avoir dévoré des enfants, on en vint à moudre des os de morts dont on fit de la poussière et non de la farine : ce pain conservoit sa vertu; quiconque en mangeoit mouroit. Madame de Montpensier refusa d'échanger avec des joyaux de la valeur de plus de deux mille écus, un petit chien qu'elle se réservoit comme sa dernière ressource. Trente mille personnes succombèrent; les rues étoient jonchées de cadavres; les demi-vivants se traînoient parmi. Des prostitutions impuissantes, payées de quelques aliments vils à des mains décharnées, avoient lieu dans ces cimetières sans fosses. La vie de l'homme rampoit à peine ainsi, avec des couleuvres, sur les corps gisants.

« M. de Nemours, sortant de sa maison pour aller
« visiter quelques postes vers les murailles de la
« ville, rencontra un homme qui, d'un air effaré,
« lui dit : Où allez-vous, monsieur le gouverneur?
« n'allez plus outre dans cette rue; j'en viens, et j'ai
« trouvé une femme demi-morte, ayant à son cou
« un serpent entortillé, et autour d'elle plusieurs
« bêtes envenimées. » (L'Estoile.)

Pendant ce temps, Henri IV laissoit ses soldats monter au bout de leurs piques des vivres aux

Parisiens ; il faisoit relâcher des villageois qui avoient amené des charrettes de pain à une poterne; il leur distribuoit quelque argent, et leur disoit : « Allez en paix; le Béarnois est pauvre, s'il « avoit davantage, il vous le donneroit. » Et le Béarnois négocioit, attendoit le duc de Parme, oublioit ses soucis avec l'abbesse de Montmartre, commençoit une passion nouvelle avec Gabrielle d'Estrées, se déguisoit en paysan pour l'aller voir à Cœuvres, au milieu de tous les périls.

Le duc de Parme oblige Henri IV d'abandonner le blocus de Paris. Sixte-Quint meurt fatigué de la Ligue. Grégoire XIV, qui le remplace, publie des lettres monitoriales contre Henri. Le chevalier d'Aumale est tué dans Saint-Denis, qu'il avoit voulu surprendre. La Noue est tué pareillement devant le château de Lamballe, en combattant pour le roi : « Grand homme de guerre, disoit Henri, et plus « grand homme de bien. » Le duc de Mercœur faisoit la guerre en Bretagne pour son propre compte, et d'accord avec Philippe II. Le jeune duc de Guise, fils du Balafré, s'échappe de sa prison : les Seize lui veulent faire épouser l'infante d'Espagne, et lui livrer la couronne. Brisson, Larcher et Tardif sont pendus par les ligueurs. Le duc de Mayenne revient à Paris, et fait pendre à son tour quatre des Seize. Là finit l'autorité de ce comité de sûreté de la Ligue : il n'avoit été ni sans audace ni sans génie; mais la multitude des puissances supérieures à la sienne l'empêcha d'agir. Les membres de ce comité, au lieu d'accomplir leurs projets ouvertement, tel qu'un pouvoir reconnu, furent obligés d'agir en secret comme des conspirateurs, ce qui les rapetissa. Ils ne tendoient point à la liberté; ils visoient au changement de dynastie; ils ne firent plus rien après les supplices de leurs compagnons : la potence les déshonora.

Le duc de Parme rentre en France pour faire lever le siége de Rouen, et il réussit. Le vieux maréchal de Biron est tué à la bataille d'Épernay. Le duc de Parme meurt dans les Pays-Bas : grand capitaine, qui fixa l'art moderne de la guerre. Le duc d'Espernon, sentant que les affaires du Béarnois s'amélioroient, revient à la cour ou plutôt au camp; car alors le Louvre de Henri IV étoit une tente. (1590, 1591, 1592.)

États de la Ligue convoqués à Paris, ruinés par le ridicule et par les prétentions de divers candidats à la couronne. Les Espagnols demandoient l'abolition de la loi salique, afin de faire tomber le sceptre à leur infante. Le parlement rend un arrêt en faveur de la loi salique, et remporte la victoire sur les états. Le duc de Mayenne, mécontent des Espagnols, ouvre des conférences à Surène avec les catholiques. Henri abjure dans l'église de Saint-Denis, le 25 juillet 1593, et se fait ensuite sacrer à Chartres; on y rapiéceta son pourpoint pour une somme de quelques deniers, dont le reçu existe encore : ces lambeaux-là n'alloient pas mal au manteau royal tout neuf du Béarnois.

Henri IV se trouva, dès sa naissance, et par les hasards de sa vie, à la tête de la réformation et des

idées nouvelles; mais la réformation étoit en minorité contre l'ancien culte et les vieilles idées. Les François catholiques rejetoient un roi protestant, malgré son titre héréditaire; ils en avoient le droit, comme les Anglois protestants eurent le droit de repousser un roi catholique. La Ligue, coupable envers le dernier des Valois, étoit innocente envers le premier des Bourbons, à moins de soutenir que les nations ne sont aptes à maintenir le culte qu'elles ont choisi et les institutions qui leur conviennent. Le péril étoit imminent : les états, illégalement convoqués sans doute, mais redoutables, car tout corps politique, dans un moment de crise, a une force prodigieuse, l'Espagne, appuyée de la cour de Rome, et des préjugés populaires, étoient prêts, en s'alliant au prince lorrain, à disposer du trône. L'héritier légitime ne se pouvoit défendre qu'avec des soldats étrangers, triste ressource pour un roi national; les protestants qui l'appuyoient étoient en petit nombre; et plutôt inclinés à l'aristocratie qu'à la monarchie; les catholiques attachés à sa personne ne le suivoient que parce qu'il avoit promis de se faire instruire dans leur religion. Il ne restoit donc évidemment à Henri IV qu'un seul parti à prendre, celui d'abjurer : ce fut une affaire entre lui et sa conscience; s'il vit la vérité du côté où il voyoit la couronne, il eut raison de changer d'autel. Il est fâcheux seulement qu'il écrive à Gabrielle à propos de son abjuration : « C'est di-
« manche que je ferai le saut périlleux. »

Une fois réuni au clergé et aux grandes masses

populaires, il n'eut plus qu'à marchander un à un les capitaines qui commandoient dans les villes. Les gentilshommes s'étoient emparés des forteresses et des cités, ainsi qu'au commencement de la race capétienne; on auroit vu renaître les seigneuries, si les mœurs avoient été les mêmes, et si le temps n'eût marché. Henri IV reprit plusieurs châteaux, comme Louis-le-Gros, et acheta les autres. L'esprit aristocratique expiroit. Paris ouvrit ses portes à Bourbon le 22 mars 1594. Le pouvoir absolu qui commençoit supprima tous les écrits du temps, et en défendit, sous peine de la vie, l'impression et la vente. François Ier avoit senti le premier instinct contre la liberté de la presse; Henri IV en conçut la première raison.

En 1594, Jean Châtel blesse Henri IV d'un coup de couteau à la lèvre, et les Jésuites sont bannis de France. En 1595, rencontre de Fontaine-Françoise, une des plus furieuses qui fut jamais. Henri combattit tête nue, avec toute la verve d'un jeune soldat. Il écrivit à sa sœur : « Peu s'en faut que vous n'ayez « été mon héritière. »

Le roi est absous par le pape. Le duc de Mayenne se soumet (1596). Lorsque Henri entra dans Paris, la seule vengeance qu'il exerça contre madame de Montpensier fut de jouer aux cartes avec elle; la seule vengeance qu'il tira de son frère le duc de Mayenne, replet et lourd, fut de le faire marcher vite dans un jardin.

Édit de Nantes. Traité de Vervins (1598). Mariage de Henri avec Marie de Médicis, la première année du dix-septième siècle. Comment n'étoit-on pas las des Médicis?

Conspiration du maréchal de Biron. Mort d'Élisabeth, reine d'Angleterre. Le premier Stuart, Jacques Ier, arrive à la couronne de la Grande-Bretagne à l'époque où le premier Bourbon venoit de s'asseoir sur le trône de France. Établissement des manufactures de soie, de tapisserie, de faïence, de verrerie. Colonisation du Canada. On ne croyoit faire que du commerce, et l'on faisoit de la politique; la propriété industrielle vit de liberté, et, en accroissant l'aisance, elle accroît les lumières. Henri IV, qui tentoit partout des passions, qui ne fut écouté ni de madame de Guercheville, ni de Catherine de Rohan, ni de la duchesse de Mantoue, ni de Marguerite de Montmorency, vit le prince de Condé, mari de la dernière, se retirer avec elle à Bruxelles. Ce prince de Condé étoit-il fils de Henri IV, par Charlotte de la Trémoille, accusée d'avoir empoisonné son mari pour cacher une grossesse? On prétend que Marguerite de Montmorency, pressée par Henri IV, lui avoit dit: « Méchant, vous voulez « séduire [1] la femme de votre fils, car vous savez « bien que vous m'avez dit qu'il l'étoit. » (*Mémoires pour servir à l'histoire de France.*)

Henri IV, ou dans le dessein de poursuivre l'objet de sa nouvelle passion, ou pour réaliser un projet de république chrétienne, alloit porter la guerre dans les Pays-Bas, sous le prétexte de la succession

---

[1] Ce n'est pas la franchise du texte.

de Clèves et de Juliers, lorsqu'il fut arrêté par un de ces envoyés secrets de la mort qui mettent la main sur les rois (14 mai 1610). Ces hommes surgissent soudainement et s'abîment aussitôt dans les supplices, rien ne les précède, rien ne les suit: isolés de tout, ils ne sont suspendus dans ce monde que par leur poignard; ils ont l'existence même et la propriété d'un glaive; on ne les entrevoit un moment qu'à la lueur du coup qu'ils frappent. Ravaillac étoit bien près de Jacques Clément : c'est un fait unique dans l'histoire, que le dernier roi d'une race et le premier d'une autre aient été assassinés de la même façon, chacun d'eux par un seul homme, au milieu de leurs gardes et de leur cour, dans l'espace de moins de vingt et un ans. Le même fanatisme anima les deux assassins; mais l'un immola un prince catholique, l'autre un prince qu'il croyoit protestant. Clément fut l'instrument d'une ambition personnelle; Ravaillac, comme Louvel, l'aveugle mandataire d'une opinion.

J'ai fait observer plusieurs fois que la seconde aristocratie vint finir à Arques, à Ivry, à Fontaine-Françoise, comme la première à Crécy, à Poitiers et à Azincourt. Elle disparut de fait et de droit, car Henri IV publia un édit, en vertu duquel la profession militaire n'anoblissoit plus. Tout homme d'armes, sous Louis XII, étoit gentilhomme, ainsi que tout bourgeois qui avoit acquis un fief noble et le desservoit militairement. Le 258e article de l'ordonnance de Blois, de 1579, avoit détruit la noblesse résultant du fief. Louis XV, en 1750, rétablit la noblesse acquise au prix du sang; mais le coup étoit porté. Henri IV, ce soldat, avoit voulu que les armes restassent en roture : l'armée, devenue plébéienne, laissa à la gloire le soin de l'ennoblir.

On s'est fait une fausse idée de la manière dont les Bourbons parvinrent au trône. D'un côté, on n'a vu que les massacres de la Saint-Barthélemy, que les fureurs de la Ligue, que les intrigues de Catherine de Médicis, que les débauches de Henri III, que l'ambition des princes de Lorraine ; de l'autre côté, on n'a aperçu que la bravoure, l'esprit et la loyauté de Henri IV; on a cru que tous les partis avoient été fidèles à leurs doctrines, qu'ils avoient constamment suivi leurs drapeaux respectifs, que les services avoient été récompensés, les injures punies, qu'enfin chacun avoit été rétribué selon ses œuvres : telle n'est point la vérité historique. Tout se passa comme de nos jours; on céda à des nécessités, à des intérêts créés par le temps; le vainqueur d'Ivry ne monta point sur le trône, botté et éperonné, en sortant de la bataille : il capitula avec ses ennemis, et ses amis n'eurent souvent pour toute récompense que l'honneur d'avoir partagé sa mauvaise fortune.

Brissac, La Châtre et Bois-Dauphin, maréchaux de la Ligue, furent confirmés dans leur dignité ; ils avoient tous vendu quelque chose. Laverdin, Villars, Balagni, Villeroi, jouirent de la faveur de Henri IV. Par l'article 10 de l'édit de Folembrai, les dettes même du duc de Mayenne sont payées

et déclarées dettes de la couronne. Le Béarnois étoit ingrat et gascon, oubliant beaucoup et tenant peu. « Montez, dit la duchesse de Rohan, dans son
« ingénieuse satire apologétique, montez les degrés,
« entrez jusque dans son antichambre : vous oyrez
« les gentilshommes qui diront : J'ai mis ma vie
« tant de fois pour son service, je l'ai tant de temps
« suivi, j'ai été blessé, j'ai été prisonnier ; j'y ai
« perdu mon fils, mon frère ou mon parent : au
« partir de là il ne me connoit plus ; il me rabroue
« si je lui demande la moindre récompense.........
« Ses effets parlent et disent en bon langage : Mes
« amis, offensez-moi, je vous aimerai ; servez-moi,
« je vous haïrai. »

Henri laissa mourir de faim le fidèle bourgeois qui avoit favorisé sa fuite, lorsque lui Henri étoit à Paris prisonnier de Charles IX. A la mort de Henri III, Henri IV avoit dit à Armand de Gontaud, baron de Biron : *C'est à cette heure qu'il faut que vous mettiez la main droite à ma couronne ; venez-moi servir de père et d'ami contre ces gens qui n'aiment ni vous ni moi.* Henri auroit dû garder la mémoire de ces paroles ; il auroit dû se souvenir que Charles de Gontaud, fils d'Armand, avoit été son compagnon d'armes ; que la tête de celui qui avoit mis *la main droite à sa couronne* avoit été emportée d'un boulet de canon : ce n'étoit pas au Béarnois à joindre la tête du fils avec celle du père. Le grand-maître des échafauds, Richelieu, désapprouvoit celui de Biron comme inutile.

Mais la bravoure de Henri IV, son esprit, ses

mots heureux, et quelquefois magnanimes, son talent oratoire, ses lettres pleines d'originalité, de vivacité et de feu, ses malheurs, ses aventures, ses amours, le feront éternellement vivre. Sa fin tragique n'a pas peu contribué à sa renommée; disparoître à propos de la vie est une condition de la gloire. Henri IV étoit encore un fort bon administrateur ; il montra son habileté à faire vivre en paix des hommes qui se détestoient, particulièrement ses ministres, hommes de capacité, mais antipathiques les uns aux autres, et sortis de partis divers. Les Bourbons n'ont compté que cinq rois dans leur courte monarchie absolue; sur ces cinq rois, ils ont deux grands princes et un martyr. Ce sang n'étoit pas stérile.

Au surplus, tout le siècle de Louis XIV se tut sur l'aïeul des Bourbons. Le grand roi ne permettoit d'autre bruit que le sien. A peine retrouve-t-on le nom de Henri IV dans un pamphlet de la Fronde qui établit un dialogue entre *le Roi de Bronze et la Samaritaine;* l'ouvrage de Péréfixe étoit oublié. Un poëte qui a tant fait de renommées avec la sienne, Voltaire, a ressuscité le vainqueur d'Ivry : le génie a le beau privilége de distribuer la gloire.

Depuis le commencement de la troisième race jusqu'aux Valois, il n'y avoit point eu en France de guerre civile proprement dite. Les guerres féodales étoient des guerres de souverain à souverain, car les seigneurs étoient de véritables princes indépendants. Si la moitié de la France prit les armes contre l'autre sous Charles V, Charles VI et

Charles VII, c'est que la France étoit partagée entre deux souverains, le roi de France et le roi d'Angleterre. Une guerre civile s'alluma sous Louis XI et sous Charles VIII, mais ne dura qu'un moment. Malheureusement ce fut la religion qui donna naissance aux longues guerres civiles de la Ligue. Toutefois ces espèces de guerres qui causent de grands maux à l'espèce sont favorables à l'individu; elles mettent en valeur les qualités personnelles ; jamais il n'apparoît à la fois autant d'hommes remarquables que pendant les discordes intestines des peuples. Presque toujours les temps qui suivent ces discordes sont des temps d'éclat, de prospérité, de progrès, comme de riches moissons s'élèvent sur des champs engraissés.

Quelques faits principaux constituent la révolution de l'époque que nous venons de parcourir.

La seconde aristocratie perd le reste de sa puissance; les gentilshommes ne vont plus être que les officiers de l'armée démocratique prête à se former sous Louis XIII et Louis XIV.

La monarchie des états finit avec les Valois : elle ne se montre un moment sous Louis XIII que pour rendre le dernier soupir.

La monarchie parlementaire atteint le plus haut degré de son pouvoir, et vient expirer, par abus de sa force, dans les démêlés de la Fronde.

La monarchie absolue monte donc en effet sur le trône avec le premier Bourbon; il ne restoit plus à cette monarchie qu'à renverser quelques obstacles que balaya Richelieu.

Les états, pendant les guerres civiles, ne répondirent point à ce qu'on devoit attendre d'un aussi grand corps, soit qu'il repoussât, soit qu'il adoptât les nouvelles opinions; ce qui prouve qu'ils n'étoient point entrés dans les mœurs ou dans les libertés du pays. Ces états firent des actes remarquables de législation civile et administrative, mais ils ne montrèrent aucun génie politique; ils furent maîtrisés par les caractères individuels. Quand l'ordre reparut sous Henri IV, l'esprit humain, après avoir remué tant d'idées, après avoir passé à travers tant de crimes, s'étoit agrandi, mais le gouvernement s'étoit resserré. Le parlement, rival victorieux de la représentation nationale, rendoit des arrêts politiques, disposoit de la régence, refusoit ou ordonnoit l'impôt; il y avoit deux pouvoirs législatifs. Les savants, les gens de lettres, les écrivains attachés de préférence à la robe, faisoient opposition à l'autorité des trois ordres. Les états de la Ligue achevèrent de déconsidérer des assemblées qui, luttant sans cesse contre les abus de la féodalité, de la couronne, du parlement et du peuple, n'avoient jamais pu contenir le despotisme royal, refréner les injustices aristocratiques, arrêter les empiétements de la magistrature, enchaîner les violences populaires.

L'édit de Nantes constitua l'état civil et religieux des protestants; ils obtinrent un culte public, des consistoires, des écoles, des revenus, et jusqu'à des forces militaires pour protéger leurs établissements. Les quatre-vingt-douze articles généraux de l'édit, et les cinquante-six articles particuliers, reproduisoient à peu près les dispositions de l'édit de Poitiers, et des conventions de Flex et de Bergerac. Un codicille secret permettoit aux calvinistes de garder quelques places de sûreté pendant huit ans.

Les concessions n'étoient malheureusement qu'*octroyées*; Henri IV les respecta, mais Richelieu et Louis XIV pensèrent que ce qui étoit accordé se pouvoit reprendre. Les protestants soutinrent trois guerres contre Louis XIII. Le duc de Rohan, leur chef, appela les Anglois à leur secours; ils furent battus; La Rochelle tomba, et Louis XIV, après une longue série de séductions et de persécutions, révoqua l'édit de Nantes en 1668.

A compter depuis la conjuration d'Amboise, 1560, jusqu'à la publication de l'édit de Nantes, en 1599, s'écoulèrent trente-neuf années de massacres, de guerres civiles et étrangères, entremêlées de quelques moments de paix; c'est à peu près la période qu'a parcourue notre dernière révolution. Ce temps de la Saint-Barthélemy et de la Ligue est le temps de la terreur religieuse, d'où sortit la monarchie absolue, comme le despotisme militaire sortit de la terreur politique de 1793. Il ne coula guère moins de sang françois dans les guerres et les massacres du seizième siècle que dans les massacres et les guerres de la révolution. « Durant ces guerres « (de la Ligue) sont morts prématurément, et avant « le temps, plus de deux millions de personnes, « tant de mort violente que de nécessité et pauvreté,

« par famine et autrement. » (*La vie et déportements de Henri le Béarnois.*)

Un capital immense fut dissipé ; les dettes de l'État se trouvèrent monter, sous Henri IV, à trois cent trente millions de la monnoie de ce temps, sans parler de toutes les autres sommes absorbées et non constituées en dettes publiques, comme on le va voir par les autorités suivantes : « Le pauvre
« peuple avoit été tellement pillé, vexé, saccagé,
« rançonné et subsidié, sans aucune relâche ni
« moyen de respirer, qu'il ne lui restoit plus aucune
« facilité de vivre, étant comme désespéré et résolu
« de quitter le pays de sa naissance pour aller vivre
« en terre étrangère; car, depuis ledit temps, la ville
« de Paris et pays circonvoisins avoient fourni
« trente-six millions de livres, outre autre somme
« de soixante millions de livres ou environ, qui
« avoient été fournis par le clergé de France, sans
« les dons, emprunts et subsides levés extraordi-
« nairement, tant sur ladite ville que sur les autres
« pays et provinces du royaume : somme suffisante
« non-seulement pour conserver l'état de la France,
« mais aussi, avec la terreur de l'ancien nom des
« François, en rendre le nom formidable à tous les
« autres princes, potentats et nations » (*Vie et mort de Henri de Valois.*)

Dans les pays qu'ils occupoient, les huguenots détruisirent les monuments catholiques et s'emparèrent des biens du clergé. Beaucoup de prêtres se marièrent, et restèrent néanmoins catholiques ; leurs mariages furent sanctionnés par la cour de

Rome, et leurs enfants légitimés. La cour, de son côté, ne se fit faute des biens ecclésiastiques.

« Son règne (de Charles IX) a aussi esté taché
« d'avoir esté soubs lui les ecclésiastiques fort vexez,
« tant de lui que des huguenots : les huguenots les
« avoient persécutez de meurtres, massacres, et
« expolié leurs églises de leurs sainctes reliques;
« et lui avoit exigé de grandes décimes, et aliéné
« et vendu le fonds et temporel de l'Église, de la-
« quelle vendition il tira grand argent. » (BRANTOME.)

Les députés du clergé de France, assemblés à Melun, représentèrent à Henri III, « qu'en plusieurs
« archevêchés et évêchés il n'y avoit aucun pasteur;
« et quant aux autres abbayes et aux autres grands
« bénéfices étant aussi sans pasteurs, le nombre en
« étoit quasi infini, mêmement que de cent trente-
« cinq diocèses qu'il y a en Languedoc et en
« Guienne, par non-résidence d'évêques et par ma-
« ladie des autres, et principalement par faute
« d'évêques pourvus en titre, on avoit été quelques
« années sans y faire le Saint-Chrème, tellement
« qu'il étoit tous les jours besoin de l'aller mendier
« de là les monts en Espagne. Au surplus, nul roi
« par avant lui (Henri III) n'avoit été cause de tant
« d'œconomats, constitutions de pensions pour les
« femmes (voire la plus grande partie *courtisanes*),
« et autres personnes laïques, sur les biens de
« l'Église, et, qui pis est, il souffroit trafiquer des
« bénéfices, vendre, engager et hypothéquer le do-
« maine de Dieu. Faisant autoriser et justifier ces
« choses par jugement et lois publiques en son

« grand conseil, où de l'argent provenu de la vente
« d'un évêché ont été acquittées les dettes du ven-
« deur, et en son conseil même une abbaye y au-
« roit été adjugée à une dame, comme lui ayant été
« baillée en don, avec déclaration qu'après son dé-
« cès ses héritiers en jouiroient par égale portion. »
(*Vie et mort de Henri de Valois.*)

Ces choses, que les catholiques reprochoient amèrement à Henri III, ils les approuvoient dans Charles IX.

La vente, saisie et jouissance des biens de l'Église par des laïques, étoient accompagnées de la saisie, jouissance et vente des biens des particuliers, comme dans la révolution. Plusieurs édits et déclarations ordonnent la confiscation des biens des huguenots. Le parlement, en 1589, rendit un arrêt *pour faire procéder à la vente des biens de ceux de la nouvelle opinion. . . . . afin qu'on ne soit pas privé du fruit et secours espéré des saisies et ventes des biens et héritages de ceux de la nouvelle opinion.*

Un règlement du duc de Mayenne, de la même année, exige le serment à l'union catholique par le clergé, la noblesse, le tiers-état, les habitants des villes et des campagnes, etc. Ce serment doit être prêté dans la quinzaine du jour de la publication du règlement. L'article IX porte : « Après la-
« dite quinzaine passée, sera *procédé à la saisie des*
« *biens meubles et immeubles de tout ceux qui se*
« *trouveront refusant ou délaiant faire ledit serment,*
« soit ecclésiastique, noble, ou du tiers-état; et
« si, dans un mois après ladite saisie, ils ne le

« voudroient faire, ou n'auroient proposé excuse va-
« lable de leur absence et légitime empêchement,
« seront tenus et réputés pour ennemis de Dieu et
« de l'État, et *passé outre à la vente desdits meu-*
« *bles, etc.* »

On voit que les massacres, les injustices, les spoliations, ne sont pas, comme on l'a cru, particuliers à nos temps révolutionnaires. Les terroristes de la Saint-Barthélemy et de la Ligue étoient des aristocrates nobles, des rois, des princes, des gentilshommes, Charles IX, Henri III, le duc de Guise, Tavannes, Clermont, Coconnas, La Mole, Bussy d'Amboise, Saint-Mesgrin, et tant d'autres : non-seulement ils lâchèrent les bourgeois de Paris sur les huguenots, mais ils trempèrent eux-mêmes leurs mains dans le sang. Les septembriseurs et les terroristes de 1792 et de 1793 étoient des démocrates plébéiens : au-delà des meurtres individuels qu'ils commirent, ils inventèrent le meurtre légal, effroyable crime qui fit désespérer de Dieu; car si la justice de la terre peut jamais être armée du fer de l'assassin, où est la justice du ciel? Que reste-t-il aux hommes?

La terreur de la Saint-Barthélemy et de la Ligue fut approuvée par la grande majorité de la nation. On regarda aussi cette terreur comme *nécessaire*. On ne trouve pas contre Charles IX, qui nous fait tant d'horreur aujourd'hui, un seul écrit de ses contemporains catholiques ; il est loué au contraire, de presque tous les hommes de mérite de cette époque, Du Tillet, Brantôme, Ronsard, tandis que Henri III est accablé d'outrages.

J'ai souvent cité les pamphlets de la Ligue, parce qu'on y suit mieux le mouvement des opinions. C'est la première fois que la presse a joué un rôle important dans les troubles politiques; par son moyen la pensée étoit devenue, ainsi que de nos jours, un élément social, un fait qui se mêloit aux autres faits, et leur donnoit une nouvelle vie. La plume étoit aussi active que l'épée. Comme chacun avoit la liberté entière dans son parti, et n'étoit proscrit que dans l'autre, il y avoit réellement liberté de la presse. Les imaginations audacieuses de Rabelais, le *Traité de la servitude volontaire* de la Béotie, les *Essais* de Montaigne, la *Sagesse* de Charron, la *République* de Bodin, les écrits polémiques, le *Traité* où Mariana va jusqu'à défendre le régicide, prouvent qu'on osa tout examiner. Comme la succession à la couronne étoit contestée, les catholiques, en se divisant à ce sujet, examinèrent hardiment les principes de la monarchie, et les protestants rêvèrent la république aristocratique. La liberté politique et la liberté religieuse eurent un moment pleine licence, en s'appuyant à la liberté de la presse, leur compagne, ou plutôt leur mère. Mais cet horizon, qui s'ouvrit un moment dans l'esprit humain, se referma tout à coup. La réaction qui suit l'action, quand l'action n'est pas consommée, précipita la France sous le joug.

En résumé, les guerres civiles religieuses du seizième siècle, qui ont duré trente-neuf ans, ont engendré les massacres de la Saint - Barthélemy, ont versé le sang de plus de deux millions de François, ont dévoré près de trois milliards de notre monnoie actuelle, ont produit la saisie et la vente des biens de l'Église et des particuliers, ont fait périr deux rois de mort violente, Henri III et Henri IV, et commencé le procès criminel du premier de ces rois. La vérité religieuse, quand elle est faussée, ne se livre à pas moins d'excès que la vérité politique lorsqu'elle a dépassé le but.

Maintenant je vais cesser de raconter les faits et les mœurs qui n'ont plus rien de caractéristique et de pittoresques. Les mœurs du dix-septième siècle, non les opinions, étoient à peu près celles qui précédèrent immédiatement l'époque révolutionnaire. Les François qui parlèrent la langue de Louis XIII, de Louis XIV et de Louis XV, sont si près de nous, qu'il semble que nous les ayons vus vivants. Il n'y a pas long-temps que sont morts des vieillards qui avoient connu Fontenelle. Fontenelle étoit né en 1657, et d'Espernon étoit mort en 1642. La veuve du duc d'Angoulême, fils naturel de Charles IX, ne trépassa que le 10 août 1715. Quelques réflexions générales sur les quatre règnes de la monarchie absolue termineront cette *analyse raisonnée* de notre histoire.

LOUIS XIII, LOUIS XIV, LOUIS XV ET LOUIS XVI.

De 1610 à 1793.

Le parlement conféra la régence et la tutelle de Louis XIII à Marie de Médicis. Sully (1611) se retire de la cour : il avoit payé deux cents millions de dettes sur trente-cinq millions de revenu, et il laissa trente millions dans la Bastille. On ne sait pas que ce rigide et fastueux protestant, ministre habile d'ailleurs, qui vivoit dans sa retraite comme un dernier grand baron de l'aristocratie, déridoit ses graves loisirs en écrivant sur l'ancienne cour des Mémoires aussi orduriers que ceux de Brantôme.

Le duc de Mayenne meurt : il n'entra jamais bien dans la Ligue et dans les complots de son frère; mais il avoit plus de bon sens que le Balafré, et cet esprit commun qui convient aux affaires.

Concini, marquis d'Ancre, et sa femme, gouvernent Marie de Médicis. Brouilleries de cour; retraite des princes; petites guerres civiles mêlées de protestantisme (1614). Derniers états-généraux du 17 octobre 1614. Le premier vote des communes de France, lorsqu'elles furent appelées aux états par Philippe-le-Bel, pour s'opposer aux empiétèments de Boniface VII, fut ainsi conçu:« Qu'il
« plaise au seigneur roi de garder la souveraine
« franchise de son royaume, qui est telle que, dans

« le temporel, le roi ne reconnoît souverain en terre, « fors que Dieu. » Le dernier vote des communes aux états de 1614 fut celui-ci :

« Le roi est supplié d'ordonner que les seigneurs « soient tenus d'affranchir dans leurs fiefs tous les « serfs. »

Le premier vote du tiers-état sortant de la longue servitude de la monarchie féodale, est une réclamation pour la liberté du roi; son dernier vote, au moment où il rentre dans l'esclavage de la monarchie absolue, est une réclamation en faveur de la liberté du peuple : c'est bien naître et bien mourir. J'ai dit pourquoi la monarchie des états ne se put établir en France.

Richelieu, dont le génie (heureusement pour lui) n'étoit deviné de personne, est fait secrétaire d'état par la protection du maréchal d'Ancre.

Ce maréchal (1617) est arrêté par Vitry, et massacré par le peuple. Sa femme, qui eut la tête tranchée, dit le mot fameux que Voltaire a un peu arrangé. Les biens du maréchal d'Ancre sont donnés à Luynes, favori de Louis XIII. Luynes avoit fait son chemin auprès du roi en élevant des pies-grièches. Mésintelligence entre Louis XIII et sa mère.

(1621.) Guerre religieuse renouvelée par Rohan et Soubise. Les idées politiques s'étoient débrouillées dans la tête des protestants; ils vouloient faire de la France une république divisée en huit cercles.

Richelieu, devenu cardinal, entre au conseil

(1624.) Le maréchal de Luynes l'avoit protégé après le maréchal d'Ancre. Sa souplesse fit sa fortune, son orgueil sa gloire. Henriette de France, sœur de Louis XIII, épouse Charles Ier, roi d'Angleterre (1625).

L'an 1626 voit commencer les cabales contre le cardinal de Richelieu, encouragées par Gaston, frère du roi, qui perdoit ses amis, et fuyoit toujours. Richelieu abaisse à la fois les grands, les huguenots et la maison d'Autriche. Tragique histoire du duc de Montmorency et de Cinq-Mars.

Toutes les libertés meurent à la fois, la liberté politique dans les états congédiés, la liberté religieuse par la prise de La Rochelle; car la force huguenote demeura anéantie, et l'édit de Nantes ne fut que la conséquence de la disparition du pouvoir matériel des protestants. La liberté littéraire périt à son tour : on avoit passé de l'école naïve, simple, originale d'Amyot, de Rabelais, de Marot, de Montaigne, à l'école artificielle et boursouflée de Ronsard. Malherbe rentra dans la première route : les sujets étrangers à nos mœurs et à nos croyances furent choisis de préférence. Alors s'éleva l'Académie françoise, haute cour du classique, qui fit comparoître devant elle, comme premier accusé, le génie de Corneille. Racine vint ensuite imposer aux lettres le despotisme de ses chefs-d'œuvre, comme Louis XIV le joug de sa grandeur à la politique. Sous l'oppression de l'admiration, Chapelain, Coras, Leclerc, Saint-Amand, maintenoient en vain, dans leurs ouvrages persécutés, l'indépendance de la langue et de la pensée : ils expiroient pour la liberté de mal dire sous les vers de Boileau, en appelant de la servitude de leur siècle à la postérité délivrée. Ils eurent raison de réclamer contre la règle étroite et la proscription des sujets nationaux; ils eurent tort d'être de méchants poëtes.

Le premier ministre mourut détesté et admiré, la même année que la veuve de Henri IV mourut à Cologne dans la dernière misère. Pendant le règne du cardinal de Richelieu, on voit se traîner quelques hommes du passé et s'avancer quelques hommes de l'avenir : Guise et d'Espernon, Turenne, le jeune Villars et le jeune Condé. D'Espernon est le seul favori qui soit jamais devenu un personnage par une imperturbable morgue de médiocrité. A force de vivre et d'insulter, ce bourgeois avoit fini par faire croire qu'il étoit un grand seigneur. Il ne paroît pas tout-à-fait innocent de l'assassinat de Henri IV. Les sujets, comme le chef suprême, inclinoient au despotisme; on arrivoit peu à peu à l'admiration du pouvoir.

Louis XIII, mort en 1643, fut placé entre Henri IV et Louis XIV, comme Louis-le-Jeune entre Philippe-Auguste et saint Louis. Il fut aussi intrépide que son père, et n'eut rien de la grandeur de son fils. Il n'y a qu'une seule chose et qu'un seul homme dans le règne de Louis XIII, Richelieu. Il apparoît comme la monarchie absolue personnifiée, venant mettre à mort la vieille monarchie aristocratique. Ce génie du despotisme s'évanouit, et laisse en sa place Louis XIV, chargé de ses pleins-pouvoirs.

Le parlement de Paris donna la régence et la tutelle à Anne d'Autriche, comme il l'avoit donnée à Marie de Médicis en 1610 : il achevoit son usurpation législative.

La monarchie parlementaire, survivant à la monarchie des états, atteignit, sous la minorité de Louis XIV, le faîte de sa puissance : elle démena ses guerres; on se battit en son honneur; ses arrêts servoient de bourre à ses canons. Dans son règne d'un moment, elle eut pour magistrat Mathieu Molé; pour prélat, le cardinal de Retz; pour héroïne, la duchesse de Longueville; pour héros populaire, le fils d'un bâtard de Henri IV; et pour généraux, Condé et Turenne. Mais cette monarchie neutre, qui n'étoit ni la monarchie absolue ni la monarchie tempérée des états, cette monarchie qui paroissoit entre l'une et l'autre, qui ne vouloit ni la servitude ni la liberté, qui n'aspiroit qu'au renversement d'un ministre fin et habile, cette monarchie à la suite de quelques princes brouillons et factieux, passa vite. Louis XIV, devenu majeur, entra au parlement avec un fouet, sceptre et symbole de la monarchie absolue, et les François furent mis à l'attache pour cent cinquante ans.

Auprès de la comédie de Mazarin se jouoit la tragédie de Charles Ier, et Mazarin reconnut humblement le protecteur. La monarchie des états avoit commencé en France et en Angleterre presque au même moment dans les siècles barbares; elle aboutit presque au même moment dans le dix-septième siècle, en Angleterre, à la monarchie représentative, en France, à la monarchie absolue. La réforme religieuse que tenta Henri VIII réussit, et la réforme religieuse qu'essayèrent les huguenots avorta : de cette différence de fortune dans la vérité religieuse naquit peut-être la différence de position dans la vérité politique. Les guerres parlementaires de la Grande-Bretagne furent les dernières convulsions de l'arbitraire anglois expirant; les guerres de la Fronde, les derniers efforts de l'indépendance françoise mourante : l'Angleterre passa à la liberté avec un front sévère, la France, au despotisme en riant.

Le traité des Pyrénées met fin à la guerre entre la France et l'Espagne, et stipule le mariage de Louis XIV et de l'infante Marie-Thérèse (1659). Restauration de Charles II, en 1660. Mariage de Louis XIV dans la même année. Mort de Mazarin, en 1661 : homme habile, patient, insensible à l'injure, et qui regretta la vie. Arrestation de Fouquet. Commencement de l'élévation de Colbert. Louis XIV sort de l'ombre à la mort de Mazarin. Conquête de la Flandre. Louvois étoit ministre de la guerre; Turenne, Condé, Créqui, Grammont, Luxembourg, étoient généraux et capitaines (1667).

Conquête de la Franche-Comté. Triple alliance entre l'Angleterre, la Suède et la Hollande. Paix entre la France et l'Espagne. La France garde les conquêtes de la Flandre et rend la Franche-Comté. Conversion de Turenne, qui cède à l'*Exposition de la foi* de Bossuet; grands noms (1668).

Suppression des chambres mi-parties dans les parlements établies par l'édit de Nantes. Troubles au sujet de l'affaire de Jansénius. Prise de Candie par les Turcs. Le duc de Beaufort, roi des halles ou de la Fronde, est tué dans une sortie. Édit qui permet le commerce à la noblesse (1669).

Mort de madame Henriette, immortalisée par Bossuet. La France s'allie secrètement à l'Angleterre. Louis XIV se vouloit venger des Hollandois, qui avoient interrompu ses succès contre les Espagnols. Il étoit, en outre, choqué de la liberté des gazetiers républicains, acharnés contre son gouvernement et sa personne. Il entre en Hollande et en fait la conquête. Guillaume III devient stathouder, et commence à balancer la fortune du grand roi.

Les guerres continuèrent pendant tout le règne de Louis XIV; et la dernière, celle de 1701, la plus juste dans son principe et la plus malheureuse dans ses résultats, laissa pourtant à la maison de France la succession de la maison d'Espagne : le royaume y gagna de n'avoir plus besoin de se défendre du côté des Pyrénées, et de pouvoir porter toutes ses forces sur les frontières de l'est et du nord.

Louis XIV a rendu fameux le premier règne de la monarchie absolue, par sa protection des lettres et des arts, par ses conquêtes, son administration, ses fêtes, ses galanteries; car, dans l'histoire du despotisme, la magnificence et les foiblesses du prince deviennent des affaires d'Etat. Voltaire n'a rien laissé à dire à la gloire du siècle de Louis XIV. Un auteur moderne, sévère sur tout le reste, a rendu justice à l'administration de Louis-le-Grand : seulement il reproche à ce roi ce qu'il falloit reprocher à tous les rois ses prédécesseurs, et ce qui découloit de la législation romaine. Nous n'entendons plus aujourd'hui l'esclavage, nous ne concevons plus comment un homme pouvoit être la propriété d'un autre homme; et néanmoins les sages, les philosophes, les hommes les plus libres et les plus éclairés de l'antiquité, le concevoient et le trouvoient juste. Nous ne comprenons plus comment un juge pouvoit accepter les biens de l'accusé qu'il avoit jugé et condamné; et pourtant, sous Louis XIV, les magistrats les plus intègres le comprenoient et le trouvoient naturel. Aujourd'hui même en Angleterre, où la confiscation existe, les biens confisqués pour crime de haute trahison seroient encore distribués entre les délateurs et les favoris de la cour. Nous nous demandons comment un prince pouvoit avoir une maîtresse en titre que venoient idolâtrer l'honneur, le génie et la vertu : on entroit dans cette idée au dix-septième siècle; Bossuet se chargeoit de réconcilier Louis XIV et madame de Montespan. Le grand roi, dans la démence de son orgueil, osa imposer en pensée à la France, comme monarques légitimes, ses bâtards adultérins légitimés. Sous certains rapports généraux nous valons mieux, hommes de notre siècle, ou plutôt notre temps vaut mieux que les hommes et le temps qui nous ont précédés, et cela tout naturellement par le progrès de la raison et de la civilisation; mais nous sommes injustes quand nous jugeons nos devanciers par des lumières qu'ils ne pouvoient avoir, et par des idées qui n'étoient pas encore nées.

Tout devint individuel sous Louis XIV. Le peuple disparut comme aux temps féodaux : on eût dit d'une nouvelle conquête, d'une nouvelle irruption des Barbares, et ce n'étoit que l'invasion d'un seul homme. Observons néanmoins une différence : le nom du peuple ne se rencontre nulle part dans la monarchie de Hugues Capet, parce que le peuple n'existoit pas; il n'y avoit que des serfs; la nation, militaire et religieuse, consistoit dans la noblesse et le clergé. Sous Louis XIV le peuple étoit créé; il se perdoit seulement dans l'arbitraire, ce qui fait qu'il se retrouva au moment où ses chaînes se rompirent.

Quand la lutte de l'aristocratie avec la couronne finit, la lutte de la démocratie avec cette même couronne commença. La royauté, qui avoit favorisé le peuple afin de se débarrasser des grands, s'aperçut qu'elle avoit élevé un autre rival moins tracassier, mais plus formidable. Le combat s'établit sur le terrain de l'égalité. Il y eut monarchie absolue sous Louis XIV, parce que la liberté aristocratique étoit morte, et que l'égalité démocratique vivoit à peine : dans l'absence de la liberté et de l'égalité, l'une moissonnée, l'autre encore en germe, il y eut despotisme, et il ne pouvoit y avoir que cela.

La monarchie absolue naquit le jour où l'hérédité royale dans la famille capétienne s'établit; cette monarchie mit sept siècles à croître au travers des transformations sociales : comme toute institution qui ne tombe pas fortuitement dans sa marche, elle monta, degré à degré, à son apogée. Le despotisme de Louis XIV fut un fait progressif naturel, venu à point, dans son temps, dans son lieu, un résultat inévitable des opinions et des mœurs à cette époque, un anneau de la chaîne qui servoit à joindre le principe répudié de la liberté au principe non encore adopté de l'égalité. Il falloit enfin que la royauté s'usât comme l aristocratie; que l'on sentît les abus du gouvernement d'un seul comme on avoit senti l'oppression du gouvernement de plusieurs. Du moins ce fut une chance heureuse pour la France d'avoir produit, dans ce moment même, un roi capable de remplir avec éclat cette période obligée d'asservissement : l'héritier de Richelieu et l'élève de Mazarin fut en rapport de caractère avec l'autorité absolue qui lui échéoit; l'homme et le temps se corroborèrent. Le siècle de Louis XIV fut le superbe catafalque de nos libertés, éclairé par mille flambeaux de la gloire, que tenoit à l'entour un cortége de grands hommes.

Les troubles de la minorité de Louis XIV, mêlés à des victoires sur l'étranger, achevèrent de former des généraux et de créer une armée régulière, élément indispensable du despotisme civilisé : ainsi les troubles, les victoires et les habiles capitaines de la République préparèrent tout pour la domination de Buonaparte. Aux deux époques on étoit las de révolution, et l'on avoit des moyens de conquêtes. Louis XIV, comme Napoléon, chacun avec la différence de son temps et de son génie, substituèrent, l'ordre à la liberté.

L'homme d'une époque ou d'un siècle eut pourtant un avantage sur l'homme fastique ou de tous les siècles.

La féodalité ou la monarchie militaire noble perdit ses principales batailles; mais les étrangers ne purent garder les provinces qu'ils avoient occupées dans notre patrie, et ils en furent successivement chassés : l'empire ou la monarchie militaire plébéienne fit des conquêtes immenses, mais elle fut forcée de les abandonner, et nos soldats, en se retirant, entraînèrent deux fois avec eux les étrangers à Paris : la monarchie royale absolue n'alla pas loin chercher ses combats, mais le fruit de ses victoires nous est resté; notre indépendance vit encore à l'abri dans le cercle de remparts qu'elle a tracé autour de nous. A quoi cela a-t-il tenu? à l'esprit positif du grand roi et à la longueur du règne de ce prince. Louis chercha à donner à notre territoire ses bornes naturelles; on a trouvé dans les papiers de son administration des projets pour reculer la frontière de la France jusqu'au Rhin, et pour s'emparer de l'Égypte; on a même un mémoire de Leibnitz à ce sujet. Si Louis XIV eût complétement réussi, il ne nous resteroit plus aujourd'hui aucune cause de guerre étrangère.

Mais si les conquêtes de la monarchie militaire plébéienne n'ont point été annexées à notre sol comme les conquêtes de la monarchie royale absolue, elles ont eu un effet moral que n'ont pas eu les profits tout matériels des envahissements de Louis XIV. Nos armées, comme celles d'Alexandre, ont semé les lumières chez les peuples où notre drapeau s'est promené : l'Europe est devenue françoise sous les pas de Napoléon, comme l'Asie devint grecque dans la course d'Alexandre.

Louis XIV eut quelque chose de Dioclétien, sans en avoir les mœurs et la philosophie ; il établit comme lui le faste de l'Orient à sa cour, éleva comme lui des monuments, et fut comme lui grand administrateur. L'attention qu'il donnoit à l'agriculture s'étendoit sur les autres parties de l'État : il chercha jusque dans les pays étrangers les hommes qui pouvoient faire fleurir le commerce et les manufactures. Magnifiquement occupé de ses plaisirs, il travailloit néanmoins avec ses ministres ; laborieux, il entroit jusque dans les moindres détails. Le plus petit bourgeois lui pouvoit soumettre des plans et obtenir audience de lui : de la même main dont il protégeoit les arts et faisoit céder l'Europe à nos armes, il corrigeoit les lois, et introduisoit l'unité dans les coutumes.

La monarchie absolue n'étoit pas un état de privilége pour les individus : on se figure que la classe mitoyenne étoit éloignée de tout, que les emplois n'appartenoient qu'aux nobles ; rien de plus faux que cette idée. Toutes les carrières étoient ouvertes aux François : l'église, la magistrature et le commerce étoient presque exclusivement le partage des plébéiens. La plus haute dignité civile, celle du chancelier, étoit roturière. Les bourgeois parvenoient aux premières places militaires et administratives. Louis XIV surtout ne fit aucune distinction dans ses choix : Fabert, Gassion, Vauban même et Catinat, furent maréchaux de France ; Colbert et Louvois étoient ce que plus tard on appela impertinemment *des hommes de peu.* En général, dans toute l'ancienne monarchie, les familles nobles ne fournissoient pas les ministres. « Le chancelier « Voisin, dit Saint-Simon, avoit essentiellement la « plus parfaite qualité sans laquelle nul ne pouvoit « entrer et n'est jamais entré dans le conseil de « *Louis XIV*, en tout son règne, *qui est la pleine et* « *parfaite roture*, si l'on en excepte le seul duc de « Beauvilliers. » Les ambassadeurs du grand roi n'étoient pas tous choisis parmi les grands seigneurs. La plupart des évêques (et quels évêques, Bossuet et Massillon!) sortoient des rangs médiocres ou tout-à-fait populaires.

Mais cette jalousie de la bourgeoisie contre la noblesse, qui a éclaté avec tant de violence au moment de la révolution, ne venoit pas de l'inégalité des emplois; elle venoit de l'inégalité de la considération. Il n'y avoit si mince hobereau qui n'eût le privilége d'insulte ou de mépris envers le bourgeois, jusqu'à ce point de lui refuser de croiser l'épée : ce nom de gentilhomme dominoit tout. Il étoit impossible qu'à mesure que les lumières descendoient dans les classes mitoyennes, on ne se révoltât pas contre des prétentions d'une supériorité devenue sans droits. Ce ne sont point les nobles que l'on a persécutés dans la révolution; ce ne sont point leurs immunités d'eux-mêmes abandonnées, que l'on a voulu détruire en eux : c'est une opinion que l'on a immolée dans leur personne; opinion contre laquelle la France entière se soulèveroit encore, si l'on essayoit de la faire renaître.

Louis XIV révéla à la France le secret de sa force; il prouva qu'elle se pouvoit rire des ligues de l'Europe jalouse. Ce prince eut une fois huit cent mille hommes sous les armes, onze mille soldats de marine, cent soixante mille matelots, mille élèves de marine, cent quatre-vingt-dix-huit vaisseaux de soixante canons et trente galères armées. Les étrangers, qui cherchoient à rabaisser notre gloire, devoient ce qu'ils étoient à notre génie. En Angleterre, en Allemagne, en Italie, en Espagne, partout on reconnoît qu'on a suivi les édits de Louis XIV pour la justice, ses règlements pour la marine et le commerce, ses ordonnances pour l'armée, ses institutions pour la police des chemins et des villes; tout, jusqu'à nos mœurs et à nos habits, fut servilement copié. Tel pays qui se vantoit de ses établissements publics, en avoit emprunté l'idée à notre nation; on ne pouvoit faire un pas chez les étrangers sans retrouver la France mutilée.

A ce beau côté de Louis XIV, il y a un vilain revers. Ce prince, qui fit notre patrie pour l'administration, la force extérieure, les lettres et les arts, à peu près ce qu'elle est demeurée, écrasa le reste des libertés publiques, viola les priviléges des provinces et des cités, posa sa volonté pour règle, enrichit ses courtisans de confiscations odieuses. Il ne lui vint pas même en pensée que la liberté, la propriété, la vie d'un de ses sujets, ne fussent pas à lui. .

Dans les idées du temps, ou plutôt dans les idées formées par Louis XIV, cela ne choquoit point. Les esprits les plus frondeurs, comme Saint-Simon qui n'aimoit pas son maître et qui met à nu ses foiblesses, ne songeoient guère plus au peuple que le souverain.

Mais ce que l'on ne sentoit point alors, les générations suivantes le sentirent; l'impression du despotisme resta, et quand Louis XIV eut cessé de vivre, on en voulut à ce roi d'avoir usurpé à son profit la dignité de la nation.

Ce prince fit encore un mal irréparable à sa famille : l'éducation orientale qu'il établit pour ses enfants, cette séparation complète de l'enfant du trône des enfants de la patrie, rendirent étranger à l'esprit du siècle, aux peuples sur lesquels il devoit régner, l'héritier de la couronne. Henri IV couroit pieds nus et tête nue avec les petits paysans sur les montagnes du Béarn. Le gouverneur qui montroit au jeune Louis XV la foule assemblée sous les fenêtres de son palais, lui disoit : « Sire, tout ce « peuple est à vous. » Cela explique les temps, les hommes et les destinées.

Cependant comme la pensée sociale ne rétrograde point, bien que les faits rebroussent souvent vers le passé, un contre-poids s'étoit formé par les lumières de l'intelligence, aux principes de l'absolu de Louis XIV. Au moment où l'ancien droit politique intérieur de la France s'anéantit, le droit public extérieur des nations se fonda : les publicistes parurent, Grotius à leur tête. Le cardinal de Richelieu, en abaissant la maison d'Autriche, donna naissance au système de la balance européenne, système maintenu par Mazarin. Les relations diplomatiques se régularisèrent, et des traités confirmèrent l'existence des gouvernements populaires qui s'étoient affranchis les armes à la main. Locke et Descartes avoient appris à raisonner; Corneille avoit exhumé les vertus républicaines.

Pascal osa écrire : « Ce chien *est à moi*, disoient « ces pauvres enfants; c'est ma place au soleil : voilà « le commencement et l'image de l'usurpation de « toute la terre. »

Pascal avoit dit encore : « Trois degrés d'élévation du pôle renversent toute la jurisprudence. « Un méridien décide de la vérité, ou de peu « d'années de possession. Les lois fondamentales « changent, le droit a ses époques; plaisante justice « qu'une rivière ou une montagne borne; vérité au-« deçà des Pyrénées, erreur au-delà! »

Ajoutez à ces incursions de la pensée dans des régions encore inconnues, les effets de la révolution de l'Angleterre et de l'émancipation de la Hollande, qui avoient mis en circulation des idées directement opposées aux principes du gouvernement de Louis XIV.

Enfin l'esprit même de l'administration et l'instinct de grandeur de ce prince favorisoient la marche progressive de l'esprit humain. Il fut question d'établir l'uniformité des poids et mesures, d'abolir les coutumes provinciales, de réformer le Code civil et criminel, d'arriver à l'égale répartition de l'impôt. Tous les projets pour les embellissements de Paris avoient été discutés; on vouloit achever le Louvre, faire venir des eaux, découvrir les quais de la Cité, etc. La liberté de la chaire, alors la seule inviolable, avoit donné un asile à la liberté politique, et même, sous un certain rapport, à l'indépendance religieuse. Massillon dit tout sur la souveraineté du peuple; dans le *Télémaque* les leçons ne manquent pas; Bossuet s'étoit occupé sérieusement de la réunion de l'Église protestante à l'Église romaine : il n'étoit pas éloigné de consentir au mariage des prêtres, ce qui eût amené un changement obligé dans la confession auriculaire et la communion fréquente; tant la société s'avance vers son but, la liberté, à l'insu même et contre les desseins des hommes qui composent cette société!

Les souvenirs des fureurs de la Ligue et les brouilleries de la Fronde avoient favorisé l'établissement de la monarchie absolue; les souvenirs du despotisme de Louis XIV, quand ce grand prince s'alla reposer à Saint-Denis, rendirent plus amers les regrets de l'indépendance nationale. La vieille monarchie avoit traversé six siècles et demi avec ses libertés féodales et aristocratiques, pour venir tomber aux pieds du trentième fils de Hugues Capet. Combien l'état formé par Louis XIV a-t-il duré? cent quarante années. Après le tombeau de ce monarque, on n'aperçoit plus que deux monuments de la monarchie absolue : l'oreiller des débauches de Louis XV et le billot de Louis XVI.

Le siècle de Louis XV, précédé des grandeurs et des désastres du siècle de Louis XIV, et suivi des destructions et de la gloire du siècle de la révolution, disparoît écrasé entre ses pères et ses fils. Le peuple n'eut pas plus tôt chanté un *Te Deum* pour la mort de Louis, et insulté le cercueil de ce prince immortel, que le régent, Philippe d'Orléans, prit les rênes de l'empire. Le cardinal Dubois fut son digne ministre : la corruption du règne d'Henri III reparut.

A cette vieille corruption de mœurs se mêla cette corruption nouvelle qui s'opère par les révolutions subites des fortunes, et que nous devons au moderne système de finances. La dette de l'état étoit de deux milliards soixante-deux millions, quatre milliards et plus de notre monnoie actuelle. Le duc de Saint-Simon proposa la banqueroute sanctionnée par les états-généraux, lesquels seroient appelés à la sanction de ce vol : le Régent ne voulut ni de la banqueroute, ni du retour des états. On refondit les monnoies; on raya trois cent trente sept millions de créances vicieuses : Law se chargea d'éteindre le reste de la dette au moyen de sa banque, qui ne fut composée d'abord que de douze cents actions de trois mille francs chacune. Law est parmi nous le fondateur du crédit public et de la ruine publique. Son système ingénieux et savant n'offroit, en dernier résultat, comme tout capital fictif, qu'un jeu où l'on venoit perdre son or et sa terre contre du papier [1].

Voltaire et Montesquieu étoient nés et publioient leurs premiers ouvrages; ainsi tout étoit préparé pour le changement des mœurs, de la religion et des lois. La bigoterie des dernières années de Louis XIV, la fatigue des querelles théologiques, l'ennui de la vieille cour de Saint-Cyr, enfin cette lassitude du passé et cette avidité de l'avenir, naturelles aux nations légères, précipitèrent les François dans un ordre de choses tout différent de celui qui finissoit. Louis XV respira dans son berceau l'air infecté de la régence; il se trouva chargé, avec un caractère indécis, et la plus insurmontable des passions, de l'énorme poids d'une monarchie absolue, son esprit ne lui servoit qu'à voir ses fautes et ses vices, comme un flambeau dans un abîme.

Le parlement avoit cassé le testament de Louis XIV, et l'édit de 1717 ôta aux princes légitimés la qualité de princes du sang.

Après la mort du régent, le duc de Bourbon, premier ministre, marie Louis XV à la fille de Stanislas Leckzinski, roi détrôné de Pologne, espèce d'augure pour la postérité de cette reine. L'abbé Fleury, précepteur du roi, devient premier ministre après le duc de Bourbon, et reçoit le chapeau de cardinal : ce vieux prêtre rend des forces à la France épuisée, en la laissant se rétablir d'elle-

---

[1] Voyez, sur le système de Law, une excellente brochure de M. THIERS.

même à l'aide de son tempérament robuste : chose que tout le monde a dite.

Deux guerres avec l'Autriche; le vainqueur de Denain reparut sur les champs de bataille à l'âge de quatre-vingt-trois ans. En apprenant la mort du maréchal de Berwick tué d'un coup de canon, il s'écria avec humeur : « Cet homme a toujours été « heureux! » Frédéric et Marie-Thérèse paroissent sur la scène.

Le cardinal de Fleury meurt, et le roi gouverne par lui-même. Il tombe malade à Metz; s'il fût mort, il eût été pleuré : la France le surnommoit le Bien-Aimé. Bataille de Fontenoy. Le prétendant descend en Écosse, remporte deux victoires, et ne marche pas sur Londres : le temps des Stuarts étoit accompli. Tandis que la France couroit à sa ruine, l'Angleterre parvenoit au plus haut point de sa puissance. Paix d'Aix-la-Chapelle. Querelles parlementaires et jansénistes. Billets de confession. Conflit de l'archevêque de Paris, Beaumont, et des administrateurs de l'Hôtel-Dieu. Damiens attente à la vie du roi.

La guerre recommence entre la France et l'Angleterre au sujet des limites du Canada. Pour la première fois on lit le nom de Washington dans le récit d'un obscur combat donné dans les forêts, vers le fort Duquesne, entre quelques Sauvages, quelques François et quelques Anglois (1754). Quel est le commis à Versailles, et le pourvoyeur du *Parc-aux-Cerfs;* quel est surtout l'homme de cour ou d'académie, qui auroit voulu changer à cette époque son nom contre celui de ce planteur américain ? A cette même époque, l'enfant qui devoit un jour tendre sa main secourable à Washington, venoit de naître. Que d'espérances attachées à ce berceau ! C'étoit celui de Louis XVI.

Le duc de Choiseul fut chargé du département des affaires étrangères, en remplacement de l'abbé de Bernis, né de ses chansons et fils de ses vers si profondément oubliés. Homme habile, courtisan adroit, quoique hautain et léger, le duc de Choiseul obtint son avancement politique de madame de Pompadour, qui nommoit les ministres, les évêques et les généraux. Cette femme que Marie-Thérèse affola, en l'appelant *son amie*, précipita la France dans la guerre honteuse et fatale de 1757.

Le duc de Choiseul est l'auteur du *Pacte de famille ;* on lui doit la création des corps de l'artillerie et du génie : l'expulsion des Jésuites de toute la chrétienté catholique fut en partie son ouvrage. Quand on chassa les Jésuites, leur existence n'étoit plus dangereuse à l'État ; on punit le passé dans le présent ; cela arrive souvent parmi les hommes ; les *Lettres provinciales* avoient ôté à la Compagnie de Jésus sa force morale. Et pourtant Pascal n'est qu'un calomniateur de génie : il nous a laissé un mensonge immortel.

Après la mort de madame de Pompadour, le duc de Choiseul ne voulut point accepter la protection de madame Dubarry ; il étoit entretenu dans ce scrupule par la duchesse de Grammont, sa sœur, et par madame de Beauvau. Les grandes dames de la cour, qui avoient accepté un tabouret chez madame de Pompadour, se scandalisoient de la même faveur offerte chez madame Dubarry. Louis XV leur sembloit manquer à ce qu'il devoit à leur naissance, en leur faisant l'injure de ne pas choisir dans leurs rangs ses courtisanes ; la nouvelle maîtresse du prince parut un outrage aux droits d'un noble sang, précisément parce qu'elle étoit à sa place. Le chancelier de France Maupeou, le duc d'Aiguillon et l'abbé Terray se servirent de madame Dubarry pour faire renvoyer le duc de Choiseul. Cette femme dégradée n'étoit pas méchante ; elle avoit la bonté du vice banal ; sans ambition et sans intrigue, elle eût volontiers servi le premier ministre, si celui-ci n'avoit guindé son orgueil. Maupeou venoit d'attaquer la monarchie parlementaire qui s'avisoit de vouloir revivre ; le duc de Choiseul fut enveloppé dans la disgrâce des magistrats ; relégué à Chanteloup (1770), il y languit dans un exil insolent qui accusoit la foiblesse et la rapide décadence de la monarchie absolue. La duchesse de Choiseul, la duchesse de Grammont et la comtesse Dubarry ont vécu assez, la première pour réclamer son illustre ami, l'abbé Barthélemy, dans les temps révolutionnaires ; la seconde pour monter intrépidement à l'échafaud ; la troisième pour porter au même échafaud la foiblesse de sa vie, et lutter avec le bourreau en face des *Tricoteuses ;* Parques ivres et basses que pouvoit allécher le sang de Marie-Antoinette, mais qui auroient dû respecter celui de mademoiselle Lange.

Le règne de Louis XV finit par l'exil des parlements, le procès de La Chalotais, la mort du grand dauphin, le mariage de son fils aîné et de l'archiduchesse d'Autriche, et le partage de la Pologne ; différentes espèces de calamités. Louis XV trépassa le 10 mai 1774, dans la soixante-cinquième année de son âge.

Le règne de ce prince est l'époque la plus déplorable de notre histoire : quand on en cherche les personnages, on est réduit à fouiller les antichambres du duc de Choiseul, les garde-robes des Pompadour et des Dubarry, noms qu'on ne sait comment élever à la dignité de l'histoire. La société entière se décomposa : les hommes d'état devinrent des hommes de lettres ; les gens de lettres, des hommes d'état ; les grand seigneurs, des banquiers ; les fermiers généraux, de grands seigneurs Les modes étoient aussi ridicules que les arts étoient de mauvais goût ; on peignoit des bergères en paniers dans les salons où les colonels brodoient. Tout étoit dérangé dans les esprits et dans les mœurs, signe certain d'une révolution prochaine. Les magistrats rougissoient de porter la robe, et tournoient en moquerie la gravité de leurs pères ; les prêtres en chaire évitoient le nom de Jésus-Christ, et ne parloient plus que du *législateur des chrétiens* ; les ministres tomboient les uns sur les autres ; le pouvoir glissoit de toutes les mains ; le suprême *bon ton* étoit d'être Anglois à la cour, Prussien à l'armée, tout enfin, excepté François. Ce que l'on disoit, ce que l'on faisoit, n'étoit qu'une suite d'inconséquences : on prétendoit garder des abbés commendataires, et l'on ne vouloit plus de religion ; nul ne pouvoit être officier s'il n'étoit gentilhomme, et l'on déblatéroit contre la noblesse ; on introduisoit l'égalité dans les salons et les coups de bâton dans les camps.

La société avoit quelque chose de puéril comme la société romaine au moment de l'invasion des Barbares : au lieu de faire des vers dans un cloître, on en faisoit dans les *boudoirs;* avec un quatrain on étoit illustre. L'intrigue élevoit et renversoit chaque jour les ministres : ces créatures éphémères, qui apportoient dans le gouvernement leur ineptie, y apportoient encore un esprit antipathique à celles qui les avoient précédées; de là ce changement continuel de systèmes, de projets, de vues. Ces nains politiques étoient suivis d'une nuée de commis, de laquais, de flatteurs, de comédiens, de maîtresses. Tous ces êtres d'un moment se hâtoient de sucer le sang du misérable, et s'abîmoient bientôt devant une autre génération d'insectes, aussi fugitive et dévorante que la première.

Tandis que le peuple perdoit à la fois ses mœurs et son ignorance, sourde au bruit d'une vaste monarchie qui rouloit en bas la cour se plongeoit plus que jamais dans un despotisme qu'elle n'avoit plus la force d'exercer. Au lieu d'élargir ses plans, d'élever ses pensées en progression relative à l'accroissement des lumières, elle rétrécissoit ses préjugés, ne savoit ni se soumettre au mouvement des choses, ni s'y opposer avec vigueur. Cette misérable politique, qui fait qu'un gouvernement se resserre quand l'esprit public s'étend, est remarquable en toutes révolutions : c'est vouloir inscrire un grand cercle dans une petite circonférence ; le résultat est certain. La tolérance s'accroît, et les prêtres font juger et exécuter un jeune homme qui, dans une orgie, avoit insulté un crucifix ; le peuple se montre incliné à la résistance, et tantôt on lui cède mal à propos, tantôt on le contraint imprudemment ; l'esprit de liberté paroît, et on multiplie les lettres de cachet. A voir le monarque endormi dans la volupté, des courtisans corrompus, des ministres méchants ou imbéciles, des philosophes, les uns sapant la religion, les autres l'état ; des nobles, ou ignorants, ou atteints des vices du jour ; des ecclésiastiques, à Paris, la honte de leur ordre, dans les provinces, pleins de préjugés ; on eût dit une foule de manœuvres empressés à démolir un grand édifice.

Comme pourtant ce peuple françois ne peut jamais être tout-à-fait obscur, il gagnoit encore la bataille de Fontenoy. Pour empêcher la prescription contre la gloire, d'Assas aux champs de Clostercamp, s'écrioit : « A moi, Auvergne, c'est l'ennemi ! » Pour maintenir nos droits au génie, Montesquieu, Voltaire, Buffon et les deux Rousseau écrivoient. Et c'est d'ici qu'il faut prendre la grande vue du dix-huitième siècle, tout pitoyable qu'il paroît au premier coup d'œil. Les diverses classes de la société étoient également corrompues ; la cour et la ville, les gens de lettres, les économistes et les encyclopédistes, les grands seigneurs et les gentilshommes, les financiers et les bourgeois se ressembloient, témoin les Mémoires qu'ils nous ont laissés. Mais ce seroit assigner de trop petites causes à la révolution, que de les chercher dans cette vie d'hommes à bonnes fortunes, dans cette vie de théâtres, d'intrigues galantes et littéraires, unie aux coups d'état sur le parlement et aux colères d'un despotisme en décrépitude. Cet abâtardissement de la nation contribua sans doute à diminuer les obstacles que devoit rencontrer la révolution ; mais il n'étoit point la cause efficiente de cette révolution, et il n'en étoit que la cause auxiliaire.

La civilisation avoit marché depuis six siècles ; une foule de préjugés étoient détruits, mille institutions oppressives battues en ruine. La France avoit successivement recueilli quelque chose des libertés aristocratiques féodales, du mouvement communal, de l'impulsion des croisades, de l'établissement des états, de la lutte des juridictions ecclésiastiques et seigneuriales, du long schisme, des découvertes du seizième siècle, de la réformation, de l'indépendance de la pensée pendant les troubles de la Ligue et les brouilleries de la Fronde, des écrits de quelques génies hardis, de l'émancipation des Pays-Bas et de la révolution d'Angleterre. La presse, bien qu'enchaînée, conserva le dépôt de ces souvenirs sous la monarchie absolue de Louis XIV ; la liberté dormit, mais elle ne dérogea pas, et cette antique liberté, comme l'antique noblesse, a repris ses droits en reprenant son épée.

Les générations du corps et celles de l'esprit conservent le caractère de leurs origines respectives. Tout ce que produit le corps, meurt comme lui : tout ce que produit l'esprit est impérissable comme l'esprit même. Toutes les idées ne sont pas encore engendrées ; mais quand elles naissent, c'est pour vivre sans fin, et elles deviennent le trésor commun de la race humaine.

On touchoit à l'époque où l'on alloit voir paroître cette liberté nouvelle, fille de la raison, qui devoit remplacer l'ancienne liberté, fille des mœurs. Il arriva que la corruption même de la régence et du siècle de Louis XV ne détruisit point les principes de la liberté que nous avons recueillie; parce que cette liberté n'a point sa source dans l'innocence du cœur, mais dans les lumières de l'esprit.

Au dix-huitième siècle, les affaires firent silence pour laisser le champ de bataille aux idées. Soixante ans d'un ignoble repos donnèrent à la pensée le loisir de se développer, de monter et de descendre dans les diverses classes de la société, depuis l'homme du palais jusqu'à l'habitant de la chaumière. Les mœurs affoiblies se trouvèrent ainsi calculées (comme je viens de le remarquer) pour ne plus offrir de résistance à l'esprit, ce qu'elles font souvent quand elles sont jeunes et vigoureuses.

Montesquieu, Rousseau, Raynal même et Diderot, à travers leurs déclamations, fixoient l'attention de la foule sur les droits de la liberté politique. On commençoit à mieux connoître l'Angleterre, et l'on comparoit les deux gouvernements. Voltaire accomplissoit une révolution dans les idées religieuses. Si l'irréligion étoit poussée jusqu'à l'outrage, si elle prenoit un caractère sophistique et étroit, elle menoit néanmoins à ce dégagement des préjugés qui devoit faire revenir au véritable christianisme. La grande existence de ce siècle est celle de Voltaire. Tous les souverains écrivoient à cet homme illustre, et étoient flattés de recevoir un mot de sa main : Ferney étoit la cour européenne. Cet hommage universel, rendu au génie qui sapoit à coups redoublés les fondements de la société alors existante, étoit caractéristique de la transformation prochaine de cette société. Et pourtant il est vrai que si Louis XV eût fait la moindre caresse au flatteur de madame de Pompadour, que s'il l'eût traité comme Louis XIV traitoit Racine, Voltaire eût abdiqué le sceptre ; il eût troqué sa puissance contre une distinction d'antichambre, de même que Cromwell fut au moment d'échanger ce qu'il est aujourd'hui dans l'histoire, pour la jarretière d'Alix de Salisbury : ce sont là les mystères des vanités humaines.

Tel fut l'œuvre inaperçu de soixante années, tel fut un résultat en apparence si dissemblable à sa cause, qu'au moment où la révolution éclata, on fut étonné que tant de foiblesse, d'asservissement, de folie, eût déposé tant de force, de liberté et de raison dans les cahiers des trois états ; c'est qu'on voyoit là le travail des lumières de l'esprit, et non celui de la corruption des mœurs. Catilina, et les jeunes patriciens ses complices, méditèrent au milieu de leurs débauches le renversement de la liberté romaine; les jeunes nobles de France sortirent des bras des courtisanes de haute ou basse compagnie, pour parler à notre tribune à peine ouverte le langage des hommes libres.

Louis XVI avoit commencé l'application des théories inventées, sous le règne de son aïeul, par les économistes et les encyclopédistes. Ce prince honnête homme rétablit les parlements, supprima les corvées, améliora le sort des protestants; enfin le secours qu'il prêta à la révolution d'Amérique, (secours injuste selon le droit privé des nations, mais utile à l'espèce humaine en général), acheva de développer en France les principes de la liberté. La monarchie parlementaire, réveillée à la fin de la monarchie absolue, rappelle la monarchie des états; et la monarchie des états remet à son tour à la monarchie constitutionnelle les pouvoirs qu'elle avoit reçus héréditairement des états de 1355 et 1356. Alors le roi-martyr quitte le monde.

C'est entre les fonds baptismaux de Clovis et l'échafaud de Louis XVI qu'il faut placer le grand empire chrétien des François. La même religion étoit debout aux deux barrières qui marquent les deux extrémités de cette longue arène. « Doux Si-« cambre, incline le col, adore ce que tu as brûlé, « brûle ce que tu as adoré, » dit le prêtre qui administroit à Clovis le baptême d'eau. « Fils de saint « Louis, montez au ciel, » dit le prêtre qui assistoit Louis XVI au baptême de sang.

Le vieux monde fut submergé. Quand les flots

de l'anarchie se retirèrent, Napoléon parut à l'entrée d'un nouvel univers, comme ces géants que l'histoire profane et sacrée nous peint au berceau de la société, et qui se montrèrent à la terre après le déluge.

FIN DES ÉTUDES HISTORIQUES.

TABLE DES MATIÈRES.

ÉTUDES HISTORIQUES.

Histoire de France. — Fragments............ Page 3

ANALYSE RAISONNÉE
DE L'HISTOIRE DE FRANCE,

Depuis la bataille de Poitiers, sous le roi Jean, en 1356, jusqu'à la révolution de 1789.................. 101

Jean II. De 1356 à 1364..................... *ibid.*
Charles V. De 1364 à 1380................... 118
Charles VI. De 1380 à 1422.................. 122
Charles VII. De 1422 à 1461 135
Louis XI. De 1461 à 1483.................... 145
Charles VIII. De 1483 à 1498................ 157
Louis XII. De 1498 à 1515................... 160
François Ier. De 1515 à 1547................ 165
Henri II. De 1547 à 1559.................... 193
François II. De 1559 à 1560................. 195
Charles IX. De 1560 à 1574.................. 198
Henri III. De 1574 à 1589................... 212
Henri IV. De 1589 à 1610.................... 295
Louis XIII, Louis XIV, Louis XV, et Louis XVI... 320

FIN DE LA TABLE.

www.ingramcontent.com/pod-product-compliance
Lightning Source LLC
Chambersburg PA
CBHW060324170426
43202CB00014B/2666